Lebensgeschichte und religiöse Sozialisation

ERFAHRUNG UND THEOLOGIE
SCHRIFTEN ZUR PRAKTISCHEN THEOLOGIE

Herausgegeben von
Wilhelm Gräb, Norbert Greinacher, Ferdinand Klostermann†,
Norbert Mette, Dietrich Rössler

Bd./Vol. 19

PETER LANG
Frankfurt am Main · Bern · New York · Paris

Klaus Reuter

Lebensgeschichte und religiöse Sozialisation

Aspekte der Subjektivität
in Arbeiterautobiographien aus der Zeit
der Industrialisierung bis 1914

PETER LANG
Frankfurt am Main · Bern · New York · Paris

CIP-Titelaufnahme der Deutschen Bibliothek

Reuter, Klaus:

Lebensgeschichte und religiöse Sozialisation : Aspekte der Subjektivität in Arbeiterautobiographien aus der Zeit der Industrialisierung bis 1914 / Klaus Reuter. – Frankfurt am Main ; Bern ; New York ; Paris : Lang, 1991
 (Erfahrung und Theologie ; Bd. 19)
 Zugl.: Heidelberg, Univ., Diss., 1989
 ISBN 3-631-43475-8

NE: GT

BL
60
.R487
1991

D 16
ISSN 0172-1135
ISBN 3-631-43475-8

© Verlag Peter Lang GmbH, Frankfurt am Main 1991
Alle Rechte vorbehalten.

Das Werk einschließlich aller seiner Teile ist urheberrechtlich geschützt. Jede Verwertung außerhalb der engen Grenzen des Urheberrechtsgesetzes ist ohne Zustimmung des Verlages unzulässig und strafbar. Das gilt insbesondere für Vervielfältigungen, Übersetzungen, Mikroverfilmungen und die Einspeicherung und Verarbeitung in elektronischen Systemen.

Printed in Germany 1 2 4 5 6 7

Inhaltsverzeichnis

1	Einleitung	5
2.	Zusammenfassung der Deskription religiöser Erfahrungen bei Arbeiterautobiographen aus der Zeit der Industrialisierung bis 1914	12
2.1.	Die bearbeiteten Autobiographien	12
2.2.	Zusammenfassung der schulischen Sozialisation	15
2.3	Zusammenfassung der kirchlichen Sozialisation	17
2.4.	Die Erfahrungen der Arbeitswelt und Wanderschaft in Beziehung zur politischen und religiösen Sozialisation	18
2.5.	Die Beziehung der familialen, schulischen und kirchlichen Sozialisation zu den durch Arbeit und Wanderschaft gemachten Erfahrungen	25
3.	Historischer Hintergrund	30
3.1.	Die gesellschaftlichen Veränderungen im 19. Jahrhundert	30
3.1.1.	Die Phase der Frühindustrialisierung	30
3.1.2.	Die Bedeutung der Revolution von 1848 für die Unterschicht	33
3.1.3.	Die Phase der Industrialisierung	33
3.1.4.	Das Entstehen von Arbeiterparteien als Reaktion auf die Industrialisierung	34
3.1.5.	Die Auswirkungen des gesellschaftlichen Wandels auf die sozialen Verhältnisse	35
4.	Die Rolle der Religion im Wandel zur Industriegesellschaft	37
4.1.	Zusammenfassung	39
4.2.	Das Elementar-Schul-Sozialisationskonzept in der Phase der Frühindustrialisierung und Industrialisierung	41
5.	Geschichte und Theorie der Autobiographie	46
5.1.	Die bürgerliche Autobiographie	46
5.2.	Die Arbeiterautobiographie	49
5.3.	Zusammenfassung	52

5.4.	Möglichkeiten und Grenzen bei der Interpretation von Autobiographien	54
5.5.	Autobiographie als historische Quelle?	56
6.	Biographische Forschung	61
6.1.	Der psychoanalytische Zugang	61
6.2.	Der soziologische Zugang	63
6.3.	Der psychologische Zugang	69
6.4.	Der erziehungswissenschaftliche Zugang	72
7.	Der Zusammenhang von Erfahrung und Bewußtsein	81
7.1.	Überlegungen zum Begriff "Erfahrung"	81
7.2.	Erfahrung und Bewußtsein	82
7.3.	Erfahrung und "Alltag"	85
7.3.1.	Zusammenfassung	90
7.4.	Erfahrung und Bewußtsein aus der Sicht der Soziologie	91
7.5.	Der Zusammenhang von Erfahrung, Bewußtsein und Arbeiterautobiographie	95
8.	Der Zusammenhang von Sozialisation und Lebensgeschichte	102
8.1.	Sozialisation und Lebensgeschichte	102
8.1.1.	Religiöse Sozialisation und Lebensgeschichte	103
8.2.	Sozialisation und Familie	104
8.2.1.	Die Rolle des Vaters im Sozialisationsprozeß	107
8.2.2.	Die Rolle der Mutter im Sozialisationsprozeß	108
8.3.	Sozialisation und Jugendalter	110
8.4.	Sozialisation und Arbeit	111
8.5.	Der Zusammenhang von Sozialisation, Arbeit und Arbeiterautobiographie	114
9.	Der Zusammenhang von Lebensgeschichte und Identität	117
9.1.	Der Zusammenhang von Lebensgeschichte und Identität bei den Arbeiterautobiographen	121

9.2.	Der Zusammenhang von Lebensgeschichte, Identität und Herkunft	122
10.	Aspekte der "Subjektivität"	124
10.1.	Subjekt und "Subjektivität" in der Neuzeit	124
10.2.	Subjekt und Subjektivität in der soziologischen Forschung	128
10.3.	Subjekt und Subjektivität - der historische Aspekt	131
10.3.1.	Das Subjekt und der historische Aspekt bei den Vertretern der sogenannten Frankfurter Schule	133
10.3.2.	Das Subjekt und der historische Aspekt bei L. Sève	135
10.3.3.	"Subjektivität" und der historische Aspekt in der politischen Psychologie	137
10.4.	Der historische Aspekt von Subjektivität und die Arbeiterautobiographie	138
11.	Religion und Biographie	143
11.1.	Der Begriff "Religion"	143
11.2.	Der Zusammenhang von Religion und Subjektivität bei Karl Marx	144
11.3.	Der Zusammenhang von Religion und Subjektivität bei E. Durkheim	146
11.4.	"Subjektivität" nach J. Moltmann	147
11.5.	Der Zusammenhang von Geschichte, Subjektivität und Religion bei M. Weber	148
11.6.	Der Zusammenhang von "Alltagswelt" und Religion	150
11.7.	Der gesellschaftlich-soziale Wandel im Verhältnis zur Religion	153
11.8.	Der Zusammenhang von Alltagswelt, Geschichte und Subjektivität in Beziehung zu "Biographie und Religion"	157
11.9.	Das Verhältnis des gesellschaftlich-sozialen Wandels, religiöser Sozialisation und autobiographischer Reflexion	160

11.10.	Der Zusammenhang von Symbol, Sinn und Subjektivität	163
12.	Zusammenfassung	168
	Anmerkungen	183
	Literaturverzeichnis	209

1. Einleitung

Die Ausführungen zu unserem Thema bauen auf den Ergebnissen einer erziehungswissenschaftlichen Arbeit ("Erfahrungen religiöser Sozialisation in Arbeiterautobiographien aus der Zeit der Industrialisierung bis 1914") auf. Dieser Untersuchung lag die Fragestellung zugrunde, wie die Industrialisierung vom Fabrikarbeiter erfahren wurde und wie sich sein Verhältnis zu Kirche und Religion verändert hat. Die Aufgabe bestand also darin, den durch die Industrialisierung hervorgerufenen Wandel zu verstehen und die Veränderungen und Einstellungen zur Religion aus der Perspektive der Betroffenen nachzuzeichnen. Wie hat sich die Industrialisierung auf die Biographien und den Alltag der Arbeiter ausgewirkt? Wie hat das Subjekt und die Schicht, zu der es gehört, die wirtschaftlichen und sozialen Phänomene der Industrialisierung gedeutet und verarbeitet? Wie wirkt sich eine veränderte Lebenswelt auf die Lebensgeschichte der Menschen im beginnnenden Industriezeitalter aus? Die Grundlage für die vorläufige Beantwortung dieser Fragen bildete autobiographisches Material. Die religiöse Sozialisation sollte aus der Perspektive der Betroffenen zur Darstellung kommen.

Als Arbeitsmethode diente primär die Deskription der in den Arbeiterautobiographien beschriebenen religiösen Erfahrungen. Die Deskription der Erfahrung war zunächst notwendig, weil auf keine zusammenhängende Darstellung der religiösen Sozialisation dieser Zielgruppe im historisch-gesellschaftlichen Wandel zurückgegriffen werden konnte. Dem Aufbau der Autobiographien angelehnt, wurden einzelne Stationen im Hinblick auf unser Thema nachgezeichnet. Wenn man aber nicht bei der Beschreibung einzelner Aussagen stehenbleiben will, müssen sie erst einmal geordnet werden. Die ähnlichen biographischen Abläufe ermöglichen den Vergleich. Daraus ergaben sich vorläufige Generalisierungen und Klasssifikationen, mit dem Ziel, erste Arbeitshypothesen zu bilden.

Dieses Vorhaben, das eine Systematisierung der beschriebenen Erfahrungen intendierte, ist nicht unproblematisch. Die Schwierigkeit hängt mit der Fülle und der Art des Stoffes zusammen. Lebensschicksale können nur bis zu einem gewissen Grade verallgemeinert werden, wenn individuelles Erleben, Wahrnehmen und Beschreiben der Autoren ernst genommen werden soll. Es wurden die Autobiographien in fünf Gruppen geordnet: die erste beinhaltete die von P. Göhre herausgegebenen Autobiographien, dann folgten deutschböhmische Selbstdarstellungen und solche von SPD-Parteifunktionären und schließlich eine Gruppe evangelischer und katholischer Autobiographien.

Analog der chronologischen Darstellung der Autobiographien wurden zuerst die Erfahrungen des einzelnen an Hand seines Lebenslaufs im Zusammenhang der ihm zugeordneten Gruppe beschrieben. Im Anschluß daran wurden die Erfahrungen mit der familialen, schulischen und kirchlichen Sozialisation aller Autobiographen systematisch verglichen. Dann folgte die Deskription der Erfahrungen, die mit dem Eintritt in das Arbeitsleben und der Wanderschaft verbunden sind. Die Erfahrungen des Heranwachsenden in der Arbeitswelt und auf der Wanderschaft wurden schließlich auf die religiöse Sozialisation in Kindheit und Jugend bezogen.

Als Material wurden 36 Autobiographien zugrunde gelegt. Eine größere Anzahl wurde durchgesehen, aber hauptsächlich solche bearbeitet, die sich selbst der Arbeiterbewegung zuordnen oder ihr nahestehen. Die Ergebnisse werden hier in einer Zusammenfassung vorangestellt. Dann wird eine Antwort auf die Frage zu geben versucht, was die Beschäftigung mit Biographien für die erziehungswissenschaftliche Arbeit leisten kann.

Der eigentliche Ausgangspunkt der Arbeit ist die Analyse der Autobiographien als Darstellungsform eines reflektierenden, rekonstruierenden Subjekts. Die damit verbundenen methodischen Probleme werden aus dem Blickwinkel der verschiedenen Wissenschaften dargestellt und diskutiert. Das Verstehen der subjektiven Äußerungen erfordert das Einlassen auf die Vielschichtigkeit des menschlichen Daseins. M. Eliade weist z. B. darauf hin, daß die Literaturwissenschaft bei der Interpretation von Balzac sich der Literatursoziologie, Literaturgeschichte und Literaturkritik bedient. Es scheint, "daß jene, die diese Werke studieren, sich ihrer Komplexität bewußt sind und mit wenigen Ausnahmen nicht versuchen, sie durch eine Reduktion auf die eine oder andere Grundursache zu erklären - etwa mit einem kindlichen Trauma, mit Drüsenstörungen oder mit wirtschaftlichen, sozialen oder politischen Umständen".[1]

In dieser Arbeit geht es also primär um Überlegungen zur Konstitution subjektiver Prozesse. Deshalb werden eher die Methoden, der Rahmen und die Mechanismen vernachlässigt, die die objektiven Konstitutionsprozesse ausmachen.

Die Arbeitsteilung der wissenschaftlichen Disziplinen hat es mit sich gebracht, daß das Subjekt aus einem jeweils speziellen Blickwinkel gesehen wird. Dadurch wird die Interdependenz und Komplexität des Individuums in seinen unterschiedlichen Ausprägungen oft nicht wahrgenommen. C. W. Mills fordert daher die intellektuelle Fähigkeit, "von einer Sicht zur anderen überzugehen, von der politischen zur psychologischen; von der Untersuchung einer einzelnen Familie zur Einschätzung staatlicher Haushaltspläne ..." usw. zu wechseln.[2] Dadurch würden nach O. Negt "strukturelle Zusammenhänge zwischen individueller Lebensgeschichte, unmittelbaren Interessen, Wünschen, Hoffnungen und geschichtlichen Ereignissen zu erkennen" sein.[3] Daraus wäre zu folgern, daß Untersuchungen über den Alltag und die Lebenswelt und den damit verbundenen subjektiven und objektiven Bedingungen von einzelnen oder gesellschaftlichen Gruppen aus unterschiedlichen wissenschaftlichen Perspektiven erfolgen sollten. Soziologische, psychologische, historische und theologisch-philosophische Fragestellungen und Ergebnisse müssen einbezogen werden. "Nicht die Addition, Zuordnung oder Reinterpretation von Untersuchungsergebnissen verschiedener Disziplinen führt zur Interdisziplinarität, sondern - unter der Voraussetzung der Arbeitsteilig-

keit - nur die gemeinsame Fragestellung und damit die mehrperspektivische Analyse des gemeinsamen Gegenstandes, er heiße 'Persönlichkeit', 'Gesellschaft' oder 'Kultur', und zwar nicht in Hinsicht auf seine stillgelegte Faktizität, sondern die Modi und Medien seines Werdens und Gewordenseins".[4]
Diese mehrperspektivische Sichtweise entspricht unserem Arbeitsvorhaben: Autobiographie, Lebensgeschichte und Subjektivität zu verknüpfen und sie unter dem Aspekt ihrer "Entwicklung" zu verstehen und auch zu beschreiben. Ganzheitliches Verstehen menschlichen Lebens versucht die biographische Forschung dadurch umzusetzen, daß sie durch eine mehrperspektivische Sicht von unterschiedlichen Forschungsstandpunkten aus die Komplexität menschlichen Lebens beschreibt. Es ist von daher methodisch angebracht, verschiedene Zugänge zu unserem Thema zu suchen, um den komplexen Sachverhalt zu erfassen. Es ist jedoch nicht möglich, ein methodisches Gesamtkonzept vorzulegen, da selbst die verschiedenen Forschungsrichtungen sich erst seit jüngerer Zeit dem "biographischen Thema" öffnen.

Auffallend ist ein allgemeines Interesse in der Forschung an der "biographischen Perspektive", dem "subjektiven Faktor" und die Hinwendung zur "Subjektivität".

Die Beschäftigung mit biographischem Material, Lebensgeschichten, Geschichten des Alltags, "Alltagswirklichkeit", Geschichte "von unten" kommt der Fragestellung unserer Arbeit entgegen. Das hier bearbeitete Material soll helfen, die Deskription religiöser Erfahrungen aus dem Blickwinkel der verschiedenen Forschungsrichtungen zu erhellen und sie theoretisch einzuordnen. Das allgemeine Interesse an Lebensgeschichten und dem Aspekt "Subjektivität" deutet darauf hin, daß Theorien, die die Komplexität der Wirklichkeit erfassen wollen, auch den subjektiven Anteil erforschen und ihn mit in den Erklärungszusammenhang stellen.

Die Motivation des Verfassers, sich mit diesem Thema auseinanderzusetzen, läßt sich kurz so umreißen: die oben genannte Fragestellung beschäftigt den Verfasser schon seit einigen Jahren und ist zum Teil selbst biographisch bestimmt: das Wohnen an der Peripherie eines Arbeiterviertels einer westdeutschen Großstadt, der gemeinsame Besuch als Mittelschichtskind von Schule und evangelischen Jugendgruppen mit Arbeiterkindern und die Erfahrung, daß mit dem Eintritt ins Berufsleben viele Arbeiterkinder der Kirche fernblieben, haben einen Prozeß des Nachdenkens ausgelöst. Hinzu kommt die durch das Theologiestudium in Gang gesetzte Reflexion und Aufarbeitung der eigenen religiösen Sozialisation.

Das Arbeitsvorhaben richtet sich - wie ausgeführt - in erster Linie auf die Frage, wie durch den Prozeß der Industrialisierung der Alltag, die Lebenswelt und die "Subjektivität" der Arbeiter verändert worden sind und welche Konsequenzen dies für den Zusammenhang von Biographie und Religion hat.

Grenzen und Möglichkeiten von religiöser Sozialisation in einer von der Industrie geprägten Gesellschaft werden durch das aufgearbeitete Material angesprochen. Ohne Zweifel ist die religiöse Sozialisation für die Bildung von

Normen und Werten in der Industriegesellschaft von Bedeutung. Gleichwohl ist feststellbar, daß die Relevanz des kirchlich-institutionellen Einflusses rückläufig ist.

Von daher soll diese Arbeit als Versuch einer historischen Rekonstruktion verstanden werden, über Lebensgeschichte und Erfahrungen einer sich neu konstituierenden Schicht - der Fabrikarbeiter - in der beginnenden Industriegesellschaft nachzudenken und Material zur Verfügung zu stellen.

Bevor wir uns der Beschreibung unseres Arbeitsvorhabens zuwenden, sollen ein paar Vorüberlegungen klären, welche Bedeutung die Biographie für die Religion hat. In der jüdisch-christlichen Tradition besteht ein enger Zusammenhang zwischen Religion und Biographie. An einzelnen biblischen Gestalten wird gezeigt, welche Erfahrungen diese mit Gott gemacht haben und wie sich Gott dem einzelnen und dem Volk (Israel) offenbart hat. Auch im Neuen Testament werden Verkündigung und die Taten Jesu von Nazareth mit dessen Biographie verknüpft. In der Theologie des Paulus und des Augustinus spielt die Biographie ebenfalls eine bedeutende Rolle. Die Bekehrung zum christlichen Glauben versteht das Leben dualistisch, wie es vor der Bekehrung war und wie es danach ist.

In der Praxis der christlichen Gemeinde hat die Biographie als exemplum pietatis stets eine große Bedeutung gehabt: das Leben Jesu, der Kirchenväter, Heiligen und Märtyrer wurde der imitatio durch Predigt und Katechese der christlichen Gemeinde empfohlen. Auch heute noch werden Lebensgeschichten von religiösen Menschen im kirchlichen Leben erzählt oder durch die verschiedenen Medien verbreitet. Das Narrative und nicht das Theoretisch-Abstrakte bildet für die meisten Christen auch heute noch den Zugang zum Glauben.

In unserer Arbeit soll der Zusammenhang von Religion und Biographie aber aus einer anderen Perspektive gezeigt und aufgearbeitet werden. Die Fragestellung kann kurz so umschrieben werden: durch welche historischen Abläufe und individuellen Erfahrungen sind große Teile der Arbeiterschaft auf dem Wege zur Industriegesellschaft von der Kirche und der Religion entfremdet worden?

Dem Verfasser dieser Arbeit erschien es als notwendig, diese Frage nicht primär mit Beiträgen aus der Sekundärliteratur zu bearbeiten. Die Selbstzeugnisse von Arbeitern, die diese Zeit erlebt und beschrieben haben, sollten die Grundlage für diese Arbeit bilden.

Für unsere Fragestellung sind deshalb nicht die Biographien von Arbeitern interessant, die der christlichen Arbeiterbewegung zugeordnet werden können. Gleichwohl ist auch hier der Zusammenhang von Biographie und Religion von Bedeutung, müßte aber gesondert untersucht werden.

Um den Entfremdungsprozeß der Arbeiterschaft von Kirche und Religion zu verstehen, wurden hauptsächlich Biographien von Arbeitern analysiert, die der Sozialdemokratie angehörten oder ihr zuzurechnen sind.

Die Entscheidung, Autobiographien als Material zugrunde zu legen, hatte zur Folge, sich auf ein Terrain zu begeben, in dem die wissenschaftliche Diskussion um die biographische Forschung noch nicht abgeschlossen ist.

Nachdem in der ersten Arbeit die Biographien im Kontext ihrer Zeit interpretiert wurden, kommt es jetzt darauf an, den Zusammenhang von Religion und Biographie zu vertiefen und danach zu fragen, welche Zugänge aus anderen wissenschaftlichen Disziplinen dabei helfen können und wo die Grenzen und Möglichkeiten biographischer Forschung anzusiedeln sind.

Ein Ausgangspunkt dieses Arbeitsvorhabens war zunächst die Frage, welche Reaktionen bei den Arbeitern der christliche Glaube hervorrief, als sie sich den Herausforderungen durch den industriellen Wandel stellen mußten.

Die weiteren Überlegungen und Studien zeigten, daß diese Frage nicht mit dem herkömmlichen theologischen Instrumentarium zu beantworten war. Aus dieser Erkenntnis resultierte die Konsequenz, Methoden und Theorien aus anderen Disziplinen zu studieren und daraufhin zu prüfen, was diese für unsere Fragestellung leisten können. Wenn man die Entstehungsgeschichte der historisch-kritischen Methode in der Theologie bedenkt, so wurden auch damals andere wissenschaftliche Methoden zu Hilfe genommen, um die in den biblischen Texten geglaubte Offenbarung Gottes im Kontext ihrer jeweiligen Zeit zu verstehen und sie zu aktualisieren.

Hieraus ergibt sich für den Aufbau dieser Arbeit, daß die theoretischen Überlegungen, inwieweit Religion und Biographie zusammenhängen, erst am Schluß erörtert werden, nachdem die Ausgangsfrage von mehreren Perspektiven aus - und das heißt hier unter Inanspruchnahme anderer wissenschaftlicher Theorien und Methoden - erörtert worden ist.

Die vorliegende Arbeit hat deshalb folgenden Aufbau:

Kapitel 1:   Einleitung

Vorstellungen des Arbeitsvorhabens und erste methodische Überlegungen

Kapitel 2:   Zusammenfassung der Deskripton religiöser Erfahrungen bei Arbeiterautobiographen aus der Zeit der Industrialisierung bis 1914

Zu Beginn unserer Arbeit soll eine Zusammenfassung der Deskription der religiösen Erfahrungen bei Arbeiterautobiographen aus der Zeit der Industrialisierung stehen.

Kapitel 3:   Historischer Hintergrund

Hier wird der historische Kontext, besonders der gesellschaftliche Wandel durch Industrialisierung aufgezeigt.

Kapitel 4: Die Rolle der Religion im Wandel zur Industriegesellschaft

Es folgt eine Beschreibung, wie die religiöse Sozialisation in dieser Zeit ausgesehen hat und wie diese von den Arbeiterautobiographen erlebt wurde.

Kapitel 5: Geschichte und Theorie der Autobiographie

Ein theoretischer und gattungsgeschichtlicher Vergleich zwischen der bürgerlichen Autobiographie und der von Arbeitern soll Gemeinsamkeiten und Unterschiede zwischen beiden Formen der gleichen Gattung herausarbeiten und Möglichkeiten und Grenzen bei der Interpretation von Autobiographien aufzeigen.

Kapitel 6: Biographische Forschung

Hier soll geklärt werden, was der biographische Aspekt für die sozialwissenschaftliche, psychologische und erziehungswissenschaftliche Forschung leisten kann und welche Zugänge für unsere Fragestellung von Relevanz sind.

Kapitel 7: Der Zusammenhang von Erfahrung und Bewußtsein

Wie hängen die Erfahrungen und die individuellen, von der gesellschaftlichen Entwicklung ausgehenden Bewußtseinsprozesse mit **den** Prozessen zusammen, die von Gruppen ausgehen, mit denen das Subjekt verbunden ist?

Kapitel 8: Der Zusammenhang von Sozialisation und Lebensgeschichte

Die der autobiographischen Reflexion zugrundeliegende Chronologie soll auch bei der Darstellung und Besprechung der Sozialisation berücksichtigt werden, mit der sich die Arbeiterautobiographen auseinanderzusetzen hatten.

Kapitel 9: Der Zusammenhang von Lebensgeschichte und Identität

Der Identitätsbegriff wird daraufhin befragt, was er im Zusammenhang von Entwicklung und Biographie zu leisten vermag. Außerdem werden Identität und Herkunft der Autobiographen in Verbindung gebracht, um herauszuarbeiten, welcher Zusammenhang zwischen den beiden Bezugsgrößen besteht.

Kapitel 10: Aspekte der "Subjektivität"

Die für unser Thema relevanten Fragen zum Subjektbegriff und verschiedene Aspekte der Subjektivität werden hier erörtert.

Kapitel 11: Religion und Biographie

In diesem Kapitel soll der Zusammenhang von Biographie und Religion in der Weise zur Darstellung kommen, daß die bisher besprochenen Aspekte der Fragestellung unserer Arbeit wieder aufgenommen werden.

Kapitel 12: Zusammenfassung

Im Schlußkapitel werden die Ergebnisse der Arbeit zusammengetragen und einer abschließenden Beurteilung unterzogen. Als Ausblick wird die Frage erörtert, was die biographische Forschung für die erziehungswissenschaftliche und religionspädagogische Arbeit leisten kann.

2. Zusammenfassung der Deskription religiöser Erfahrungen bei Arbeiterautobiographen aus der Zeit der Industrialisierung bis 1914

2.1. Die bearbeiteten Autobiographien

C. Fischer ist der erste Verfasser einer Arbeiterautobiographie und kann als der Begründer der Selbstbiographie des Arbeiters in Deutschland gelten. 1841 geboren, begann er in den neunziger Jahren seine Erinnerungen niederzuschreiben. Dabei konnte er auf Notizen und Tagebuchaufzeichnungen zurückgreifen, die er sich gemacht hatte. Paul Göhre hat Fischers Manuskript nur geringfügig verändert und den Aufzeichnungen eine Einteilung in Kapitel gegeben. Einen geistigen Einfluß auf die Autobiographie hat der Sozialdemokrat Göhre nicht gehabt. Für Göhre, einen ehemaligen evangelischen Pfarrer, der Sozialdemokrat wurde, ist die Schilderung der proletarischen Verhältnisse durch Fischer von großer Bedeutung. Als Kandidat der Theologie hatte er in einer Chemnitzer Fabrik gearbeitet und danach das Buch geschrieben: "Drei Monate Fabrikarbeiter und Handwerksbursche". Göhre wird in der Darstellung sozialer Verhältnisse von der Absicht geleitet, das Bürgertum auf die Situation der Arbeiter aufmerksam zu machen und ihre Verantwortung der benachteiligten Schicht gegenüber zu betonen. So ist es auch zu erklären, daß Fischers Autobiographie nicht etwa in einem sozialdemokratischen, sondern einem bürgerlichen Verlag, bei Diederichs in Jena, erschienen ist.

1905 gab P. Göhre dann die "Lebensgeschichte eines modernen Fabrikarbeiters" von Moritz William Theodor Bromme bei Diederichs in Jena heraus. Göhre regte Bromme zur Niederschrift seiner Lebensgeschichte an, weil dieser als sozialdemokratischer Arbeiter verschiedene Artikel im "Vorwärts", der "Neuen Welt" und dem "Wahren Jacob" verfaßt hatte. Im Gegensatz zu Fischers Selbstdarstellung, der nach Göhres Aussage (Vorwort in den "Denkwürdigkeiten" von C. Fischer) Religiosität und Respekt vor dem Kaiser zeitlebens beibehalten hatte, schreibt Bromme vom Standpunkt des bewußten sozialdemokratischen Arbeiters aus. Brommes Niederschrift beginnt, während er noch im Produktionsprozeß steht, und wird mit dem Aufenthalt in einer Lungenheilanstalt abgebrochen.

Durch das Lesen der "Denkwürdigkeiten" von C. Fischer wurde Holek angeregt, auch seine Lebensgeschichte der Öffentlichkeit zugänglich zu machen. Diese wurde 1909 als "Lebensgang eines deutsch-tschechischen Handarbeiters" von Göhre herausgegeben. Das Zentrum der Darstellung bildet die Geschichte seiner Jugend, die durch die Berührung mit der Sozialdemokratie ihre Wende bekam.

Im gleichen Jahr, 1909, erschien, allerdings zuerst anonym, von Adelheid Popp die "Jugendgeschichte einer Arbeiterin, von ihr selbst erzählt". Bebel schrieb das Vorwort und fragt: "... wie ist solches in unserer auf ihr Christentum und auf ihre Zivilisation so stolzen Gesellschaft möglich ... eine Welt des Jammers, des Elends, der moralischen und geistigen Verkümmerung".[1] A. Popp kommt es darauf an zu zeigen, wie sich trotz schwieriger gesellschaftlicher Umstände in ihrer Jugend eine persönliche Wandlung durch die neue sozialistische Denkweise vollzieht.

1911 erschien von Franz Rehbein die vierte Autobiographie, die Paul Göhre herausgab. Sie trug den Titel "Leben eines Landarbeiters". Als Landarbeiter war er, aus Hinterpommern stammend, schon früh zur sozialdemokratischen Partei gekommen. Er veröffentlichte in Parteizeitungen Artikel über die Lage der Landarbeiter, und seine Autobiographie schildert an Hand seines eigenen Werdegangs die politischen und gesellschaftlichen Auswirkungen der Gutswirtschaft auf die Landbevölkerung in Schleswig-Holstein.

Die Autobiographie von Ger ("Erzgebirgisches Volk") hat vom Stoff her Ähnlichkeiten mit seinen Romanen "Erweckt" und "Der Gotteslästerer".[2]

Hanuschs Erzählung "Lazarus" steht im Zusammenhang mit seiner Darstellung "Aus meinen Wanderjahren". Der "Lazarus" ist die Autobiographie von Hanusch. Dies wird deutlich am Schluß des "Lazarus", wo die Mutter ihn in der Heimat verabschiedet, als er auf Wanderschaft gehen will. Mit der gleichen Szene setzt Hanusch in "Aus meinem Wanderjahren" ein. Hanusch wird beim "Lazarus" die Form der Erzählung gewählt haben, um die Jugend anzusprechen. Er nennt "Lazarus" im Untertitel auch "Eine Jugendgeschichte".

Die Autobiographien der sozialdemokratischen Funktionäre Bebel, Severing, Noske und Scheu zeigen primär ein politisches Interesse. Politische Entwicklungen und Auseinandersetzungen kommen zur Darstellung, und der einzelne Politiker legt Rechenschaft ab über den von ihm bezogenen Standpunkt und Lebensweg. Alle vier Autobiographien sind chronologisch angelegt und beginnen demnach mit der Kindheit. Die Ausführungen dieses Zeitabschnitts und der Schulzeit sind spärlich. Die Lehr- und Wanderzeit und die in diesem Lebensabschnitt beginnende Politisierung werden ausführlicher geschildert.

In der Gruppe der evangelischen Autobiographen soll das Werk von Otto Krille besonders hervorgehoben werden. Der Sozialdemokrat Krille schreibt mit 36 Jahren seine Autobiographie, als er bereits einen Namen als Schriftsteller unter den sozialdemokratischen Parteigenossen hat. U. Münchow bemerkt zu Krilles Werk: "Die Schilderung proletarischer Kindheit ergibt eindrucksvolle Ansätze zur Gesellschaftskritik".[3]

Unter den evangelischen Autobiographen sind solche, die von einzelnen sozial engagierten Persönlichkeiten herausgegeben wurden. Nikolaus Welter gibt die Biographie "Franz Bergg - Ein Proletarierleben" heraus, und F. Naumann nimmt sich des Arbeiterschicksals des Frank L. Fischer an. Auch ein Verein, der "Hamburger Brockenhaus E. V.", gibt eine Autobiographie heraus: die von Karl Wilhelmsdörfer.

Bei den evangelischen Autobiographen sind es Otto Richter, Franz Bergg, Eugen May und Franz L. Fischer und bei den katholischen Autobiographen H. Marchwitza, Hugo Bertsch, Georg Meyer und Karl Kneschke, wo nur vereinzelt Informationen zur religiösen Sozialisation zu finden waren.

Zwei Autobiographen, die aus der Unterschicht stammen, Graf und Richter, emanzipieren sich aus ihrer Klasse. Der eine wird Schriftsteller, der andere akademischer Bibliothekar. Unter die Arbeiterautobiographen werden auch jene Arbeiter subsumiert, die eine Karriere in der sozialdemokratischen Partei gemacht haben.

Eine literarische Ähnlichkeit mit der autobiographischen Erzählung "Lazarus" von F. Hanusch hat die Erzählung "Gerd Wullenweber - Die Geschichte eines jungen Arbeiters" von J. Brand. Die Erzählung von Brand wurde jedoch nicht aufgenommen, weil sie der Gattung "Autobiographie" bzw. autobiographische Erzählung nicht zugeordnet werden kann. Es wird erzählt, wie der junge Gerd in einem niedersächsischen Dorf, Eckernworth in der Lüneburger Heide, im Hause seines traditionell denkenden Großvaters aufwächst und dann durch die Freundschaft mit einem jungen Lehrer in ein neues Welt- und Naturverständnis eingeführt wird, bis er sich als Lehrjunge in Hannover der Sozialdemokratischen Partei anschließt. Diese Erzählung soll Jugendliche aus dem verbreiteten traditionellen Denken herausführen und ihnen neue Perspektiven als junge Sozialdemokraten eröffnen.

Die Autobiographie von L. Tureck "Ein Prolet erzählt. Die Lebensschilderung eines deutschen Arbeiters", wurde nicht bearbeitet. Tureck, 1898 in Stendal geboren und in Hamburg aufgewachsen, absolvierte eine Bäckerlehre, arbeitete als Landarbeiter und später als freier Schriftsteller. Tureck, dessen Stiefvater ein klassenbewußter Zigarrenmacher war, ist der einzige Arbeiterautobiograph, der den Werdegang zu einer sozialistischen Persönlichkeit nicht im Zusammenhang der Auseinandersetzung mit der eigenen religiösen Sozialisation beschreibt. Turecks Darstellung ist bereits von einem betont antikirchlichen proletarischen Standpunkt aus geschrieben.

A. Koch stellt die Frage, ob Selbstzeugnisse von Arbeitern überhaupt etwas über den typischen Arbeiter aussagen können, da diese meistens von Aufsteigern verfaßt worden seien.[4] In unserer Arbeit werden die Autobiographien der "Funktionäre" in einer besonderen Abteilung bearbeitet. W. Emmerich läßt die Frage offen, ob die Aufsteiger mit ihren Biographien zu den proletarischen Selbstdarstellungen zählen können.[5] H.P. Bahrdt weist darauf hin, daß die Arbeiterautobiographen keine typischen Arbeiter waren: "Es ist etwas in ihrem Leben geschehen, wodurch sie einen Grad von 'Schriftlicher Kultur' erreicht haben, der den meisten Arbeitern nicht erreichbar war. Meist war es das Engagement in der Arbeiterbewegung, dabei auch die Wahrnehmung von Funktionärspflichten, die Anlaß und Gelegenheit boten, eine Bildung nachzuholen, welche die knappe Volksschulbildung nicht vermitteln konnte."[6]

Wie die Deskription der Erfahrungen ergab, war der Einfluß der Arbeiterbewegung bei den meisten Autobiographen sehr bedeutend. Die wenigsten von ihnen kann man jedoch als soziale Aufsteiger bezeichnen. Unser Arbeitsvorhaben richtet sich besonders auf solche Autobiographen, die sich selbst der Arbeiterbewegung zuordnen oder ihr nahestehen. Deshalb ist es angebracht, die Beschreibung individueller Erfahrungen im Zusammenhang kollektiver Deutungsmuster darzustellen und danach zu fragen, wie sich diese im Bewußtsein der Arbeiterautobiographen niedergeschlagen haben. Der Terminus Arbeiterautobiographie umschließt die *arbeitenden Menschen* der Unterschicht und wurde deshalb gewählt, um eine Grenzlinie zu ziehen. Denn die häufig aus dem Proletariat stammenden Vagabunden mit ihren Selbstdarstellungen werden hier nicht bearbeitet.

2.2. Zusammenfassung der schulischen Sozialisation

Die Schilderungen der Autobiographen über ihre Schulzeit sind im allgemeinen sehr knapp. Das ist wohl so zu verstehen, daß sie der Schulzeit keine große Bedeutung beimessen. Zehn Autobiographen erwähnen gar nichts über die Schule und den Religionsunterricht. Wenn aber die Schulzeit beschrieben wird, fällt auf, daß vor allem der Religionsunterricht thematisiert wird.

Die meisten Autobiographen schreiben, daß sie zwischen vier bis sechs Stunden Religionsunterricht in der Woche erteilt bekommen haben. Als Inhalte werden am häufigsten genannt: Katechismuslehre, biblische Geschichte, Sprüche, Gebete und Choräle (Osterroth, Belli, Grünberg, Holek, C. Fischer, Kneschke). Es können belehrende Vorträge hinzukommen, so über "Gott, Gerechtigkeit, Allmacht und Güte" (S. Fischer und Holek). Daran kann sich eine ethische Unterweisung anschließen. Geister- und Wundergeschichten können auch im Religionsunterricht vorkommen, bilden aber eher die Ausnahme. Holek und Habermann schreiben, daß die Lehrer abergläubische Geschichten erzählt haben und lehrten, daß das gläubige Gebet Erhörung in Notsituationen bringt. Neben dem Religionsunterricht werden in der Regel nur die Elementarfächer gelehrt: Lesen, Schreiben und Rechnen. Marchwitza, Ger und Rehbein nennen neben der religiösen auch die patriotische Erziehung. Ger spricht davon, daß lediglich die Geschichte der sächsischen Fürsten erzählt wird, dagegen allgemeine Geschichte und Literatur im Unterricht nicht vorkamen. Marchwitza erwähnt, daß zu dem von den Schülern zu erlernende Tugendkatalog auch die Treue zum Vaterland und Herrscherhaus gehört haben.

Im allgemeinen läßt sich sagen, daß die Mehrzahl der Autobiographen eine Schulzeit durchlaufen hat, in der die religiös-sittliche Erziehung im Mittelpunkt stand. Die meistpraktizierte Methode des Religionsunterrichts ist das Memorieren. Eine Fülle von Bibelgeschichten, Katechismusversen und Strophen aus dem Gesangbuch mußten auswendig gelernt werden. Richter schreibt, daß es für ihn als Kind eine Qual bedeutet habe, die altertümliche

Sprache des Katechismus auswendig lernen zu müssen. Zur religiössittlichen Erziehung der Persönlichkeit gehörte als Erziehungsmittel die Verwendung des Stockes. Alle Autobiographen erwähnen dies, und Wilhelmsdörfer erinnert sich darüber hinaus, daß er schon vor dem Eintritt in die Schule Angst hatte, da die Kinder erzählten, der neue Lehrer habe ein spanisches Rohr mitgebracht.

Osterroth, Winnig und Ger beschreiben auch die Bedeutung der geistlichen Aufsicht für den Schulalltag. Die Abhängigkeit der Volksschullehrer von ihren vorgesetzten Pfarrern schien sie zu veranlassen, auf den Religionsunterricht besonderen Wert zu legen.

Ger kritisiert den Wert der schulischen Inhalte für den Alltag. Er beschreibt als Ziel schulischer Sozialisation die Vorbereitung zum "Eintritt in eine nomadisierende Horde althebräischen Charakters". F.L. Fischer schreibt, daß er wie von einem Alp befreit die Schule verlassen hat. Lediglich einzelne Autobiographen wie Bruhns, Bock und Seliger stellen ihrer Elementarbildung ein positives Zeugnis aus. Hier sind es die einzelnen Lehrer, die sich besonders um die Schüler bemüht haben. Es ist auffallend, daß als einziger nur Seliger in seiner Volksschulzeit Bücher gelesen hat. Bei Bromme, Scheu und Bringolf, die alle drei eine mittlere Schulausbildung erhalten haben, wird das Bildungsinteresse schon während der Schulzeit ausgeprägt durch die Lektüre von Literatur, Musik und Geschichte und das Lesen von Zeitungen. Bemerkenswert ist, daß die beiden weiblichen Autoren Baader und Popp erst später zur Schule gehen und nur eine dreijährige Ausbildung erhalten.

Die Inhalte des Religionsunterrichts müssen von den Schülern auswendig gelernt werden. Der Lehrer überprüft den memorierten Stoff und erteilt Sanktionen, wenn dieser nicht gelernt wurde. Severing schreibt, daß bei ihm als Schüler schon Zweifel an der Bedeutung des Memorierens religiöser Stoffe aufgekommen sei, da kein Fundament des Wissens gelegt und auch keine religiöse Überzeugung erreicht werden konnte. Reimes gibt dem Prügeln als Haupterziehungsmittel die Schuld an der nicht guten Gesittung der Schüler. Eher als Ausnahme ist es zu werten, daß einige Autoren Lehrer erwähnen, die das Konzept der religiös-sittlichen Erziehung nicht so konsequent oder auch gar nicht vertraten. So berichten Bruhns, Holek und Habermann, daß sie einen Lehrer gehabt haben, bei dem ein distanziertes Verhältnis zum Religionsunterricht deutlich wurde. Holeks Lehrer wurde vermutlich auf Betreiben der Dorfbevölkerung hin versetzt, weil sie die mangelnde Religiosität bei ihm beklagte. Habermanns Lehrer vermittelt die eigene Geschichte, die des böhmischen Volkes. Bruhns bescheinigt seinem Lehrer, daß er den Schülern eine gute Ausbildung in den Elementarfächern gegeben habe. Winnig erwähnt einen Lehrer, der die Schöpfungsgeschichte religionsgeschichtlich erklärte, und Bock schreibt, daß ihm die Darstellung der Kulturentwicklung der Völker geistige Anregungen gegeben habe. Auch Seliger erzählt, daß er von seinem Lehrer gefördert wurde. Zweimal sucht dieser seinen Vater auf, um ihn zu bewegen, sein Kind weiter studieren zu lassen.

2.3 Zusammenfassung der kirchlichen Sozialisation

Lediglich die Hälfte der Autobiographen schreibt über den Kommunion- oder Konfirmationsunterricht oder über Erfahrungen mit Geistlichen.
Vier Autoren heben hervor, daß sie positive, und vier andere, daß sie negative Erfahrungen mit Pfarrern oder anderen Christen gemacht haben. Severing beschreibt seinen Konfirmator als einen "Freund der Armen". Bromme erzählt von der Freundschaft zu dem Sohn des Geistlichen, der zu ihm gehalten hat, als die anderen Schüler ihn wegen seiner Zugehörigkeit zur Unterschicht meiden. Rehbein berichtet, daß er als Zwölfjähriger in ein Pfarrhaus kommt, um dort gegen Entgelt kleine Arbeiten zu verrichten. Der Pfarrer gibt ihm Bücher zum Lesen. Rehbein wundert sich, daß der bildungsorientierte Pfarrer sich nicht für sein durch Memorieren angeeignetes Wissen interessiert. C. Fischer schreibt von einem freundlichen Pfarrer, den er beim Umzug der Familie in die Stadt kennenlernt. Dieser bittet ihn oft, ins Haus hereinzukommen, wenn er von der Schule kommt, und erkundigt sich nach den Großeltern, die er von seiner früheren Tätigkeit auf dem Dorf her kennt. Doch dieser Geistliche kann sein negatives Pfarrerbild nicht verändern, das aus der Konfirmandenzeit resultiert. Der Pfarrer konnte seine andächtige Haltung während des Konfirmandenunterrichts nicht akzeptieren, weil er sie als devot versteht. Kritik, Beschimpfungen und Drohungen von seiten des Pfarrers verunsichern den Konfirmanden C. Fischer in seiner kindlichen Religiosität.
Wilhelmsdörfer schreibt auch von einer negativen Erfahrung mit seinem Pfarrer während der Kindheit. Der Pfarrer, der ihn schätzt und will, daß er Missionar wird, läßt ihn eines Tages von seinem Knecht verhauen und schaut dabei zu. Er hat den Jungen auf einem Baum in seinem Pfarrgarten gesehen und angenommen, daß dieser Äpfel stehlen will. Ger kritisiert an dem Pfarrer, daß dieser sich nicht für die Lebensumstände interessiert und die schlechten Wohnverhältnisse der Bevölkerung überhaupt nicht zur Kenntnis nimmt. Außerdem beklagt Ger, daß der Pfarrer die angesehenen Leute des Dorfes bevorzugt. Eine Kirchengemeinderatswahl öffnet ihm die Augen. Als der Oberförster und Mitglied des Gemeinderates, der bei der Bevölkerung verhaßt ist, den Ort verläßt, hält der Pfarrer auf ihn eine Lobrede. Das erzeugt beim jungen Ger unauslöschlichen Haß. G. Meyer beschreibt seine Verzweiflung, als der Pfarrer die Beerdigung seiner Mutter ablehnt, weil sie in seinen Augen nicht als praktizierende Katholikin gestorben ist. Als Reaktion darauf hinterfragt er das Berufsverständnis des Pfarrers.
Die Ausführungen haben gezeigt, daß sich das Pfarrerbild durch konkrete Erfahrungen des einzelnen bildet. Das Verhalten der Geistlichen im Alltag,

und nicht primär ihre Worte, bestimmt die Auffassungen der Unterschichtsangehörigen in bezug auf die Amtsträger der Institution Kirche.

Es ist auffallend, daß nur Severing und C. Fischer über den Konfirmandenunterricht informieren. Offensichtlich hat der Kommunion- und Konfirmandenunterricht keinen Eindruck auf die Schreiber hinterlassen. Um so mehr ist man verwundert, welch hohen Stellenwert die Kommunion und Konfirmation in den Darstellungen einnimmt. Sechs Autobiographen berichten über die heilige Handlung und wie diese auf sie gewirkt hat (Rehbein, Bürgel, Hoelz, Marchwitza, Graf und Osterroth).

Zunächst wird deutlich, daß die Konfirmationskleidung sehr bedeutend ist. Hoelz bemerkt, daß der neue. maßgeschneiderte Anzug mehr Faszination auf ihn ausübt als die heilige Handlung. Bergg scheint durch seine Kleidung, mit ein wenig Stolz verbunden, sicherer vor die Menge der zuschauenden Kirchenbesucher getreten zu sein. Bürgel ist dagegen verunsichert, weil er das Gefühl hat, die Leute bemerkten, daß er von der Armendirektion eingekleidet wurde. Die Bedeutung der Konfirmationskleidung zeigt, daß der junge Mensch den Druck empfindet, sich den Normen der besser gekleideten Schicht anpassen zu müssen. Vermutlich fühlte der Angehörige der Unterschicht, daß er in den kirchlichen Rahmen der gutgekleideten Bürger nicht ohne weiteres hineinpaßt.

Rehbein stellt fest, daß die Konfirmation bei ihm keinen Eindruck hinterlassen hat, lediglich, daß ein neuer Lebensabschnitt begann. Bürgel, Bergg, Marchwitza, Graf und Osterroth erzählen, welch hohe persönliche Erwartungen sie mit dem Einnehmen des Abendmahls verbanden. Graf und Bürgel führen ihre Erwartungen auf die Worte des Pfarrers zurück, der betonte, welche ungeheure Wandlung sich für den einzelnen beim Abendmahl vollzieht. Doch alle Schreiber betonen ihre Enttäuschung nach der heiligen Handlung. Marchwitza spricht von einer "Veränderung der kleinen Welt für nur einen Tag, und eine Lawine düsterer Tage setzte wieder ein."

2.4. Die Erfahrungen der Arbeitswelt und Wanderschaft in Beziehung zur politischen und religiösen Sozialisation

Krille, Bürgel, Reimes und May beschreiben und konstatieren entscheidende subjektive Veränderungen durch den Eintritt ins Fabrikleben. Krille beschreibt, wie die Arbeit in der Fabrik psychologisch auf ihn gewirkt hat, als eine "Ohnmacht dem Leben gegenüber", eine schicksalhafte Monotonie, die sich tagtäglich als "einförmiges Leben" (S. 92) wiederholt. Bürgel muß ähnliche Empfindungen gehabt haben, als er mit dem Fabrikleben konfrontiert wird. Er empfindet, daß die "Maschinenwelt" die "bisherige Vorstellungswelt zu einem Nichts zusammenpreßte" (S. 35). Er stellt Differenzen fest zwischen dem Weltbild, das ihn in Kindheit und Jugend vermittelt wurde, und der Welt, in der er jetzt lebt. Bürgel konstatiert, wie "anders war die Welt und waren die Menschen als die Lehren des Vaterhauses, der Schule und des Pastors" (S. 35).

Auch die religiösen Anschauungen des jungen Krille können diesen Erfahrungen nicht standhalten, "Stück um Stück" (S. 93) zerbrechen sie. Die Erfahrungen und die Arbeit in der Fabrik setzten bei beiden einen Reflexionsprozeß in Gang. Krille denkt nach über das Weltbild, das ihm vermittelt wurde. Einen Sinn in der Weltordnung, gar einen göttlichen, kann er nicht anerkennen. Außerdem ist es ihm zweifelhaft, daß der Gang der Geschichte gesetzmäßig und notwendig sein soll. Das hätte die praktische Konsequenz, eine kärgliche Existenz mit Entbehrungen akzeptieren und den märchenhaften Reichtum anderer hinnehmen zu müssen. Diese Einsicht ist für Krille ein "toter Glaube", und der "Zweifel eine Wohltat" (S. 93).

Bei Bürgel ist festzustellen, daß in das beschriebene psychologische Vakuum sozialistische Ideen Eingang finden, und er versucht, diese mit seiner Religiosität zu verbinden. Er fragt: "War nicht die Lehre selbst des großen Nazareners auf unserer Seite?" (S. 68)

Reimes arbeitet nach dem Verlassen der Schule in einer Kartonagenfabrik und dann in einer Weberei. Das Verhalten und die Zoten der Gesellen bringen sein religiöses Empfinden aus dem Gleichgewicht. Mit der Zeit stumpft dieses ab. Reimes bemerkt, daß er durch die Fabrik- und Militärzeit weit abgekommen ist vom Kirchenglauben. Den Kirchgang behält er wegen der Dorfbevölkerung bei. Die Mutter empfindet Schmerz, daß er sich so offen gegen Kirche und Geistlichkeit ausspricht (S. 36).

May erzählt, wie er während seiner Lehre als Dreher in einer Maschinenfabrik mit den Anschauungen eines Pfarrersohnes konfrontiert wird. Dieser vermittelt ihm den Widerspruch zwischen der Lehre des Nazareners und der der christlichen Kirchen sowie der Gesellschaftsordnung. Diese Ideen scheint sich May auch zu eigen gemacht zu haben. Er geht nicht mehr in die Kirche, auch die Mutter kann ihn nicht von dieser Entscheidung abbringen. Er kritisiert, daß die christliche Lehre den Armen anders als den Gebildeten vermittelt wird und tritt aus der Kirche aus. Sein persönliches Credo ist der Glaube an eine "Urkraft".

Reimes kommt durch einen Anstoß von außen mit der Sozialdemokratie in Berührung. Ein Onkel und dessen Freund machen ihn mit den sozialistischen Ideen bekannt, die er durch Broschüren zu erfassen hofft. Durch einen äußeren Anstoß beginnt auch bei Osterroth ein Prozeß der Politisierung und Auseinandersetzung mit der religiösen Sozialisation. Als die Grubenherren der Ziegeleibetriebe die Arbeitsordnung verschärfen wollen, gehen die Arbeiter zum Pfarrer und erbitten seine Unterstützung. Doch ihre Erwartungen werden enttäuscht. Der Pfarrer predigt sonntags Unterordnung und Gehorsam den Grubenherren gegenüber. Die Arbeiter hatten die Umsetzung der Predigt von der Nächstenliebe erhofft, die der Geistliche den Grubenherren einschärfen sollte. Als die Bergleute eine gewerkschaftliche Organisation gründen, bilden die Geistlichen eine eigene "Zahlstelle des christlichen Gewerkvereins für Bergleute" als Gegenorganisation. Dieses Verhalten des Klerus führt Osterroth und Reimes zur Entfremdung von der Kirche. Auch Reimes hat es erlebt, daß der Klerus Christliche Gewerkschaften als Reaktion auf die Entstehung Freier Gewerkschaften gründete. Während bei Osterroth das Verhalten der Geistlichen einen Bewußtseinsprozeß in Gang setzt, schließt dieser bei Reimes dessen Reflexion über seine eigene religiöse Sozialisation ab. Eine Auseinandersetzung mit den neuen Erfahrungen und dem Kennenlernen der sozialdemokratischen Ideen führt bei beiden zur Reflexion der eigenen religiösen Sozialisation. Osterroth und Reimes versuchen, die sozialistischen Gedanken mit der eigenen Religiosität zu verbinden. Reimes stellt eine Verbindung her zwischen dem naturhaften Gefühl und einem religiösen Gefühl (trotz Kirchengegnerschaft), das in der Synthese gegen Unrecht kämpfen will.

Die Inhalte der Broschüren von Liebknecht und Bebel sind für Reimes identisch mit dem religiösen Gebot der Menschenliebe. Er bemerkt, daß ein religiöser Mensch im Sozialismus alles Gute finden kann. Reimes kommt zu dem Ergebnis, daß er "vor Gott bestehen (kann) ... wenn es ein Jenseits und eine Vergeltung geben sollte" (S. 40). Osterroth bemerkt, daß er beim Eintritt in die Sozialdemokratie "Gewissensbisse" empfand und zuerst ein Kampf um die Einordnung der politischen in die religiöse Überzeugung (S. 130) entsteht. Die sozialistische Wirtschaftslehre und den Klassenkampf sieht er auf dem Boden vollkommener religiöser Neutralität (S. 129). Während bei Reimes der Prozeß der persönlichen Auseinandersetzung durch den Kreis der Gleichgesinnten ergänzt wird, durchläuft ihn Osterroth allein. Reimes beschreibt, wie im Kreise seiner Genossen, in einem Fischerhaus, bei einem Junggesellen die Religion, die Kirche und die Geistlichkeit immer wieder den Mittelpunkt der Gespräche bildeten. Reimes selbst führt dies auf den "beherrschenden Einfluß der Kirche" zurück. Ein Gefühl, sich legitimieren zu müssen, spricht aus den Worten von Reimes: "... in dem noch nicht erloschenen Zwiespalt unserer eigenen Seelen suchten wir unser Tun und unsere Bewegung immer wieder zu rechtfertigen durch ihre intime Beseelung mit religiösen Gedanken" (S. 46). Osterroths Entwicklung verläuft zunächst über das Lesen von Zeitungen. Zuerst liest er eine Zeitung des katholischen Landtagsabgeordneten Dr. Siegl, der die Sozialdemokratie als "ehrlich" hinstellt. Dies scheint ein wichtiger Punkt für Osterroth gewesen zu sein, sich auf die Sozialdemokratie einzulassen. Durch das Lesen der sozialdemokratischen Presse wird er aufmerksam auf philosophische und naturwissenschaftliche Werke. Sein Studium führt ihn zu der Erkenntnis: die "Grundlage der dem 'niederen' Volk gepredigten Religion ist das Sechstagewerk Gottes, der mosaische Schöpfungsbericht" (S. 132). Die Befreiung aus diesen Vorstellungen war "nur unter schweren inneren Kämpfen" (S. 133) möglich (obwohl Osterroth schon ein Jahr Sozialdemokrat war). Trotz einjähriger Mitgliedschaft als Sozialdemokrat sagt er: "... immer noch hing ich fest an meiner religiösen Überzeugung" (S. 133). Zuerst liest er "Das Wesen der Religion". von L. Feuerbach, dann "Moses oder Darwin" von A. Dodel. "Das Fundament meines Glaubens war nach der Lektüre des prächtigen Buches zertrümmert ... ich war ein anderer Mensch geworden ... Gott verlor ich nicht, er bekam nur andere Gesichtszüge" (S. 136).

Reimes und Osterroth hatten nicht nur innere Kämpfe in bezug auf ihre eigene religiöse Sozialisation durchzustehen, auch persönliche Widersacher stellten sich ihnen in den Weg. Für Reimes ist die Mutter der eifrigste Gegner seiner neuen Anschauung. Den Kirchgang behält er wegen ihr und der Leute zunächst bei, geht dann aber nicht mehr in den Gottesdienst, um zu dokumentieren, daß er "mit diesen Frommen nichts mehr zu tun haben will" (S. 42). Die Mutter ist verzweifelt und sieht ihn für den Himmel als verloren an. Zwanzig Jahre später hat sie ihre Einstellung verändert. Sie traut jetzt dem lieben Gott zu, daß "er mit den Sozialdemokraten ein Einsehen hat" (S. 42). Bei Osterroth sind es die Geistlichen, die seine neuen Anschauungen aktiv bekämpfen, so wurde seinem Vater Geld angeboten, wenn er seinen Sohn aus dem Haus entfernt (S. 130).

Adelheid Popp lernt durch ihr literarisches und politisches Interesse die Sozialdemokratie über ein katholisches Blatt kennen. Sie beginnt aber erst mit der Lektüre der sozialdemokratischen Presse, als sie den Freund ihres Bruders, einen engagierten Sozialdemokraten, kennenlernt. Belli besucht während seiner Schusterlehre den katholischen Gesellenverein. Dort hört er das erste Mal etwas über die Sozialdemokratie durch den Geistlichen, der Vereinspräses ist. Es scheint für Belli von Bedeutung zu sein, daß ein Jesuit auf der Durchreise positiv von der Sozialdemokratie spricht. Aus der Bibliothek des Gesellenvereins leiht er sich Bücher aus, und durch die Lektüre kommt er von seinen religiösen Anschauungen ab. Die Schilderungen seiner Wanderschaft zeigen seine Distanz zu den religiösen Anschauungen der Leute. Er erzählt, wie ein Handwerksmeister den Lehrjungen und Gesellen über die Predigt abhört, und von einem Gespräch mit einem Gesellen, der als einziges Buch den Katechismus kennt. Belli meint hier die Bildung für das einfache Volk zu durchschauen.

Ger liest während seiner Lehre als Maschinenbauer die naturwissenschaftlichen Lehrbücher des Meistersohns, so u. a. das Physikbuch. Durch das Studium wird er das erste Mal mit den Naturgesetzen vertraut gemacht. Dies führt zur Auseinandersetzung mit dem Gottesglauben. Ger kommt zu der Überzeugung, daß Gott nicht in der Geschichte handeln kann, sonst könne es nicht so viel Not geben. Ger schreibt, daß er ein ganz anderer Mensch geworden sei. Seine innere Entwicklung führt ihn auch zur Aktion. Als der Pfarrer des Heimatortes in seiner Predigt gegen die Sozialdemokratie wettert, verteilt er dort das erste sozialdemokratische Flugblatt. Bringolf war während seiner Lehre als Maurer mit dem "Dramatischen Verein" durch einen Freund in Berührung gekommen. Parallel verläuft bei Bringolf das Lesen von klassischer Literatur und dem erst unbewußten und dann bewußten Distanzieren von der Kirche durch das Verhalten "heuchlerischer Kirchenbesucher". Bei Adelheid Popp ist nach dem Kennenlernen sozialdemokratischer Ideen ein Verlauf zu beobachten, in dem sie politisiert wird, aber gleichzeitig die religiöse Bindung betont. Sie schreibt von einem "allmählichen Freiwerden" (S. 70) dieser religiösen Bindung, obwohl wenig über Religion in der sozialdemokratischen Presse berichtet wurde.

Hanusch wird nach dem Verlassen der Schule von einem Nachbarn in den sozialdemokratisch orientierten Fachverein der Manufakturarbeiter mitgenommen. Er beschreibt, daß die anti-religiösen Werke in der Bibliothek des Fachvereins zuerst sein Interesse gefunden haben. In einem zweiten Schritt setzt er sich durch die Empfehlung eines älteren Kollegen mit der Naturwissenschaft im weiteren Sinne auseinander. Die Ideen von Haeckel und Darwin führen zu einem Zusammenbruch des religiösen Gebäudes. Erfahrungen auf der anschließenden Wanderschaft führen Hanusch zu der Einsicht, daß die Frommen und die Kirche den Notleidenden keine Hilfe zuteil werden lassen.

Der Beginn eines Bewußtseinsprozesses erfolgt bei den Autobiographen oft auf der Wanderschaft durch einen Anstoß von außen. Rehbein bekommt von einem sozialdemokratischen Schuster in seiner neuen Heimat, Schleswig-Holstein, sozialistische Zeitungen, Holek in Aussig ein Flugblatt mit politischem Inhalt, und er wird Zuhörer von politischen Diskussionen der Arbeiter. Habermann soll in Wien einem Verwandten eine sozialistische Zeitung übergeben. Wilhelmsdörfer wird durch zwei andere Reisekollegen politisiert.

Dann beginnt in der Regel das Lesen von sozialistischen Zeitungen (Holek, Rehbein, Habermann, Wilhelmsdörfer). Die Lektüre der Zeitung setzt einen Prozeß der Auseinandersetzung in Gang. Bei Holek wird durch sie das "Gerechtigkeitsempfinden" gesteigert. Rehbein schreibt, daß es ihm beim Lesen so ergangen sei, als ob ihm "Schuppen von den Augen" fielen. Habermann erlebt, wie sich ein sozialistischer Geselle für einen Lehrling einsetzt und wird durch diesen Gesellen in eine Diskussion verwickelt. Diese motiviert Habermann, von nun an sich auch politisch auseinanderzusetzen, indem er die Leitartikel der sozialistischen Zeitungen studiert. Wilhelmsdörfer befaßt sich primär mit sozialen Fragen, die in der Zeitung dargestellt werden. Holek und Habermann knüpfen erste Kontakte zur Sozialdemokratischen Partei.

Die Lektüre der sozialistischen Zeitungen setzt einen Reflektionsprozeß in Gang. Er wird vertieft durch das Lesen von Büchern und Broschüren. Holek liest Bücher über die Darwinsche Theorie. Auch Bock beginnt als Mitglied des "Allgemeinen Deutschen Arbeitervereins" mit dem Studium sozialistischer Bücher und Broschüren und schließt sich dann der Sozialdemokratie an. Das Lesen der Zeitungen, Bücher und Broschüren bringt eine Auseinandersetzung in Gang. Zunächst identifiziert sich der lesende Arbeiter, wie es bei Rehbein sichtbar ist, mit den Darstellungen und Problemen der Arbeitswelt. Denn die Berichte über die schwere Arbeit und die Arbeitsverhältnisse spiegeln die gleichen Erfahrungen in der gleichen Situation wider. Dies ist der Ansatzpunkt, wo sich der Leser mit der Sozialdemokratie identifiziert, mit dem Empfinden, daß er hier mit seinen Problemen am besten aufgehoben ist.

Das Bewußtwerden der eigenen Situation führt zur Reflektion über die Vorstellungen, Werte und Normen, die im Elternhaus, in der Schule und Kirche vermittelt wurden. Holek führt z. B. den Wunderglauben der Leute an, der ihre geistige Rückständigkeit zeigt. Rehbein versteht nicht, daß die Leute in der Fremde so herzlos sind und dem Heimatlosen in dessen Not und Alleinsein nicht beistehen. Der Glaube, daß Gott helfen kann, zerbricht. Wilhelmsdörfer ist auch von Menschen enttäuscht, bei ihm sind es die "Frommen" des Evangelischen Jünglingvereins, die nicht nach ihren Grundsätzen leben. Demgegenüber steht die Erfahrung, daß die Menschen, die nicht in die Kirche gehen, auch nicht schlechter sind. Zweifel an seinem Gottesglauben kommen auf, die Angst, diesen Glauben ("das Schönste") zu verlieren. Holek spricht von einem allmählichen Loswerden, was die Menschen und Schriften einst gelehrt haben, und will mit der "Religion der Leute" nichts mehr zu tun haben. Doch der sittliche Kern der Religion behält für ihn weiter Bedeutung. Rehbein konstatiert, daß die religiös-patriotische Erziehung in der Heimat den Erfahrungen in der Fremde nicht standhalten kann. Wilhelmsdörfer engagiert sich auf Grund seiner Erfahrungen in der Gewerkschaft, Parteiorganisationen und im Arbeiterbildungsverein. Er versucht, seine religiöse Mutter von den neuen politischen Anschauungen zu überzeugen. Doch sie grenzt sich scharf von diesen Auffassungen ab und betont lediglich, daß die Enthaltsamkeit etwas Positives an der neuen Einstellung sei.

Bei den Autobiographen, die nach dem Verlassen der Schule in die Fabrik kommen, ist festzustellen, daß ein Teil eine subjektive Krise durch die Arbeitssituation erlebt (Krille, Bürgel, Reimes und May). Der andere Teil der Fabrikarbeiter schreibt von entscheidenden subjektiven Veränderungen erst durch die sich anschließende Wanderschaft (Wilhelmsdörfer und Holek). Auch Rehbein als Landarbeiter schreibt von subjektiven Veränderungsprozessen, die durch Erfahrungen in der Fremde unterstützt werden. Die Autobiographen, die ein Handwerk erlernt haben, erfahren in der Regel während der Lehrzeit erste persönliche Veränderungen (Bock, Bringolf, Habermann, Belli).

Bei einer Gruppe der Autobiographen vollziehen sich erste subjektive Veränderungen über persönliche Kontakte und Anstöße (Hanusch, Ger, Popp, Kneschke). Eine kleine Gruppe von Autobiographen, die keinen persönlichen Prozeß der Politisierung durchlaufen haben, berichten auch nichts von subjektiven Veränderungen ihrer Religiosität durch Arbeit bzw. Wanderschaft (Hoelz, F. L. Fischer).

Die Schreiber, die durch familiale Einflüsse politisiert werden, schreiben auch nichts von persönlichen Veränderungen durch Arbeit oder Wanderschaft.

Die Synthese von Sozialismus und Religion, die das Gefühl und die Ratio des Subjekts in der konkreten Lebenssituation verbindet, setzt sich als Ideal und Lebenspraxis bei den zumeist sozialdemokratisch orientierten Arbeitern aber nicht durch.

Die Klärung der schwierigen Identitätsproblematik hat der einzelne ohne fremde Hilfe durchzustehen. Schwere innere Kämpfe begleiten den Lernprozeß. Die Entwicklung eines neuen Selbsbewußtseins ist keine Momentsache, sondern ein langjähriger Identitätsfindungsprozeß. Die politisch Gleichgesinnten haben in der Regel an der Auseinandersetzung des einzelnen mit der religiösen Problematik keinen Anteil genommen. Reimes scheint eine Ausnahmesituation zu beschreiben, einen politischen Zirkel, in dem die religiöse Frage im Mittelpunkt steht. Die Intensität der religiösen Problematik in diesem Kreis wird wohl darauf zurückzuführen sein, daß dieser Kreis in einem katholisch geprägten Ort existiert.

Es ist deutlich geworden, welch hohen Stellenwert die religiöse Problematik für die meisten Autobiographen hat. Dies kann nur so gedeutet werden, daß Religion über die Verinnerlichung von Normen subjektiv eine hohe Bedeutung einnahm. Deshalb ist die Bevorzugung solcher Bücher und Broschüren verständlich, die sich mit antikirchlichen Inhalten beschäftigen. Die Analyse der Arbeiterautobiographien wird bestätigt durch die Untersuchungsergebnisse von H. J. Steinberg. Dieser hat das Bewußtsein der Arbeiter während der Wilhelminischen Ära erforscht. Er rekonstruierte, welche Bücher am häufigsten von Arbeitern entliehen wurden. "Faßt man die Abteilungen 'Parteiliteratur und Sozialwissenschaft', 'Geschichte' und 'Philosophie' zusammen zur Rubrik 'Werke wissenschaftlichen Inhalts', so war das meistgelesene Buch, das selbst Bebels populäres Werk übertraf, Corvins 'Pfaffenspiegel'. 'Wo in dieser Rubrik (gemeint ist die Abteilung 'Geschichte') der Corvinsche 'Pfaffenspiegel' sich befindet - und er fehlt kaum in einer Bibliothek -, da stellt er neben den wirklich nicht wissenschaftlichen 'Gekrönten Häuptern' meistens das stärkst begehrte Buch dar', lautet der Kommentar zu einem der Berichte. Die pseudowissenschaftlichen antiklerikalen, antichristlichen und antimonarchistischen Elaborate haben im Verein mit der naturwissenschaftlich-darwinistischen Aufklärungsliteratur die Vorstellungswelt der sozialistischen Arbeiterschaft in eminentem Maße geprägt, während die vielbegehrten, reich illustrierten volkstümlichen Geschichtsbücher von Blos nicht so sehr Wissen wie vielmehr packende Unterhaltung boten. Die in Partei und Gewerkschaften um die Arbeiterbildung Bemühten haben zwar mit Unbehagen die Beliebtheit des 'Pfaffenspiegels' und anderer Literatur dieses Genres bei der Arbeiterschaft konstatiert, andererseits aber die naturwissenschaftliche Aufklärungsliteratur in besonderer Weise zur Lektüre empfohlen. Die sozialistische Aufklärungs- und Bildungsarbeit hatte als festen Bestandteil die naturwissenschaftlich-darwinistische Aufklärung. Der Weg des Gros der Arbeiterschaft zum Sozialismus ging oft genug zusammen mit der Hinwendung zu einem vulgären naturwissenschaftlichen Materialismus."[7]

Kritisch zu hinterfragen ist die von der Sozialdemokratischen Partei initiierte Verbreitung einer spezifischen Materialismusvorstellung, wie sie bei Haeckel deutlich wird. Der Einfluß des vulgären naturwissenschaftlichen Materialismus auf das Arbeiterbewußtsein war in diesem Zeitraum eminent, wie die Analyse der Arbeiterautobiographien ergab. Die Gesamtproblematik kann hier nur angedeutet werden. "Die Gewißheit, sich in Einklang mit den fortschrittlichen Kräften und Ideen zu befinden, gewann die sozialistische Arbeiterschaft aus den materialistischen Aufklärungsschriften. Die Bewußtseinswelt des geistig aufgeschlossenen Teils der sozialistischen Arbeiterschaft ist im wesentlichen durch diese Literatur geprägt worden, während von der marxistischen Theorie des Sozialismus nur gewisse einprägsame Formeln bzw. die pseudomarxistische eschatologische Erwartung aufgenommen wurden. Die Verbreitung der naturwissenschaftlich-materialistischen Theorien unter der Arbeiterschaft wurde von der Partei, die sich im Einklang mit den aufklärerischen Tendenzen der Zeit sah, bewußt gefördert, nicht zuletzt deshalb, weil sie darin den entscheidenden Ansatzpunkt sah, von dem aus die Diskrepanz zwischen dem bestehenden Ordnungsgefüge, das, wie es die Wissenschaft bewies, auf traditionellen Vorurteilen basierte, und der modernen wissenschaftlichen Erkenntnis der Arbeiterschaft nahegebracht werden konnte. In der Vorstellung der sozialistischen Massen war die Sozialdemokratie Trägerin des Kultur- und Zivilisationsfortschritts, während die traditionellen Mächte, Kirche, Adel und das Gros des Bürgertums, als fortschrittsfeindlich angesehen wurden. So mündeten die Vorstellungen vom Sozialismus selbst der Minorität, die sich für wissenschaftliche Probleme interessierte, in einen allgemeinen Forschrittsglauben."[8]

2.5. Die Beziehung der familialen, schulischen und kirchlichen Sozialisation zu den durch Arbeit und Wanderschaft gemachten Erfahrungen

Auffallend ist, daß bei den Autobiographen, die nicht religiös, aber auch nicht ausgesprochen anti-religiös in der Familie erzogen wurden, keine subjektive Auseinandersetzung, weder in der Jugend noch in einem späteren Lebensabschnitt, festzustellen ist.

Bromme ist durch seinen Vater, der Kassierer bei den Sozialdemokraten war, mit dieser Richtung schon als Junge in Berührung gekommen. Der Vater ließ sich von seinem Sohn aus der sozialdemokratischen Presse vorlesen. Hierdurch erwarb sich der junge Bromme Informationen und Kenntnisse, die sein Selbstbewußtsein stärkten, als er feststellte, daß er mehr über die Sozialdemokratie weiß als sein Lehrer. Brommes Darstellungen zeigen, daß er durch persönliche Erfahrungen zu differenzieren gelernt hat zwischen unterschiedlichen Denk- und Verhaltensweisen religiöser Menschen. Während seiner Schulzeit ist er befreundet mit dem Sohn des Geistlichen, und er macht die Erfahrung, daß dieser zu ihm hält, obwohl die anderen Klassenkameraden ihn wegen seiner Zugehörigkeit zur Arbeiterschicht aus dem Wege gehen. Während seiner Lehrzeit trifft er wieder auf einen religiösen Menschen, dessen persönliches Verhalten ihn positiv anspricht. Die Bigotterie eines Bäckergesellen, die gepaart ist mit negativen Verhaltensweisen, stößt den jungen Bromme ab. Bromme erzählt von einer Diskussion unter Arbeitern, und er berichtet, wie diese die Geistlichen einschätzen. Für die einen sind die Geistlichen "Pfaffen", während die anderen versuchen, ihre Kritik zu differenzieren.

Auch Bruhns muß als Kind den Zigarrenarbeitern, die bei seinem Vater eingestellt sind, aus den sozialdemokratischen Zeitungen vorlesen. Bruhns sagt von sich selbst, daß er mit zehn Jahren bereits Sozialdemokrat war. Die Beschreibung eines Dialogs mit einem Gefängnisgeistlichen bestätigt seine anti-religiöse Haltung, die er im Rahmen seiner erworbenen Bildung darstellt.

Grünberg, der freisinnige Eltern hatte, wird bei seiner Taufe als Jugendlicher mit der unchristlichen Haltung der Verwandten und Kirchenbesucher konfrontiert. Alle Verwandten lehnen es ab, ein Patenamt zu übernehmen. Als der Pfarrer im Taufgottesdienst feststellt, daß kein Pate zugegen ist, bittet er die Gemeinde, daß sich Freiwillige für das Patenamt melden. Die Berührung mit der Kirche bestätigt die Richtigkeit der vorher eingenommenen freisinnigen Haltung. Die Mutter, die sich nach dem Tod ihres Mannes den Konventionen der Umwelt gebeugt hatte, ist enttäuscht und verärgert, daß sie auf die Konventionen überhaupt eingegangen ist. Grünberg tritt aus der Kirche aus, als dies gesetzlich für ihn möglich ist.

Kneschke erzählt, daß sein Vater freisinnig war und oft anti-religiöse Anspielungen, auch im Beisein der Kinder, machte. Kneschke bemerkt, daß er diese Tatsache nicht als etwas Positives empfand. Auch bei Kneschke ist keine subjektive Auseinandersetzung zu finden. Er bemerkt lediglich, daß die Arbeiterkinder die "Pfaffen nicht liebten" und daß ein Austritt aus der Kirche dem "Austritt aus der Gesellschaft gleichkäme". Desgleichen ist bei Meyer keine subjektive religiöse Auseinandersetzung festzustellen. Er beschreibt seinen Vater als frei von religiösen Vorurteilen. Die Religiosität seiner Mutter, die er als eifrige, bis zur Bigotterie neigende Katholikin beschreibt, scheint keinen persönlichen Eindruck bei ihm hinterlassen zu haben.

Die Auseinandersetzung mit der eigenen religiösen Sozialisation ist bei den sozialdemokratischen Parteiführern Noske, Severing, Bebel und Scheu noch nicht sehr ergiebig. Alle vier haben eine Lehre als Handwerker absolviert und sind dann einige Zeit auf Wanderschaft gewesen.

Noske nimmt (mit fünfzehn Jahren) während seiner Lehre Kontakt mit der Sozialdemokratischen Partei auf. Wie es dazu kam, berichtet er nicht. Ob der politisch eingestellte Vater, der Mitglied im Lasalleschen Allgemeinen Arbeiterverein war, auf ihn eingewirkt hat, ist nicht nachzuweisen. Severing berichtet von seinen Gesprächen mit dem sozialdemokratisch gesinnten Vater, die auf einer emotionalen Ebene abgelaufen sein müssen, denn Severing bemerkt, daß das Empfinden des einfachen Arbeiters nicht theoretisch ist (S. 19). Mit siebzehn Jahren wird er Gewerkschaftsmitglied, und während dieser Zeit erlebt seine Kirchlichkeit den ersten Riß (S. 27). Er macht die Erfahrung, daß die Geistlichen im Wahlkampf sich öffentlich gegen die Sozialdemokratie stellten. Er verliert die Achtung vor ihnen. Zwei Jahre später, als er 19 Jahre alt ist, lernt er den Kandidaten der Theologie, Theodor von Wächter, kennen, der sich als Christ zur Sozialdemokratie bekennt. Severing findet seine religiöse Identität, indem er das Christentum praktisch-politisch als Tatchristentum versteht, das sich besonders für die Mühseligen und Beladenen einsetzt. Er bekennt sich zu einem Glauben, den er fühlt, aber nicht "auf offenem Markt zu zeigen" (S. 36) braucht. Bebel berichtet von positiven Erfahrungen in bezug auf Kirche und Religion während seiner Wanderzeit. Die Geistlichen in den katholischen Gesellenvereinen sind lebenslustig und jovial. Scheu, der nach einer Lehre auch eine kurze Wanderzeit unternimmt, schreibt nichts in bezug auf positive oder negative religiöse Erfahrungen. Auch die Literatur, die Scheu anführt gelesen zu haben, läßt keine Auseinandersetzung mit religiösen Fragen erkennen.

Noske, Severing und Bebel sind nicht religiös erzogen worden. Alle drei Autoren haben ein Elternteil gehabt, das entweder politisch (Noskes, Severings Vater) oder freidenkerisch (Bebels Mutter) war. Lediglich Scheu ist von der Mutter positiv religiös erzogen worden, aber er setzt sich nicht kritisch mit seiner religiösen Sozialisation in bezug auf seine neu gewonnene politische Einstellung auseinander.

Bebel ist der einzige Autobiograph, der die freisinnige Haltung einer alleinerziehenden Mutter hervorhebt. Auch bei Bebel ist frühzeitig, während eines Konfirmandenunterrichts, eine distanzierte Einstellung zur Religion festzustellen, obwohl er über einen Schatz an religiösem Wissen verfügt haben muß.

Interessant ist die Feststellung, daß die beiden Autobiographen Bromme und G. Meyer, die eine religiöse Mutter und einen freisinnigen Vater hatten, von einer Identitätsproblematik nichts schreiben. Bei Bringolf, dessen Mutter eine gläubige Frau und der Vater ein Freigeist war, der aber nicht im Gegensatz zur Kirche stand, erfolgt erst während der Lehrzeit durch das Verhalten der Christen zunächst eine unbewußte und dann eine bewußte Distanzierung zur Religion.

Die Autoren, die von ihren Müttern allein religiös erzogen wurden, Popp, Winnig, Hanusch und Ger (die über die Religiosität der Väter nichts berichten), ebenso Holek und Wilhelmsdörfer (deren Väter ein distanziert-neutrales Verhältnis zur Religion einnahmen), schreiben von einer aktiven subjektiven Auseinandersetzung mit der Religion. Scheu ist der einzige in der Gruppe, der von seiner Mutter religiös erzogen wird und der über eine subjektive religiöse Problematik nichts erkennen läßt.

Bei den Autoren, die von ihren Vätern religiös erzogen wurden, C. Fischer, Habermann und J. Schiller, stellt sich das Problem der religiösen Sozialisation so dar: C. Fischer, der keinen politischen Entwicklungsprozeß durchlaufen hat, bleibt dem kirchlich-religiösen Denken verpflichtet, obwohl sich bei ihm während der Schul- und Konfirmandenzeit ein negatives Pfarrerbild herauskristallisiert hatte. J. Schiller schreibt nichts über eine subjektive religiöse Problematik. G. Habermann, der während der Kindheit das Abendgebet einstellt und durch eine persönliche Notsituation das Gebet grundsätzlich in Frage stellt, kommt mit vierzehn Jahren zu seinem Onkel, einem freisinnigen Mann, in die Lehre. Durch diese Erfahrung in der Kindheit und der Lehre vollzieht sich die persönliche Abwendung von der Religion. Habermann stellt seinen eigenen Bewußtseinsprozeß aber nicht dar. Er beschränkt sich lediglich auf Hinweise, wie "in gedanklicher Richtung war Onkel Villim mein Lehrer".

Reimes und Osterroth, die von den Eltern katholisch erzogen wurden und die sich selbst zu Sozialdemokraten entwickelten, schreiben von schweren inneren Kämpfen zwischen ihrer Religiosität und den neuen politischen Anschauungen der Sozialdemokratie. Diese beiden katholischen Schreiber erleben die schwerste Identitätskrise von allen Autobiographen. Dies ist wohl so zu verstehen, daß es die katholischen Arbeiter schwerer hatten, sich zu Sozialdemokraten zu entwickeln. J. Loreck schreibt zu diesem Sachverhalt: "Auch die ... vier katholischen Autobiographen (Belli, Dikreiter, Osterroth und Reimes; d. V.) berichten ungewöhnlich ausführlich über die allmähliche Lockerung ihrer religiösen Beziehungen. Das kann nur so gedeutet werden, daß ihnen dieser Schritt recht schwer gefallen ist."[9] Belli, der während der Lehre durch das Lesen von Büchern aus der Bibliothek des katholischen Gesellenvereins von seiner religiösen Anschauung abkommt, erwähnt keine persönlichen Probleme in bezug auf die religiösen Fragen.

Bei Hoelz, der auch von beiden Eltern religiös erzogen wurde und eine politische Anschauung gewinnt, kommt eine religiöse Identitätsproblematik nicht zur Sprache.

Richter, F. L. Fischer und Marchwitza, deren Eltern religiöse Grundhaltungen vertraten, durchlaufen keinen politischen Bewußtseinsprozeß auf die Sozialdemokratie hin, und von subjektiven religiösen Problemen schreiben sie nichts. Lediglich Marchwitza erwähnt, daß er an die Verwirklichung der Ideale der Sozialdemokratie nicht glauben konnte und daß im ersten Weltkrieg sein religiöser Glaube zerbricht.

Die Ausführungen haben deutlich gemacht, daß diejenigen Autobiographen, die eine religiöse Erziehung durchlaufen haben, in der Regel eine subjektive Auseinandersetzung mit den in der Kindheit und Jugend übernommenen religiösen Vorstellungen und Normen leisten müssen, bevor sie sich mit den neugewonnenen politischen Idealen in Einklang fühlen können. Dies gilt, wie wir gesehen haben, in besonderem Maß für die katholischen Arbeiterautobiographen. Außerdem ist deutlich geworden, daß die Autobiographen, die in der familialen Situation weder durch die Erziehung des Vaters noch der Mutter mit religiösen Vorstellungen in Berührung gekommen sind, von krisenhaften Entwicklungen in bezug auf die religiöse Sozialisation im Alter des Heranwachsenden nichts schreiben.

3. Historischer Hintergrund

3.1. Die gesellschaftlichen Veränderungen im 19. Jahrhundert

3.1.1. Die Phase der Frühindustrialisierung

Obwohl der erste Arbeiterautobiograph, C. Fischer, in den vierziger Jahren des 19. Jahrhunderts geboren wurde und für ihn und die anderen Autobiographen erst die in den fünfziger und sechziger Jahren einsetzende Industrialisierung relevant wird, soll auf die Phase der Frühindustrialisierung eingegangen werden. Dies erscheint als sinnvoll, weil erste Auswirkungen der wirtschaftlichen Veränderungen auf das soziale Leben sichtbar werden.

Als 1806 das preußische Heer bei Jena und Auerstedt eine Niederlage durch die Heere Napoleons hinnehmen mußte, bedeutete dies eine Niederlage des preußisch-feudalistischen Staates. Die Großagrarier, Bürger und Unterschichten schlossen sich unter der neu aufkommenden Nationalidee zu einem Bündnis zusammen. So war es möglich, in den Befreiungskriegen gegen Napoleon das französische Joch abzuwerfen. Nach dem Wiener Kongreß setzte dann eine Politik der Großagrarier ein, die ihre politische Führung im 19. Jahrhundert und ihre wirtschaftliche Stabilisierung zum Ziel hatte.

Durch diesen äußeren Anlaß setzt zu Beginn des 19. Jahrhunderts in Deutschland eine wirtschaftliche Phase ein, die grundlegende Veränderungen für das soziale und alltägliche Leben von vielen Menschen bedeutete.

Zwei Ereignisse in Europa machen deutlich, daß eine neue Entwicklung unaufhaltsam ist:
1. Die französische Revolution von 1789 zeigt, daß der Feudalismus mit seiner Wirtschafts- und Sozialstruktur, die Jahrhunderte lang gegolten hat, politisch am Ende ist.
2. Die Entwicklung in England zeigt beispielhaft, daß nur durch eine Veränderung der feudalistischen Agrarstruktur eine wirtschaftliche Gesamtentwicklung möglich ist.

Der größte Staat in Deutschland, Preußen, ist der Wegbereiter dieser neuen Entwicklung. Wegen seiner wirtschaftlichen und politischen Bedeutung für das spätere deutsche Reich soll er exemplarisch zugrunde gelegt werden. Der preußische Weg wurde durch das Stein-Hardenbergsche Reformwerk (von 1807 bis 1811) geebnet. Es bildet den Versuch, durch Reformen "von oben" (preußische Revolution genannt) einer Revolution "von unten" zuvorzukommen.

Das Zentrum des Reformwerks bilden die Agrarreformen. Albrecht Thaer ("Grundzüge der rationellen Landwirtschaft", 1809) vermittelt den Staatsmännern theoretisch und praktisch (Versuchsgut in Preußen) durch seine in

England gesammelten Erfahrungen, wie die Landwirtschaft produktiver ("rationeller") gestaltet werden kann.
Das Oktoberedikt des Jahres 1807 eröffnet das Stein-Hardenbergsche Reformwerk. Es enthält zwei Hauptbedingungen:
1. Aufhebung der ständischen Beschränkungen für Handel, Gewerbe und Grundbesitzerwerb.
2. Beseitigung der feudalen Beschränkungen, die Aufhebung der Leibeigenschaft.[1]

Aus diesen Bestimmungen ergeben sich folgende Konsequenzen: das feudale Verhältnis zwischen Großgrundbesitzern und Bauern, das die Bauern persönlich und wirtschaftlich versorgte, wird aufgelöst. Das Recht der Freizügigkeit (es bleiben bestehen: die Patrimonalgerichtsbarkeit bis 2. 1. 1849 bzw. bis 26. 4. 1851 und die Polizeigewalt bis 1872) hebt die Erbuntertänigkeit der Bauern auf. Das Hardenbergsche Regulierungsedikt von 1811 erlaubt es den Bauern, die bisher an den Feudalherrn geleisteten Feudallasten durch ein Ablösungsverfahren aufzuheben. Nach dem Befreiungskrieg wird durch eine Deklaration zum Regulierungsedikt von 1816 das Ablösungsverfahren zugunsten der Großgrundbesitzer verändert. Der Verlust kleiner Besitzstellen im Zeitraum von 1800 bis 1850 wird auf etwa 25 % geschätzt.[2] Nur die größeren Bauern, die "spannfähig" sind, können ablösen, während es beim handdienstpflichtigen Kossäten im Belieben des Großgrundbesitzers steht. Das Ergebnis der Bauernbefreiung besteht in der Sanierung der Großgrundbesitzer. Die Ackerflächen der Großgrundbesitzer vermehren sich und können im Großbetrieb besser genutzt werden. Der entstehende Großbetrieb ist die Voraussetzung für die später einsetzende industrielle Nutzung. Hinzu kommt, daß das Allmendeland aufgelöst und dem Besitz des Großgrundbesitzers zugeschlagen wird. Der Verlust des Allmendelandes ist für die Kossäten und Heuerlinge sehr entscheidend, weil sie ihre Kuh - oder in der Regel eine Ziege - abschaffen müssen, die täglich Milch gegeben hat. Die Ablösung, im Verbund mit Seuchen, Mißernten und niedrigen Getreidepreisen, bringt für viele Bauern den wirtschaftlichen Ruin und zerstört die Hoffnung, als selbständige Bauern leben zu können. Diese Bauern bleiben arbeitslos oder müssen das Land verlassen, wenn sie überleben wollen. Sie verkaufen das bißchen Hab und Gut, ziehen umher oder machen sich in den Städten ansässig.

Das Oktoberedikt von 1807 räumt auch die Gewerbefreiheit ein. Die Einführung der Gewerbefreiheit ist eine wichtige Voraussetzung für die industrielle Entwicklung. Der Zunftzwang, der jahrhundertelang galt, wird aufgehoben. Die Reichszunftordnung von 1731 kann als Beginn einer Lockerung des Zunftzwanges angesehen werden. Diese Lockerung war nötig geworden, da die auf dem Lande aufkommenden Manufakturen sonst nicht hätten entstehen können. Es galt nämlich als Privileg des Handwerks, daß das Gewerbe in den Städten angesiedelt werden mußte. Seit der Mitte des 18. Jahrhunderts halfen die aufgeklärten Fürsten, bestehende Manufakturen zu fördern und neue Industrien im Verlags- und Fabriksystem auszubauen. Da die bäuerlich und handwerklich orientierten Männer sich nicht den neuen industriellen Arbeits- und Produktionsmethoden unterwerfen wollten, werden primär Frauen, Kinder, Zuchthäusler, Soldatenfamilien und die Armen als Arbeitskräfte in der Manufaktur eingesetzt.

Die Gewerbefreiheit besagt, daß (1) jedermann, (2) in jedem Umfang, (3) in jeder Produktionstechnik ein Gewerbe betreiben kann. Dies bedeutet: 1. man konnte so viel Arbeitskräfte beschäftigen, wie man brauchte, ohne sich an die Auflagen der Zünfte gebunden zu fühlen, 2. fortschrittliche Produktionsmethoden konnten sich entfalten, da es keine Kapazitätsbeschränkungen mehr gab, 3. die Gesellen konnten sich selbständig machen. Viele Gesellen wurden während dieser Zeit kleine Unternehmer, und viele Gesellen scheiterten bei dem Versuch, sich selbständig zu machen, und wurden ruiniert.

Die Gewerbefreiheit hat das Entstehen von neuen Produktionstechniken möglich gemacht. Da es aus dieser Zeit keine Statistiken gibt, sind die konkreten Veränderungen schwer nachweisbar. Es ist aber als gesichert anzunehmen, daß die Zahl der Meister und Betriebe zunimmt, während die Zahl der Gesellen abnimmt. Diese Annahme bedeutet, daß für viele Gesellen im herkömmlichen Handwerksbetrieb keine Arbeitsmöglichkeit mehr gegeben war und daß die Gesellen versuchen mußten, Arbeit in einem Manufakturbetrieb zu finden. Es liegt auf der Hand, daß die bereits bestehenden und neuen Manufakturunternehmen die Menge der erwerblosen Gesellen und Bauern nicht aufnehmen konnten.

Es entsteht eine Klasse von Menschen, nicht vergleichbar mit der Gruppe der traditionellen Armen, die nicht mehr durch eine geregelte Arbeit ihr Auskommen findet. Da die Heimat keinen Broterwerb bietet, ziehen viele von Ort zu Ort, dort Arbeit und Brot zu bekommen. Andere versuchen, Erwerbsmöglichkeiten in den Städten zu finden, scheitern aber in der Regel bei diesem Versuch. Sie werden in den Städten als vierter Stand ansässig, ein Lumpenproletariat entsteht.

Die Aufhebung der ständischen Beschränkungen bewirkt in der ersten Hälfte des 19. Jahrhunderts eine starke Bevölkerungszunahme. "Das Mißverhältnis zwischen dem hohen Angebot von Arbeitskräften und der beschränkten Zahl von gewerblich-industriellen Arbeitsstellen wurde bis zu den vierziger Jahren immer stärker."[3]

Hinzu kam, daß die für die Unternehmer günstige Frauen- und Kinderarbeit die Arbeitsmöglichkeiten und den Lohn für die Männer verschlechterte. Eine Massenarbeitslosigkeit war die Folge, und der Pauperismus bekam eine neue Dimension, nicht vergleichbar mit der traditionellen Armenproblematik.

3.1.2. Die Bedeutung der Revolution von 1848 für die Unterschicht

Die Revolution im Jahre 1848 ist als Versuch des Bürgertums und der Unterschichten zu verstehen, die Macht der Großagrarier zurückzudrängen und primär politische Rechte, wie eine Verfassung, aber auch soziale Verbesserungen zu erkämpfen. Die Zeit nach der Revolution ist für die politische Weiterentwicklung in Deutschland sehr bedeutend. Die politische Ohnmacht der Unterschicht hatte sich an dem mangelnden Organisationsgrad gezeigt. Das Bündnis zwischen Bürgern und dem Vierten Stand während der Revolution war nur kurzfristig. Es kam eine Revolutionsangst bei den Bürgern auf, weil Teile der Unterschicht mehr gefordert hatten (z. B. eine neue Republik), als die Bürger wünschten. Die Zeit nach der Revolution brachte ein Wiedererstarken der konservativen Großagrarier.

3.1.3. Die Phase der Industrialisierung

Die Revolution von 1848 brachte - wie oben beschrieben - für die Unterschicht keine soziale Veränderung. Erst der in den fünfziger und sechziger Jahren des 19. Jahrhunderts einsetzende Prozeß der Industrialisierung ist der Beginn einer neuen Ära für die Unterschichten.

Die Maschinenindustrie in Preußen z. B. erhöht ihre Kapazität von 180 Fabriken im Jahre 1852 auf 1.196 im Jahre 1875; die Zahl der dort Beschäftigten steigt von 7.600 im Jahr 1846 auf 162.000 im Jahr 1875.[4] Die Zahl der Bergleute steigt im Zeitraum von 1835 bis 1873 um 260 v.H.[5] Auch der Eisenbahnbau nahm viele ungelernte Arbeiter auf. "Das bedeutete, daß nach der Mitte des 19. Jahrhunderts bis zu 5 v. H. der nicht in der Landwirtschaft Tätigen Arbeit im Eisenbahnbau fanden."[6]

Die aufkommende Industrie, die viele Arbeitskräfte benötigt, schafft eine neue Klasse, das Proletariat. Dieses Proletariat setzt sich zusammen aus den verschiedensten Gruppen, dem Lumpenproletariat der Städte, ungelernten Bauern aus dem ländlichen Bereich, Handwerkern und Meistern. Wichtig ist, daß das neue Proletariat wegen seiner Herkunft in der Denkweise traditionell ausgerichtet war. So wurde das neue Proletariat gezwungen, die bisher übliche handwerkliche Herstellung von Produkten aufzugeben und die Maschinen zu akzeptieren. Die Dampfmaschine setzte sich immer mehr durch, zwischen 1850 und 1860 verdreifachte sich die Zahl dieser Maschinen.

Auch die starke Zunahme der Bevölkerung hatte bis 1870 noch keine wesentliche Verschiebung des Verhältnisses zwischen den Einwohnern der Städte und der Landbevölkerung zur Folge. "Während 1871 noch zwei Drittel des deutschen Volkes in *ländlichen* Gemeinden wohnten, machte am Vorabend des ersten Weltkrieges die *städtische* Bevölkerung beinahe zwei Drittel des deutschen Volkes aus.[7]

In dieser Zeit, zwischen 1871 und 1914, vollzieht sich der Wandel vom Agrarstaat zum Industriestaat und vom "Landvolk zum Stadtvolk"[8].

Die Aufwärtsentwicklung der Industrie wurde durch wirtschaftliche und politische Entscheidungen begünstigt. 1834 war der Zollverein gegründet worden, und zwischen 1867 und 1871 schlossen sich Preußen, Baden, Württemberg und Hessen zum "Norddeutschen Bund" zusammen. Den Höhepunkt der Vereinheitlichung des deutschen Wirtschaftsraumes bildete die Reichsgründung von 1871. Die politische Zersplitterung wurde durch "ein Reich und eine Krone" aufgehoben. Die feudalen und bürgerlichen Kräfte arbeiteten gemeinsam für einen wirtschaftlichen Aufschwung. Die sogenannte "Gründerkrise" wirkte vorübergehend stagnierend, konnte die industrielle Entwicklung aber nicht aufhalten.

3.1.4. *Das Entstehen von Arbeiterparteien als Reaktion auf die Industrialisierung*

Nach der Revolution von 1848 bildete sich die "Allgemeine deutsche Arbeiterverbrüderung" mit dem Hauptziel, die "soziale Aufbesserung" des Arbeiterstandes zu erreichen. "Neben dem sozialen und dem demokratischen war in der Arbeiterverbrüderung aber noch ein drittes, mehr gefühlsmäßiges Moment wirksam: das ethische Postulat der Brüderlichkeit. ... Die Reaktion spürte, daß sich in der Organisation der verbrüderten Arbeiter eine neue moralische Kraft ausdrückte, die bedeutsame Änderungen vorbereiten konnte."[9]

1869 wurde durch den § 152 der Reichsgewerbeordnung das Koalitionsrecht eingeräumt. Erst jetzt konnten sich gesetzlich legitimierte Vertretungen von Arbeitern bilden. Ende der sechziger Jahre organisierten sich dann die Fabrikarbeiter in Berufsorganisationen. Die Gewerkschaften entwickelten sich erst nach der Aufhebung des Sozialistengesetzes (1890) zu einer Massenbewegung mit drei Millionen Mitgliedern (1/3 der in Industrie und Bergbau bis 1913 Beschäftigten).[10]

Der liberale Politiker Schulze-Delitzsch rief als einer der Ersten in den sechziger Jahren Arbeiterbildungsvereine ins Leben. Und Ferdinand Lassalle war einer der Mitbegründer, die 1863 den "Allgemeinen Deutschen Arbeiterverein" gründeten und sich damit eine eigene Arbeiterpartei schufen, die sich vom Liberalismus des Bürgertums lossagte.[11]

1869 gründeten dann Bebel und Liebknecht in Eisenach zusammen mit einigen ehemaligen führenden Lassalleanern eine zweite Arbeiterpartei, die "Sozialdemokratische Arbeiterpartei". 1875 schlossen sich in Gotha beide Arbeiterparteien organisatorisch zusammen zur "Sozialistischen Arbeiterpartei Deutschlands".

1878 wurde der neugegründeten Partei durch das sogenannte "Sozialistengesetz" verboten, ihre Arbeit fortzuführen. Lediglich der einzelne sozialdemokratische Abgeordnete durfte zum Reichstag kandidieren. In der Illegalität wurde die Arbeit jedoch fortgesetzt, so gab es zum Beispiel während dieser Zeit mehr sozialistische Zeitungen als vorher.

Die erste Reichstagswahl nach der Aufhebung der Sozialistengesetze war ein großer Erfolg für die Sozialdemokratie. Sie errang 23 % aller Stimmen im Jahr 1893, 6 v. H. dagegen nur 1881, und im Jahr 1912 errang sie sogar 35 v. H.[12]

Die sozialdemokratische Partei war bis 1914 die Partei geworden, die die meisten Stimmen auf sich vereinigen konnte. "Die Führung der Partei ging auf die Reichstagsfraktion über; mehr und mehr erschien die parlamentarische Arbeit, basierend auf den wachsenden Wahlerfolgen der Partei, als der richtige Weg zur Machtergreifung."[13]

3.1.5. Die Auswirkungen des gesellschaftlichen Wandels auf die sozialen Verhältnisse

Die Darstellung der gesellschaftlichen Veränderungen im 19. Jahrhundert, die nur skizziert werden konnte, hat gezeigt, daß in der ersten Hälfte des 19. Jahrhunderts eine jahrhundertelang geltende Gesellschaftsordnung, der Feudalismus, ins Wanken gerät. Dadurch kommt eine gesellschaftliche Dynamik auf, und in diesen Prozeß der Veränderung werden traditionell ausgerichtete Lebensformen mit hineingezogen. Wesentlich für das Verstehen der traditionellen Lebensformen ist, daß Arbeit und Sozialisation eine Einheit bilden. Die Bevölkerung auf dem Lande wurde schon früh in der Kindheit durch Mitarbeit in der Landwirtschaft oder im Handwerk in die Lebensform der Erwachsenen integriert.

Die Kinder lernten durch Anschauung und Nachahmung an der Seite ihrer Eltern die verschiedenen Arbeiten kennen. Die Väter ihrerseits konnten die Kinder anlernen und erziehen. Die Autorität des Vaters ergab sich aus der zu erlernenden Sache. Durch die Arbeit in der Fabrik mußte sich die Rolle des Vaters verändern.

Welche Wirkung die Industrialisierung auf das materielle Wohl der Unterschicht hatte, zeigt folgendes Zitat: "Der Pauperismus als ein für den Vormärz kennzeichnendes Massenphänomen wurde mit dem Fortgang der Industrialisierung überwunden, die Hungersnöte, die bei Mißernten die einzelnen Gebiete bis zur Mitte des 19. Jahrhunderts immer wieder heimsuchten, gehörten der Vergangenheit an." Jedoch mußten "über 50 % des Verdienstes für Ernährung ausgegeben werden, so daß eine sehr geringe Summe ... für Unterricht, ... Schulgeld, Gesundheits- und Körperpflege sowie für gesellige und geistige Bedürfnisse zur Verfügung stand."[14]

Es liegt auf der Hand, daß durch die gesellschaftlichen Entwicklungen der Mutter die Hauptaufgabe der Erziehung zufällt. Die Mütter müssen neben dem Haushalt durch eine kleine Landwirtschaft, einen Garten oder Heimarbeiten den notdürftigen Lohn des Mannes aufbessern helfen. Die Mitarbeit der Kinder war selbstverständlich. Fast alle Autobiographen beschreiben, daß der Lohn des Vaters und die Arbeit der Mutter gerade ausreichten, um ein notdürftiges Leben zu leben. Immer wieder taucht die Wendung auf: "Bei uns im Haus war Schmalhans Küchenmeister." Das Haupternährungsmittel war die Kartoffel.

Ein Zitat aus dem Rotteck-Welckerschen Staatslexikon von 1864 beschreibt die Not der Proletarier: "Fassen wir die Lage der arbeitenden Klasse, des sogenannten Proletariats, da, wo der Pauperismus herrscht, etwas näher ins Auge. Der Arbeitslohn ist so tief herabgesunken, daß der Arbeiter sich nicht mehr im Stande sieht, alle seine Bedürfnisse und die seiner Familie in ausreichender Weise zu befriedigen. Er muß daher nothgedrungen daran denken, sie zu beschränken. Da er aber in erster Linie für den Körper, dessen Gesundheit und Kraft die Hauptbedingung der Arbeitsfähigkeit ist, zu sorgen hat, so treten zunächst alle geistigen Bedürfnisse in den Hintergrund; in kurzer Zeit sinkt der Arbeiter auf die Stufe des Arbeitsthiers herab, das für seine Nahrung Dienste leistet. Aber dabei kann er in der Regel nicht stehen bleiben. Auch für Nahrung, Kleidung und Wohnung reicht der tägliche Erwerb nicht mehr aus, der Arbeiter wird vielmehr genöthigt, sich mit ungenügender Nahrung, mangelhafter, gegen die Witterungseinflüsse nicht vollständig schützender Kleidung und enger, ungesunder Wohnung zu begnügen, trotzdem gerade in dieser Hinsicht seine oft sehr anstrengende Beschäftigung verhältnismäßig nicht geringe Anforderungen stellt. Die natürliche Folge von alledem ist, daß der Körper, der ohnehin häufig durch die Arbeit selbst leidet, sich schnell schwächt, den Keim von Krankheiten in sich aufnimmt und entwickelt und endlich nicht mehr das volle Maß der Arbeit zu leisten vermag. Sowie dieser Zeitpunkt eintritt, vermindert sich auch der Lohn des betreffenden Individuums; an die Stelle der Dürftigkeit tritt die Noth, die Hülfsbedürftigkeit."[15]

Die materielle Situation verbesserte sich erst nach der Überwindung der "Gründerkrise" ab 1883 mit einem Anstieg des Reallohns um 25 v. H. bis 1914. In diesem Zeitraum von 1871 bis 1914 entwickelte sich das deutsche Reich zum Industriestaat. "Die Arbeitslosenquote bei Industriearbeitern war verhältnismäßig gering; die Löhne stiegen relativ stetig an. Auch die Lebenshaltungskosten kletterten freilich immer höher, nicht zuletzt durch den Wegfall ländlicher Selbstversorgungsmöglichkeiten und die höheren Mieten beim Wechsel von den Agrargebieten in die industriell-städtischen Bereiche. Dennoch ist eine Anhebung des Lebensstandards für breite Massen der Arbeiterschaft zwischen 1890 und 1914 unverkennbar."[16]

4. Die Rolle der Religion im Wandel zur Industriegesellschaft

Wie es schon dargestellt wurde, brachte die Frühindustrialisierung am Anfang des 19. Jahrhunderts erste, und die Industrialisierung, die um die Mitte des vorigen Jahrhunderts einsetzte, grundlegende gesellschaftliche Umstrukturierungen. Diese Problematik, in den Sozialwissenschaften als Veränderung durch gesellschaftlichen Wandel umschrieben, bedeutete die Veränderung von Lebensformen und Lebensschicksalen. Die Väter unserer Autobiographen sind die erste Generation, die Fabrikarbeiter wird . Die jahrhundertelang überlieferten familialen Lebensformen, die die Einheit von Produktion und Sozialisation unter bäuerlich-handwerklichen Bindungen beinhalten, veränderten sich. Die Mutter wird zur primären Person in der familialen Erziehung. Ihre Erziehungsziele und -inhalte orientieren sich jedoch in der Regel weiter an den überlieferten religiösen Traditionen, obwohl das Industriezeitalter angebrochen ist. Die Tatsache, daß die erste Generation der Fabrikarbeiter auf dem Dorf unter halbbäuerlichen Verhältnissen lebte, macht dies zum Teil verständlich. Schwieriger ist die Frage, welche Bewußtseinsveränderungen die Fabrikarbeit bei den Vätern bewirkte, die bisher bäuerlich-handwerklich orientiert waren. Es kann angenommen werden, daß eine Überlagerung von alten und neuen Normen das Bewußtsein dieser ersten Fabrikarbeitergeneration prägte. Allgemein läßt sich feststellen, daß die Väter nicht aktiv an der Erziehung ihrer Kinder partizipierten. Ihre Haltung kann Gleichgültigkeit, Eingreifen in schwierigen Fällen oder den Wunsch nach Bildung ihres Sohnes beinhalten.

Insgesamt ist aber zu beobachten, daß sie der traditionell-religiösen Erziehung ihrer Frauen nicht widersprechen. Die Fabrikarbeit lockert auch die religiösen Bindungen der Familie. Das gemeinsame Gebet der Familienmitglieder verliert an Bedeutung. Antje Kraus stellt die gleiche Tendenz bei Bergarbeitern fest: "Deutlicher wird die ... Tendenz in der Feststellung, daß das häusliche gemeinsame *Gebet* seltener geworden sei. Dies wurde nicht nur auf den 'zerstreuenden, glaubenslosen' Zeitgeist zurückgeführt. Ursache sei zumindest bei den Bergleuten und Fabrikarbeitern, daß die Familienväter mittags 'ausnahmslos' und bei Nachtarbeit am späten Abend und frühen Morgen abwesend seien. Daß einstmals eingeschliffene religiöse Verhaltensweisen durch veränderte Arbeitsverhältnisse aufgebrochen werden können und dieser Prozeß durch eine fehlende innere Beziehung zu religiösen Vorstellungen und zur Glaubenspraxis beschleunigt werden kann, wird auch in der Begründung deutlich, warum das Grubengebet spätestens seit 1870 aufgehört habe."[1] Gravierender jedoch ist, daß der sonntägliche Kirchgang der Familie aufhört. Antje Kraus bestätigt den Zusammenhang von Lebensform und religiöser Einstellung: "... nimmt man den Gottesdienstbesuch als Indikator für kirchliches Verhalten, dann kann man allenfalls sagen, daß die im Zuge der Industrialisierung sich verändernde Arbeits- und Lebensweise Einfluß auf die Zahl der regelmäßigen Gottesdienstbesucher gehabt hat".[2]

Der Vater muß sich von der schweren sechstägigen Fabrikarbeit erholen. Das Wirtshaus bietet sich hier als Alternative zur Kirche an. Dort trifft der Arbeiter Kollegen und konsumiert Alkohol, um sich wenigstens einmal in der Woche vergnügen zu können. Die Problematik des Alkoholismus im Zusammenhang mit der schweren Fabrikarbeit wurde deutlich bei Marchwitza und F. L. Fischer. Die Fabrikarbeit und andere Lebenswelt des Vaters bedeuten für die familiale Sozialisation, daß Vater und Mutter kein gemeinsames Konzept vertreten und damit unterschiedliche Vorbilder für die kindliche Orientierung angeboten werden. Durch die Distanzierung des Vaters konzentriert sich das Kind zunächst auf die Mutter, die es erzieht. Die dörfliche Lebenswelt, die durch religiöse Feste und Riten und die herausragende Stellung des Pfarrers geprägt ist, unterstützt die religiöse Erziehung der Mutter. Religiös gefärbte Geister- und Wundergeschichten verstärken die kindliche Phantasie und die damit in Zusammenhang stehende normative und strenge Erziehung zum anständigen (sittlichen) Menschen prägen die Vorstellungs- und Gefühlswelt des zu Erziehenden. Die kindliche Lebenswelt mit den beschriebenen, religiös gefärbten Inhalten findet ihre Entsprechung in der halbbäuerlichen Lebensweise.

Kennzeichnend für alle Autobiographen ist der gemeinsame Lebensraum, das Dorf. Daraus ergibt sich eine ländliche Orientierung. Die meisten Familien betreiben nebenbei eine kleine Landwirtschaft mit ein paar Feldern, ein wenig Vieh und einem Garten. Die Mitarbeit der Kinder auf dem Feld, das Viehhüten oder Holzholen ist selbstverständlich. Aus der halbbäuerlichen Lebensform ergibt sich für die Lebenswelt des Kindes eine Verbundenheit mit der Natur. Bei Bromme, Krille und Bürgel wurde dieses Verhältnis deutlich. Bromme schreibt davon, daß er froh war, der dumpfen Stube zu entrinnen und ins Freie zu können. Krille nennt ein "Gefühl der Ungebundenheit", trotz der Arbeit auf dem Gut. Bürgel erlebt durch die Beobachtung des "Sternenhimmels" die Weite und Unbegrenztheit des Raumes.

Durch das Aufwachsen auf dem Land wird das Kind eingebunden in die dörfliche Religiosität mit Festen und Zeremonien. Der Pfarrer wird als die einflußreichste Person im Dorf erlebt.

Die Religiosität ist durch die ländliche Lebensweise traditionell ausgerichtet. Holek erzählt, daß schon seine Großmutter Wunder erzählt, und Bromme schreibt, daß seine Mutter das "Versprechen" von Krankheiten von der eigenen Mutter übernommen hat. Das Erzählen von abergläubischen Geschichten hat einen unterhaltenden und einen pädagogischen Aspekt. Die Mütter erzählen Geschichten von Geistern und Wundern (Popp, Bromme, Winnig, Holek, Hanusch, Ger). Durch das Erzählen der Geschichten sollen die Kinder zur Furcht erzogen werden. Die Naturgewalten werden als Wirkungen Gottes verstanden. Sintflutartiger Regen und Gewitter sind Strafen Gottes. Das Verhältnis der Kirche zum Volksglauben aus der Sicht der Schreiber ist unterschiedlich. Belli berichtet davon, daß die Geistlichen versuchten, den Aberglauben zurückzudrängen. Ger berichtet dagegen von einer Ansprache am Grabe eines Mannes, der durch einen Blitz getroffen wurde. Der Pfarrer spricht in diesem Zusammenhang vom "unerforschlichen Ratschluß" Gottes.

Besonders im Bereich der Medizin wirkt sich der Volksglaube aus. Mehrere Autobiographen erzählen, daß bei Krankheiten nicht der Arzt geholt wurde, sondern eine Frau, die auf diesem Gebiet besondere Kenntnisse hat (Bromme, Belli, Hanusch, Ger, Osterroth). Deutlich wird die Einstellung zu Tradition und Fortschritt bei der Mutter von Holek, die auch abergläubische Geschichten erzählte. Sie behindert ihren Sohn beim Lernen und will selbst kein 'Advokat' sein. Die rückschrittlich-bildungsfeindliche Tendenz des Volksglaubens ist erkennbar.

Krille, Winnig und Marchwitza schreiben, welche Auswirkungen der Volksglaube auf ihre kindliche Psyche gehabt hat. Alle drei erzählen, wie sie nachts nicht schlafen können und Angst vor "Geistererscheinungen" haben.

Hier wird deutlich, wie wirksam das Erziehungskonzept der Mütter war, durch Erzählen von abergläubischen Geschichten Furcht beim Kind zu erzeugen. Das Kind identifiziert sich mit Inhalten der erzählten Geschichten und verinnerlicht als Angst die normativen Setzungen und Drohungen.

Neben der beschriebenen Hauptlinie religiöser Sozialisation in der Familie scheinen andere Formen religiöser Praxis im Schwinden begriffen zu sein. Das Tischgebet wird nur von Scheu, Bock, Hoelz und C. Fischer erwähnt, das von den Eltern gelernte Nachtgebet bei Scheu, Hoelz, Bromme, Habermann und C. Fischer. Der Kirchgang der Eltern wird nur bei Richter, Hanusch (Mutter), Reimes und Marchwitza genannt.

Lediglich Richter erzählt als einziger Schreiber, daß er von den Eltern angehalten wurde, in die Kirche zu gehen und die Bibel zu lesen. Mutter Hanusch läßt sich von den Kindern Heiligenlegenden vorlesen. Mutter Wilhelmsdörfer liest abends in Starks Gebetbuch und Sonntagnachmittag in der Bibel. Die Wiedergabe der Predigt wird von Mutter Ger und dem Vater von C. Fischer gefordert. Die Mutter von Winnig schickt ihren Sohn in den Knabenchor und die Sonntagsschule, weil sie eine positive Wirkung auf ihr Kind erhofft. Winnig scheint der einzige Autobiograph zu sein, der als Kind nicht nur den Gottesdienst - wie die anderen Autobiographen - besucht, sondern auch sonstige Veranstaltungen der Kirche.

4.1. Zusammenfassung

Die Ausführungen über die familiale, schulische, kirchliche und religiöse Sozialisation haben gezeigt, daß bei einer Reihe von Autoren die Religiosität in Kindheit und Jugend die ersten Risse bekommt. Wenn man nach der Ursache fragt, so kann man feststellen, daß es konkrete und alltägliche Erfahrungen sind, die mit der religiösen Vorstellungswelt des Kindes nicht übereinstimmen. Einige Autobiographen schreiben, daß sie in ihren kindlichen Erwartungen von Geistlichen enttäuscht wurden. Die Pfarrer gehen nicht auf die

Kinder ein und können deren jeweilige Situation nicht verstehen. Die Strafpraxis der Pfarrer wird von den Kindern als ungerecht und für einen Geistlichen als unangemessen empfunden (Wilhelmsdörfer, C. Fischer, Krille und Winnig). Die Enttäuschung einiger Schreiber (Marchwitza, Graf, Bürgel) nach dem Empfang der Kommunion zeigt: sie erleben, daß sich ihre persönliche Situation nicht durch die heilige Handlung verändert, wie es die Pfarrer ihnen gelehrt haben. Die Erfahrung stellt die Bedeutung kirchlicher Lehren und Sakramente in Frage.

Bromme, Rehbein, Habermann und Bock schreiben, daß sie die in der Familie übliche Praxis des Betens schon früh ablehnten. Bromme empfindet als Zwölfjähriger das übliche Gebet als Kindergebet. Rehbein kommt im gleichen Alter, beim Tod seines Vaters, zu dem Schluß, daß Beten und Singen keinen Sinn haben. Habermann schreibt, wie er als Kind einfach aufhört, abends zu beten, und stattdessen Zahlen aufsagt.

Auch Osterroth und Krille berichten, daß während der Schulzeit ihre Religiosität durch erste Zweifel erschüttert wird. Osterroth erlebt, wie sein Lehrer, der auch Religion unterrichtete, eines Tages ins Gefängnis kommt. Unsittliche Handlungen an einer Schülerin sind der Grund der Verhaftung. Durch diese Erfahrung erlebt Osterroths Autoritätsglaube den ersten Bruch.

Wie erwähnt, wurde Krille in einem Militärwaisenhaus erzogen. Man kann annehmen, daß hier die idealtypische Erziehungsvorstellung des preußischen Staates deutlich wird. Die Zöglinge sollen zu religiös-sittlichen Persönlichkeiten mit konsequenter Strenge unter Verwendung des Stocks herangebildet werden. Als eines Tages der junge Krille die Strafpraxis am eigenen Leibe erfährt, führt dies zu einer Krise in seiner Religiosität. Die Verkoppelung von Gebet und anschließender mechanischer, unmenschlicher Strafe erschüttert seine religiösen Gefühle.

Bei einigen Schreibern wird der Zusammenhang von sozialer Situation und Gebetspraxis reflektiert. Bock schreibt, wie sie als Kinder angesichts der dürftigen Mahlzeit die Mutter dazu bringen, das tägliche Mittagsgebet, "Komm' Herr Jesus, sei du unser Gast", aufzugeben. Habermann und Popp schreiben, wie sie in Situationen materieller Not im Gebet Gott um Hilfe anrufen. Bei Habermann kommt der Zweifel an der Glaubwürdigkeit des Lehrers auf, der ihn gelehrt hat, daß das Gebet in Notsituationen hilft. Außerdem wird durch diese Erfahrung die Frage nach der sozialen Gerechtigkeit des Lehrers aufgeworfen. Denn den Kindern der Reichen wird alles erfüllt, obwohl sie dafür nicht einmal zu beten brauchen.

Bock beschreibt, wie die Kinder der Reichen eine Butterstulle mit in die Schule bringen, was er nicht kann. Durch dieses alltägliche Erlebnis angeregt, hinterfragt das Schulkind die Lehre von den gottgewollten Unterschieden unter den Menschen, die durch Lehrer und Pfarrer vermittelt werden.

Die Beobachtung der Differenz zwischen theologischem Anspruch und dem Verhalten von seiten der Pfarrer und der konkreten sozialen Wirklichkeit wurde bei Ger deutlich. Das Desinteresse des Pfarrers an der schlechten so-

zialen Situation der Dorfbevölkerung und die Bevorzugung der besseren Leute, die elementaren Bedürfnisse der einfachen Menschen zu ignorieren, bewirken bei dem jungen Ger eine erste kritische Haltung zur Kirche.
Aus der Beobachtung heraus, wie sein Stiefvater noch als alter Mann im Schusterhandwerk tätig sein muß, während elegante junge Menschen fröhlich im Nichtstun "Unter den Linden" sich bewegen, kommt Bürgel zu der Feststellung: "Irgendwas stimmte da nicht überein mit den hübschen Moralgeschichten in meinem Schullesebuche! Ich glaube, daß alle Arbeiterkinder aus ähnlichen ersten Vergleichen der Armseligkeit daheim mit allerlei Luxus draußen zum Sozialismus kommen." (S. 15)
Die beschriebenen Erlebnisse in Kindheit und Jugend bringen erste kritische Fragen hervor. Auffallend ist, daß theologische Inhalte, bestimmte Formen der Religiosität und Erwartungen an die Kirche und Pfarrer der Alltagserfahrung des Kindes nicht standhalten können. "Risse" oder "Brüche" in der subjektiven Religiosität beim Kind sind das Resultat.

4.2. Das Elementar-Schul-Sozialisationskonzept in der Phase der Frühindustrialisierung und Industrialisierung

Das Stein-Hardenbergsche Reformwerk sollte auch die Reform der schulischen Bildung herbeiführen. Mit der Person Wilhelm von Humboldts, der die Leitung der "Sektion für Kultus, Unterrichts- und Medicinalangelegenheiten" im Preußischen Ministerium übernahm, verbinden sich die Ideen des Neuhumanismus und der Volksbildung am Anfang des 19. Jahrhunderts. Die Ziele des Neuhumanismus und der Volksbildung gehen ein in das Streben um eine Nationalerziehung, verbunden mit der Erziehung zu Humanität und Menschenliebe. Die Vorstellung von der Gleichheit aller Menschen bildet die geistesgeschichtliche Grundlage. In bildungspolitische Vorstellungen umgesetzt, bedeutet dies, daß alle Menschen gleich erzogen und gebildet werden sollen mit folgenden Konsequenzen: Aufhebung der konfessionellen Schranken durch ein einheitliches Schulwesen; gleiche Volksbildung und darauf aufbauende weiterführende Schulen. Die politische Absicht der Volksbildung bestand in der Veränderung der Gesellschaft durch Bildung. Konnte diese Idee für das Bürgertum den gesellschaftlichen Aufstieg durch höhere Schulbildung bedeuten, so war die Masse des Volkes nicht in der Lage, die gleiche Chance des Aufstiegs durch Bildung wahrzunehmen.
Durch den Süvernschen "Entwurf eines allgemeinen Gesetzes über die Verfassung des Schulwesens im preußischen Staate" sollten die reformerischen Ideen in die Praxis umgesetzt werden: Ausbau und Verbesserung des Elementarschulwesens, Ausbildung der Lehrer, finanzielle Sicherung der Schulen und ihrer Verwaltung und Aufsicht.[3] Der Religionsunterricht sollte in diesem Gesetz im Mittelpunkt stehen und die Elementarbildung auf eine breitere Grundlage gestellt werden. Die konservativen Kräfte mit ihrer Beto-

nung des Religionsunterrichts und die reformerischen Ideen der erweiterten Elementarbildung gehen über die religiöse Erziehung in der Volksschule einen Kompromiß ein. Die Reformer legten die Verwaltung und Aufsicht in die Hand der Städte und ländlichen Gemeinden. Damit beabsichtigten sie die Delegation der Verantwortung und die Übernahme der finanziellen Kosten. Durch die Delegation der Aufsicht in die Hand der ländlichen Gemeinden konnten die Konservativen ihre schulpolitischen Ziele praktisch umsetzen.

Durch Süverns Plan eines Einheitsschulsystems sollte die im "Allgemeinen Landrecht" vorgenommene Teilung in ein niederes durch die Bezirksbehörden und ein höheres durch die Provinzbehörden beaufsichtigtes Schulsystem aufgehoben werden.

Nach den Befreiungskriegen und dem Wiener Kongreß setzte das Bestreben der konservativen Kräfte ein, das Reformwerk zu Fall zu bringen, was auch schließlich gelang. Dem Gedanken der Gleichheit aller Menschen, der den Ausgangspunkt des Einheitsschulplans bildete, setzten die Konservativen den Gedanken der Ungleichheit der Menschen entgegen und wollten diese Tatsache auch inhaltlich und bildungspolitisch vermittelt wissen.

Der Religionsunterricht sollte diese Rolle übernehmen, die Unterschichtsangehörigen als dem König treue, gottesfürchtige und fleißige Untertanen zu erziehen.

Das Volksschulwesen blieb nach dem Scheitern des Reformwerks bis zur Ära Falk unverändert. Es zeichnete sich aus durch:
1) die einklassige Regelschule auf dem Land,
2) mangelnde Ausbildung und schlechte Bezahlung der Lehrer,
3) zu wenig und schlecht ausgestattete Schulgebäude,
4) Nichteinhaltung der Schulpflicht.
   Die Kinder mußten auf dem Land mitarbeiten. Daher gab es Schulunterricht für die meisten Kinder auf dem Land nur im Winter.
5) Die zentrale Stellung des Religionsunterrichts mit dem Ziel der sittlichen Erziehung, Betonung der Methode des Memorierens.
6) Nur die Kulturtechniken sollten in der Schule dem einfachen Volk vermittelt werden.
7) Die Schulaufsicht wurde von Geistlichen wahrgenommen.
   Nach der Revolution von 1848 wurde die konservative Schulpolitik durch die "Stiehlschen Regulative" von 1854 erneuert. Die Lehrerbildung in den Seminaren wurde wegen der politischen Aktivitäten der Lehrer in der 48er Revolution neu geordnet.

Der Zögling sollte nur das lernen, was später auch der Schüler lernen sollte. Die darüber hinausgehende Ausbildung in pädagogischen Fächern fällt fort. Die "Schulkunde" soll dem Zögling die christlich-sittlichen Erziehungsprinzipien vermitteln. "Was die Erziehung im Allgemeinen betrifft, so wird für den künftigen Elementarlehrer eine Zusammenstellung und Erläuterung der in der heiligen Schrift enthaltenen, hierher gehörigen Grundsätze ausreichen. Die Lehre von der Sünde, menschlichen Hülfsbedürftigkeit, von dem

Gesetz, der göttlichen Erlösung und Heiligung ist eine Pädagogik, welche zu ihrer Anwendung für den Elementarlehrer nur einiger Hülfssätze aus der Anthropologie und Psychologie bedarf."[4] Nyssen schreibt: "Belegbar ist, daß den *Regulativen* kaum Qualifikationsinteressen, sondern fast ausschließlich das politische Interesse zugrunde liegt, die Gesellschaftsmitglieder in einer bestimmten Weise - nämlich religiös und bildungsbeschränkt - zu sozialisieren.[5]

Erst in der Ära Falk um 1870 kam es zu einer Infragestellung des Religionsunterrichts in der Elementarschulerziehung. Als der Kaiserattentäter vor Gericht betonte, sämtliche Verse des Katechismus, der Bibel und Strophen aus dem Gesangbuch zu beherrschen, wurde dieses peinliche und spektakuläre Ereignis von Falk zum Anlaß genommen, Liberalisierung im Elementarschulbereich vorzunehemen. Die "Allgemeinen Bestimmungen" Falks von 1872 schreiben dann für die folgenden 50 Jahre fest, was im Religionsunterricht gelernt werden sollte. In bezug auf "Die heilige Geschichte" heißt es: "Geistloses Einlernen ist zu vermeiden".[6] Zum Lernpensum des Katechismusstoffes wird vermerkt: "Dabei ist aber (jede) Überladung des Gedächtnisses (der Kinder mit Bibelsprüchen sorgfältig) zu vermeiden".[7]

Der Zusammenhang von intendierter religiöser und politischer Erziehung macht das vielzitierte Wort von Kaiser Wilhelm II. im Jahr 1890 nach der Aufhebung des Sozialistengesetzes deutlich: "Schon längere Zeit hat Mich der Gedanke beschäftigt, die Schule in ihren einzelnen Abstufungen nutzbar zu machen, um der Ausbreitung sozialistischer und kommunistischer Ideen entgegenzuwirken. In erster Linie wird die Schule durch Pflege der Gottesfurcht und der Liebe zum Vaterlande die Grundlage für eine gesunde Auffassung auch der staatlichen und gesellschaftlichen Verhältnisse zu legen haben. Auch Ich kann Mich der Erkenntnis nicht verschließen, daß in einer Zeit, in welcher die sozialdemokratischen Irrthümer und Entstellungen mit vermehrtem Eifer verbreitet werden, die Schule zur Förderung der Erkenntniß dessen, was wahr, was wirklich und was in der Welt möglich ist, erhöhte Anstrengung zu machen hat. Sie muß bestrebt sein, schon der Jugend die Ueberzeugung zu verschaffen, daß die Lehren der Sozialdemokratie nicht nur den göttlichen Geboten und der christlichen Sittenlehre widersprechen, sondern in Wirklichkeit unausführbar und in ihren Konsequenzen dem Einzelnen und dem Ganzen gleich verderblich sind."[8]

Die Schulpolitik der Konservativen im 19. Jahrhundert bestimmte, wie die Unterschichtsangehörigen im Elementarbereich sozialisiert werden sollten. Die Elementarbildung zeichnet sich durch zwei grundlegende Tendenzen aus: Beschränkung des Wissens und Betonung des Religionsunterrichts.

Die Schulpolitik der Reformpartei mußte aus machtpolitischen Erwägungen heraus diese Ziele im Ministerium akzeptieren und durchsetzen. Auf Differenzierungen in schulpolitischen Vorstellungen, wie sie etwa Altenstein hatte, kann hier nicht eingegangen werden. Auch Diesterwegs Wirkung als Pädagoge und Harkort als dem Bürgertum nahestehender Intellektueller in seiner bildungspolitischen Bedeutung für den angesprochenen Themenkomplex sollen nicht erörtert werden.

Die Ausführungen zur Bedeutung des Religionsunterrichts in der Elementarschule haben gezeigt:
1) Der Religionsunterricht dient zur sittlichen Erziehung der Unterschichtsangehörigen.
2) Das Konzept der religiös-sittlichen Erziehung hat politische Implikationen, es will zum frommen und treuen Untertanen erziehen.
3) Das Bündnis von Thron und Altar verfolgt als bildungspolitisches Konzept die Loyalität der Untertanen und das Akzeptieren eines ständisch orientierten Normen- und Wertesystems.

Zusammenfassend läßt sich sagen, daß die religiös ausgerichtete schulische Sozialisation durch ihre Bindung an traditionelle Normen und Werte die Heranwachsenden auf die neue Lebens- und Erfahrungswelt nicht vorbereiten und somit keine Hilfe sein konnte.

Konkrete Erfahrungen, die das Gerechtigkeitsgefühl des Kindes verletzen und die Inhalte der sittlich-religiösen Erziehung in Frage stellen, werden durch Erlebnisse in der Schule hinterfragt. "Soziale Gegnerschaft vermittelt sich für die frühen Arbeiterautobiographien sehr stark über Schulerlebnisse. ... Der sozialen Gegnerschaft kommt große Bedeutung für die Identitätsbildung dieser Persönlichkeiten zu."[9]

In aller Kürze soll noch einmal festgehalten werden, was sich bisher als Arbeitsthese herauskristallisiert hat.

In der beginnenden Industriegesellschaft kann man bei Jugendlichen eine Tendenz zur Individualisierung feststellen. In der Weise, wie hier Gesellschaft organisiert ist, kommt es zu krisenhaften Erscheinungen, in denen der einzelne ein neues Selbstverständnis formulieren muß.

Die bearbeiteten Autobiographien dokumentieren, wie es durch den industriellen Wandel im Jugendalter zur Individualisierung kommt und wie sich die Verarbeitung dieser Erfahrungen in der Selbstdeutung niederschlägt. Die Ausprägung von Individualität ist verbunden mit der Entwicklung der Fähigkeit zur Selbstreflexion. In welcher Weise Selbstreflexion, Sinnsuche und ein neues Selbstverständnis mit der Biographie zusammenhängen, muß in den folgenden Ausführungen zur Darstellung kommen. Da die Arbeiterautobiographen besonders ihre Krisen im Jugendalter und deren Überwindung schildern, wird die Identitätsbildung im Rahmen ihrer psychologischen, sozialen und historischen Aspekte untersucht. Die Kindheit, die Krise im Jugendalter und das politisch geprägte Selbstverständnis, zur Klasse der Arbeiter zu gehören, sind die Themen des Arbeiterautobiographen. Sie werden einer systematischen Analyse unterzogen. Dabei wird zuerst der Zusammenhang von Erfahrung und Bewußtsein bearbeitet. Dann folgt die Gegenüberstellung der Autobiographen mit Sozialisationskonzepten, Theorien der Identität, des Subjekts und der Subjektivität im Kontext der religiösen Sozialisation.

Zunächst aber wird aus literaturwissenschaftlicher Sicht Geschichte und Theorie der Autobiographie als Gattung dargestellt, und durch den Vergleich zwischen der bürgerlichen Autobiographie und der von Arbeitern soll das Spezifische der autobiographischen Reflexion des Arbeiters in der Phase der beginnenden Industrialiserung herausgearbeitet werden. Daran schließt sich die Beschreibung des aktuellen Diskussionsstandes an, der sich aus der Beschäftigung mit der biographischen Forschung in Psychologie, Soziologie und Erziehungswissenschaft ergeben hat.

5. Geschichte und Theorie der Autobiographie

Ausgangspunkt der Fragestellung ist die autobiographische Reflexion, wie sie sich in Texten darstellt. "Die Bedeutung von Autobiographien als Textgestalt subjektiver Sinngebung oder als Kunstwerk ist unbestritten. Als Auskunft über ein bestimmtes Leben in einer bestimmten Zeit werden sie gerade heute wieder stärker beachtet."[1]

Der Charakterisierung der Autobiographie unter gattungsgeschichtlichen und -theoretischen Überlegungen geht die Beschreibung des gesellschaftlich-historischen Kontextes voraus. Dann werden die Frage nach dem Verhältnis von Erfahrung und Bewußtsein geklärt und die Sozialisationsprozesse nachgezeichnet. Dabei wird die chronologische Strukturierung der autobiographischen Reflexion beachtet, um den lebensgeschichtlichen Zusammenhang im Auge zu behalten.

Durch einen Vergleich zwischen bürgerlicher Autobiographie und Arbeiterautobiographie und der Geschichte ihrer Rezeption soll zunächst versucht werden, wesentliche Gattungsmerkmale herauszuarbeiten. Welche Intentionen hatten Autobiographen, besonders aber Arbeiterautobiographen bei der Darstellung ihrer Lebensgeschichte?

Der Terminus Arbeiterautobiograph umfaßt die Menschen - wie schon erwähnt -, die mit der Hand arbeiten. Es gehören zu ihnen auch Handwerker, aber nicht etwa Vagabunden, die man der Subkultur zuordnet.

"Die Biographie macht keine methodische Unterscheidung zwischen einem Staatsmann, einem General, einem Architekten, Juristen und einem Menschen, der im öffentlichen Leben keine Rolle spielt. Und Coleridges Auffassung, daß jedes noch so unbedeutende Leben, wenn wahrheitstreu geschildert, von Interesse sei, ist durchaus gerechtfertigt."[2]

5.1. Die bürgerliche Autobiographie

Es ist in der Forschung allgemein anerkannt, daß ein enger Zusammenhang besteht zwischen dem Aufkommen des Bürgertums und der literarischen Gattung "Autobiographie". Die historischen Voraussetzungen der Autobiographie liegen in der Herausbildung einer neuen Schicht, dem Bürgertum, das sich von der feudalen Gesellschaft wirtschaftlich befreit und an der Macht zu partizipieren beginnt. Dieser Emanzipationsprozeß geht mit der Suche nach einem neuen Selbstverständnis einher. Die bürgerlichen Autobiographien spiegeln diesen Prozeß oder sind bereits als Ausdruck eines neuen Selbstverständnisses zu verstehen. "Die Geschichte der Autobiographie als literarischer Gattung beginnt in Deutschland mit der Renaissance. ... Wichtigste Quelle zur Geschichte der Erziehung dieser Zeit ist die Biographie Thomas Platters, die vor allem von Philipp Ariès in seiner Geschichte der Kindheit zur Beschreibung der Institution des Erziehungswesens im 16.

Jahrhundert gründlich ausgewertet worden ist. ... Einer kurzen wirtschaftlichen Blüte dieses selbstbewußten Stadtbürgertums in Deutschland im 15. und 16. Jahrhundert folgte der rasche ökonomische Niedergang. Die Frühgeschichte der Autobiographie bricht damit ab."[3]

Auch R. Pascal weist darauf hin, daß in der Renaissance erstmals das "Ich selbstbewußt als Ziel und Problem" beschrieben wird.[4] "Die Autobiographie des Bürgertums ist Zeugnis eines sich entwickelnden oder bereits entwickelten Individualismus bei den Angehörigen dieser Klasse."[5]

Th. Klaiber weist auf den Zusammenhang von Familienchronik und Volksbiographie hin: "Sucht man die Züge auf, die den Denkwürdigkeiten und Selbstbiographien des 16. Jahrhunderts ihr gemeinschaftliches Gepräge geben, so fällt zunächst ihr innerer Zusammenhang mit der Familienchronik, dem Haus- und Gedenkbuch ins Auge. Den Verwandten, Kindern und Nachfolgern sind die besten von diesen Werken gewidmet, auf den Ton lehrhaften Behagens und beschaulicher Mitteilsamkeit sind sie meist gestimmt, und selten führt die Darstellung in die Tiefen eines mit sich selbst ringenden Selbstbewußtseins auf die Höhen einer überlegenen, durch die Herkömmlichkeit in Kirche, Staat und Gesellschaft unbeirrten Weltanschauung. Fast durchweg begnügen sich die Darsteller des eigenen Lebens mit der Berichterstattung über ihre äußeren Erlebnisse, vor allem die merkwürdigen und ungewöhnlichen."[6]

Die gesellschaftliche Basis des neuen Begriffs und Bewußtseins vom Individuum ist der Bürger oder Kaufmann, der als einzelnes wirtschaftliches Subjekt mit anderen ebensolchen Subjekten in Verkehr und vor allem in Konkurrenz tritt. Entsprechend dieser Begründung in der gesellschaftlichen Wirklichkeit begreift die seit der Renaissance entstehende bürgerliche Autobiographie den menschlichen Lebenslauf als einen planmäßigen Verlauf mit einer aufsteigenden Entwicklungslinie, nicht in einem jenseitigen, sondern in einem konkret diesseitigen Leben.

C. P. Moritz ist mit seinem Werk "Anton Reiser" vom pietistischen Schrifttum beeinflußt. "Aus dem Pietismus kommt auch die Auffassung der Jugenderlebnisse als eines steten Auf und Ab zwischen freudigem Selbstgenügen und bitterer Selbstverachtung."[7] Die Schilderungen des Anton Reiser zeigen ein autoritäres, pietistisches Elternhaus, in dem Vater und Mutter sich ständig streiten, berichten von ähnlichen Erfahrungen mit seinem Lehrmeister und gipfeln schließlich in einem Selbstmordversuch. Die Lebensbeschreibung des Anton Reiser umfaßt die ersten zwanzig Jahre seines Lebens und bricht dann ab. Th. Klaiber rückt den "Anton Reiser" in die Nähe einer "Krankengeschichte" und vermißt die "rüstige, zielfreudige Aufwärtsentwicklung". Die neue Sichtweise des C. P. Moritz wird deutlich an dem von ihm gewählten Untertitel der Autobiographie als "psychologischer Roman". Er hinterfragt die pietistische Sichtweise, die die Entwicklung des Individuums als Vorsehung versteht und sensibilisiert den Menschen für den Menschen.

Der Pietismus fördert den Individualismus des religiösen Subjekts. Heinrich Jung-Stillings Lebensbeschreibung, die in Folgen erschien (1772 Heinrich Jung-Stillings Lebensgeschichte in Vorlesungen; 1778 Heinrich Jung-Stillings Jünglingsjahre und Wanderschaft; 1789 Heinrich Jung-Stillings häusliches Leben; 1804 Heinrich Jung-Stillings Lehrjahre), zeigt besonders in den letzten Büchern den Versuch, die Vorsehung als zentrales Motiv in den Dingen des Alltags herauszustellen. Damit tritt der Gedanke, das eigene Leben fortlaufend als göttliche Fügung zu begreifen, in den Vordergrund.

Aus diesem pietistischen Ansatz der Förderung des Individualismus hat sich auch die klassische bürgerliche Autobiographie entwickelt.

Für die Entwicklung der bürgerlichen Autobiographie ist Goethes "Dichtung und Wahrheit" in Deutschland hervorzuheben. "Hier ist durch das Werk Goethes der Gedanke Allgemeingut geworden, die Einzelpersönlichkeit in ihren bezeichnenden Daseinsstufen zusammenhängend aus Zeit und Umwelt heraus zu entwickeln."[8]

Th. Klaiber bemerkt zu Goethes "Dichtung und Wahrheit": "Der Dichter unternimmt es, in diesem Werk seine Persönlichkeit als Ergebnis einer geschlossenen, stufenweisen Entwicklung aus ihrer Naturanlage und ihren geschichtlichen Bedingungen heraus zu erklären. So knüpft die Geschichte der deutschen Selbstbiographie im 19. Jahrhundert, in dem der Begriff der Entwicklungsgeschichte so tiefgreifende Bedeutung gewinnen sollte, vor allem an Dichtung und Wahrheit an."[9] In bezug auf Goethes Auffassung: "Jeder geht in der aufsteigenden Linie seiner Ausbildung fort, so wie er angefangen", sagt W. Emmerich: "Organismusgedanke und Entelechievorstellung fundieren eine Menschenkunde, die als Privilegierten-Anthropologie zu bezeichnen wäre, insofern sie nicht die Möglichkeiten menschlicher Lebensläufe schlechthin erfaßt, sondern nur die nach Besitz und Bildung privilegierter Großbürger und Hofdichter um 1800."[10]

Am Beispiel von Goethes "Dichtung und Wahrheit" zeigen E. Dittrich und J. Dittrich-Jacobi, wie dieses "hervorragendste" Beispiel klassisch-bürgerlicher Autobiographie für eine sozialgeschichtliche Interpretation deutliche Grenzen hat. In diesem Genre wird Entwicklung als Ausbildung einer schon vorhandenen Fähigkeit beschrieben. Goethes Ziel ist es, "den Menschen in seinen Zeitverhältnissen darzustellen und zu zeigen, inwiefern ihm das Ganze widerstrebt, inwiefern es ihn begünstigt, wie er sich eine Welt- und Menschenansicht daraus gebildet und wie er sie, wenn er Künstler, Dichter und Schriftsteller ist, wieder nach außen abspiegelt."[11]

Die Entwicklung des autobiographischen Schrifttums in der Zeit nach Goethe charakterisieren E. Dittrich und J. Dittrich-Jacobi folgendermaßen: "Die Hofarztstelle (Carus, 1865), das Ordinariat (Gervinus, 1893) sind Endpunkt der Persönlichkeitsentwicklung und lassen die in Kindheit und Jugend erworbene Bildung, die sich nicht unmittelbar in der beruflichen Karriere auswirkt, zum rein innerlichen Besitz werden."[12]

G. Misch schreibt in seiner siebenbändigen Geschichte der Autobiographie: "Entsprechend dem zentralen Gesichtspunkte, den wir von Goethe aufgestellt fanden, werden ... die autobiographischen Schriften in den verschiedenen europäischen Sprachen als Zeugnisse für die Entwicklung des Persönlichkeitsbewußtseins der abendländischen Menschheit behandelt."[13] G. Misch stellt für die Autobiographie die besondere "Einheit von Individualität und Formgestalt" fest: "... im Grunde ist doch nichts wahrer und objektiver als innere Form, wenn sie ganz eigen ist; denn alle Form kommt nicht einseitig aus dem auffassenden Individuum, sondern zugleich aus dem Stoff; die Relation von Ich und Wirklichkeit ist die Grundtatsache des Lebens und alles Verständnisses des Lebens aus ihm selber. In der Autobiographie ist diese primäre Verbindung von Form und Sachgehalt intensiver und durchgreifender als in irgendeiner Gattung der Kunst; ... ihr Wesen ist, daß die Form aus der konkreten erlebten Wirklichkeit einzigartig herauswächst, so daß Individualität und Formgestaltung eins werden. Sie ist wie das Leben weder reine Form noch Stoff für sich."[14] Hinter dieser Auffassung von Autobiographie steht die Vorstellung von einer Person, die eine Verwirklichung ihrer selbst im Einklang mit der Umwelt vollzogen hat. "Schließlich hat, wer es unternimmt, die Geschichte seines eigenen Lebens zu schreiben, dieses als ein Ganzes vor sich, das seine Bedeutung in sich trägt. In diesem einheitlichen Ganzen haben alle Tatsachen und Gefühle, Handlungen und Reaktionen, die er aus dem Gedächtnis hervorzieht, die Vorfälle, die ihn erregten, die Menschen, denen er begegnete, ihren bestimmten Platz, dank ihrer Bedeutung für das Ganze. ... Dieses Wissen, das ihn instand setzt, sein Leben als ein einheitliches Ganzes zu verstehen, hat sich in ihm im Laufe seines Lebens aus den Erlebnissen heraus gebildet."[15]

H. P. Bahrdt weist auf die Bedeutung des Zusammenhangs von Verfasser der Autobiographie und Leser hin. "Viele Angehörige des Bürgertums, die eigentlich ein schlichtes Leben hinter sich gebracht haben, halten es dennoch für sinnvoll, dieses zu beschreiben. Sie rekapitulieren, wie sie zu dem geworden sind, was sie sind. Und sie finden hierfür auch Leser, denn wie dies vor sich geht, ist ein allgemein interessierendes Thema. Wie eine private Existenz sich allmählich aufbaut, ist ein wichtiger Gegenstand der literarischen Öffentlichkeit."[16]

5.2. Die Arbeiterautobiographie

Friedrich Engels ist einer der ersten, der die Bedeutung der Autobiographie für die Arbeiterbewegung erkennt. In einem Brief an Bernstein weist Engels ihn auf J. P. Becker hin, der mit seiner Darstellung des Vormärz eine Geschichtsschreibung vom revolutionären Standpunkt aus betrieb und zudem "prächtig, lebendig dargestellt, echte Volkslektüre" ist.[17] J. P. Beckers Erinnerungen blieben unvollendet. Sie wurden im "Armen Conrad" und der "Neuen Welt" als "abgerissene Bilder aus meinem Leben" veröffentlicht.

Paul Göhre, ein Pfarrer, der zur Sozialdemokratie stieß, wollte mit der Herausgabe von Arbeiterautobiographien auf die soziale Not der arbeitenden Klasse hinweisen. Carl Fischers Autobiographie ist die erste, die Paul Göhre veröffentlicht hat (1905).

Carl Fischers (geboren 1841) Lebensgeschichte ist als Vorstufe der Autobiographie für die Forschung interessant. Sie zeigt, wie sich der Übergang von der vorindustriellen zur industriellen Produktionsweise auf den Lebenslauf eines gelernten Handwerkers auswirken konnte.

Die im Jahr 1853 erschienene Autobiographie von dem im Jahr 1811 geborenen Carl Neumann "Aus einer Fabrikstadt. Schicksale und Erfahrungen eines Fabrikarbeiters" steht für das Schicksal eines Handwerkers, der verarmt und in der Phase der beginnenden Frühindustrialisierung seine Erfahrungen macht. Deutlich wird der "Wunsch nach Arbeit im (möglichst eigenen) Kleinhandwerksbetrieb, nach einem behaglichen Heim und Familie, kurz, nach der Rückkehr zum guten alten Handwerk mit goldenem Boden".[18]

W. Emmerich sieht in U. Bräkers 1789 erschienenen "Lebensgeschichte und Natürliche Ebentheuer des Armen Mannes im Tockenburg" einen "wichtigen Vorläufer der Arbeiterautobiographie", weil hier ein "Pauper" schreibt, der gezwungen ist, seine seelische und ökonomische Lage zu reflektieren.[19] Deutlich hebt sich Bräkers Lebensgeschichte von der bürgerlicher Autobiographen ab durch sein Bemühen, ein Gleichgewicht zwischen Ökonomie und Gemüt herzustellen. Die Autobiographie wird so zu einer Möglichkeit, seine mit Leid verbundenen Erfahrungen sprachlich zum Ausdruck zu bringen.

In den zwanziger Jahren unseres Jahrhunderts begann eine theoretische Auseinandersetzung mit der Arbeiterautobiographie. Susanne Hirschberg veröffentlichte 1928 ihre Dissertation mit dem Titel: "Das Bildungschicksal des gewerblichen Proletariats im Lichte der Arbeiterautobiographie, Diss. Köln 1928". Die Arbeiterautobiographie wurde hier aus dem Blickwinkel sozial- und erziehungswissenschaftlicher Perspektive als Quelle untersucht.

In dem 1912 von Th. Klaiber erschienenen Werk "Die deutsche Selbstbiographie" werden sieben Arbeiterautobiographien - wenn auch sehr kurz - genannt.

Die Dissertation Cecilia Trunz' "Die Autobiographien von deutschen Industriearbeitern" (1934) ist aus der parteilichen Perspektive des Nationalsozialismus geschrieben und bringt deshalb für die Gattungsforschung wenig.

Für die Rezeptionsgeschichte der Arbeiterautobiographien sind auch die Werke von Marianne Beyer-Fröhlich "Die Entwicklung der deutschen Selbstzeugnisse" (1930) und von Roy Pascal "Die Autobiographie. Gehalt und Gestalt" (1965) kein Fortschritt.

Als erste wissenschaftliche Arbeit nach dem zweiten Weltkrieg, die sich mit den Autobiographien auseinandersetzt, kann die von H. Bertlein "Jugendleben und soziales Bildungschicksal, Reifungsstil und Bildungserfahrung werktätiger Jugendlicher 1860 bis 1910" (Hannover 1960) genannt werden. Sie steht im Kontext geisteswissenschaftlicher Pädagogik. Bertlein unternimmt als erster den Versuch, den Zusammenhang von Autobiographie und Persönlichkeit zu reflektieren.

Georg Eckert veröffentlichte für den Sozialkundeunterricht in der Schule (Braunschweig 1963) Anfang der sechziger Jahre ein Buch mit Auszügen aus den Autobiographien von Bebel, Bromme, Holek, Popp und Rehbein und aus Göhres "Drei Monate Fabrikarbeiter und Handwerksbursche".

Ende der sechziger Jahre erschienen einige Monographien mit literarischen Selbstäußerungen von Unterschichtsangehörigen auf dem Buchmarkt: E. Runge "Bottroper Protokolle" (Frankfurt/M. 1968); J. Neven-Du-Mont "Zum Beispiel 42 Deutsche" (München 1968) und Studs Terkel "Bericht aus einer amerikanischen Stadt: Chicago" (dt. Ausg. München 1967).

Ursula Münchow, eine Germanistin aus der DDR, unternahm den Versuch, einen literarischen Zusammenhang zwischen Arbeiterautobiographie und Literatur herzustellen. Dabei wird die Relevanz der Arbeiterautobiographie für die sozialistische Literatur und ihre politische Bedeutung für die Arbeiterbewegung notiert.[20] Sodann ist P. Frerichs materialistischer Interpretationsversuch zu nennen. Sie charakterisiert ihre Arbeit so: "Eine materialistische Analyse von Autobiographien setzt sich zur Aufgabe, 'die Widerspiegelung der Struktur gesellschaftlicher Formation in den **ästhetischen Formen** der Widerspiegelung aufzusuchen und festzuhalten' und die Funktionsdetermination von gesellschaftlichen Verhältnissen und Prozessen zu den Persönlichkeitsstrukturen zu eruieren."[21]

Durch die Herausgabe der zwei Bände von W. Emmerich "Proletarische Lebensläufe. Autobiographische Dokumente zur Entstehung der zweiten Kultur in Deutschland" (1974) ist die Gattung Arbeiterautobiographie einem breiteren Lesepublikum bekanntgeworden. Der Verdienst dieser Arbeit liegt im "Ausfindig-Machen" und Systematisieren der Arbeiterautobiographien. Darüber hinaus gibt er wichtige Impulse zum Verständnis und zur Interpretation. W. Emmerichs Edition 'proletarischer Lebensläufe' lagen bei der Vorauswahl und Durchsicht "bei sehr weiter Auslegung des Begriffs - weit über dreihundert Arbeiterautobiographien und autobiographische Skizzen ... bei enger Auslegung ... mehr als hundertfünfzig" zugrunde.[22]

W. Emmerich kritisiert den Literaturbegriff der Germanisten, weil diese die Arbeiterautobiographie als literarische Gattung nicht genug berücksichtigen. Besonders in der Rezeptionsgeschichte dieser Gattung sieht er seine These bestätigt. Seiner Edition fügt er lediglich "Vorüberlegungen zu einer Theorie der proletarischen Selbstdarstellung"[23] bei. Seine selbst vorgenommene methodische Eingrenzung seiner Arbeit spiegelt aber auch den Stand der literaturwissenschaftlichen Forschung wider.

W. Emmerich unterscheidet von diesem "wesentlichen Typus der Arbeiterautobiographie" zwei andere Typen. Der eine Typ wird repräsentiert vom "politisch weitgehend unbewußten Arbeiter" und ist "aus der Perspektive des Opfers, des Objekts der Geschichte" geschrieben. Hierzu zählt Emmerich die Autobiographien "Lebensbeschreibung einer Armen" (Hg. von Eugen Bleuler) und die von G. Braun/C. Moszeik/E. Viersbeck. Der andere Typ ist von "Aufsteigern aus dem Proletariat" verfaßt. Hier denkt Emmerich an Vertreter der "Arbeiterbürokratie", zum Beispiel Krille, Preczang, Petzold, Barthel, Bröger, Lersch und fragt, "inwieweit sie noch als Verfasser proletarischer Selbstdarstellung gelten können".[24] Als Resumee seiner Nachforschungen stellt Emmerich fest: "Wer die Vielzahl der Dokumente nüchtern betrachtet, muß sich eingestehen, daß keiner der drei genannten Typen der Arbeiterautobiographie unverfälscht auftritt. Die Widersprüche, insbesondere die ideologischen, gehen mitten durch."[25]

Das Ergebnis der literarischen Gattungsforschung faßt P. Frerich zusammen: "... zu wesentlichen Merkmalen der Autobiographie zähtlten: die Zentralstellung des Individuums, die Entwicklung des Ich in seiner Polarität zur Welt, der Vorrang der Innerlichkeitsdimension und des Geistigen vor dem äußeren Geschehen, die Autobiographie als Einheit von Individualität und Formgestalt, als Medium der Selbsterkenntnis, um in die Eigentümlichkeiten des Ich vorzudringen etc."[26]

Gerd Bollenbeck will den Begriff Autobiographie vermeiden und schlägt stattdessen "Arbeiterlebenserinnerungen" vor.[27] Mit dieser Benennung will er deutlich machen, daß zwischen der bürgerlichen und der proletarischen Autobiographie wesentliche Unterschiede bestehen.

B. Brecht schreibt: "Es genügt nicht, die Einfühlung in den Proletarier zu veranstalten, statt in den Bürger. Die gesamte Einfühlung ist fragwürdig geworden (prinzipiell ist ein bürgerlicher Roman mit Einfühlung in einen Proletarier durchaus denkbar)."[28]

5.3. Zusammenfassung

"Individualismus" ist als Terminus für den Geist der bürgerlichen Autobiographie kennzeichnend. Die Verwendung dieses Terminus (in der Sekundärliteratur) ist jedoch problematisch. Es wäre zu prüfen, ob nicht gerade dann autobiographische Literatur von Bürgern verfaßt wird, wenn sie sich als Mitglieder der aufkommenden eigenen Schicht begreifen und sich von einer anderen Schicht, z. B. dem Adel, abgrenzen wollen. Darin, daß ein neues Selbstbewußtsein formuliert wird, scheint eine Parallele zwischen der proletarischen und der bürgerlichen Autobiographie zu bestehen. Die Unterschiede beider Gattungen bestehen in der Akzentuierung der jeweiligen "Subjektivität". Während der Bürger seinen subjektiven Aufstieg beziehungsweise Abstieg beschreibt, zeigt der Arbeiterautobiograph den Aufstieg einer Schicht, deren Mitglied er ist. Die Arbeiterautobiographie beschreibt einen individuellen Lernprozeß durch Politisierung, der erst möglich ist, als sich bei seiner Klasse ein eigenes Selbstbewußtsein herausbildet. Das Selbstbewußtsein der Klasse ("wir sind wer") und das neue Selbstbewußtsein des einzelnen ("ich bin wer") spiegelt sich in den Arbeiterautobiographien wider und wird zum Ausdruck gebracht. Es ist deutlich geworden, daß die Gattung "Autobiographie" literatursoziologisch zu betrachten ist. "Die Verbindung zwischen Autobiographie und Individualismus hat einen vernünftigen Gehalt, der sich herausschälen läßt, indem man die Relikte von bürgerlicher Ideologie abstreift und nicht affirmativ vom Individualismus spricht, sondern von historisch und gesellschaftlich sich wandelnden Individualitätsformen. Die Gattungsgeschichte kann demnach auf einer Sozialgeschichte der Individualitätsformen und ihrer sprachlichen Ausdrucksweise beruhen."[29]

Der textpragmatische Aspekt zeigt, daß die Arbeiterautobiographie intentional sowohl auf höhere Schichten als auch auf die Klassengenossen bezogen ist. Die höheren Schichten sollen auf das Leid einer Klasse aufmerksam gemacht werden, und bei den Klassengenossen soll Solidarität durch die gemeinsame Herkunft und die gemeinsame Lebenssituation hergestellt werden. Deshalb spielen Informationen über die gesellschaftlichen Realitäten in ihrem historischen Kontext in der Arbeiterautobiographie eine entscheidende Rolle. Die Verfasser fühlen sich verpflichtet, authentisch zu erzählen. Die Beschreibung der subjektiven Entwicklung soll die mögliche Veränderbarkeit des Unterschichtsangehörigen zeigen. Zudem will die Abfassung von Autobiographien die eigene Situation zur Sprache bringen, mit der man sich so nicht abfinden will. Das Schreiben hat auch eine kompensatorische Funktion. Es befreit den einzelnen durch das Schreiben vom Druck seiner als notvoll empfundenen Situation.

Die chronologische Anordnung der Autobiographien könnte den Eindruck erwecken, daß nur die innere Entwicklung der Persönlichkeit im Zentrum der Beschreibung steht, und nicht auch die äußere Realität, wie das Subjekt sie erlebt, unter ihr leidet und sich daraus zu emanzipieren versucht.

Der sogenannte "Erzählerstandpunkt" ist nicht neutral. Die Arbeiterautobiographie ist keine Reportage.

Die Arbeiterautobiographie ist dadurch gekennzeichnet, daß der einzelne sein Schicksal als das Schicksal seiner Klasse beschreibt. Für das Verhältnis von Religion und Sozialisation in den Äußerungen der Arbeiter ist zu betonen, daß die Autobiographie aus der Retrospektive des Erwachsenen geschrieben ist. Die Zustände des Proletarierlebens und die Wirkungen der Sozialisationsinstanzen werden aus der Erfahrung des einzelnen heraus beschrieben. Die Autobiographie spiegelt soziale Verhältnisse wider und die Auswirkungen von subjektiven Sozialisationsprozessen bei dem Verfasser.

Die Erfahrungen der einzelnen Arbeiter können innerhalb der sozialen Struktur abweichen, bleiben aber schichtspezifisch gebunden. Die sozialen Verhältnisse werden allerdings nicht systematisch dargestellt. Der Schreiber nennt nur die Sachverhalte, die eine Bedeutung für ihn gewonnen haben. Hier wird die Grenze der Autobiographie als "Quelle" deutlich. Die Beschreibung der Erfahrungen ist selektiv, sie kann Wichtiges vergessen, Sachverhalte als relevant herausstellen, die sich möglicherweise relativieren lassen. Wäre nur eine Arbeiterautobiographie vorhanden, könnte man die Entwicklung des Schreibers als ein Einzelschicksal beurteilen. Doch auf dem Hintergrund der allgemeinen gesellschaftlichen Entwicklungen und durch Vergleich mit anderen Autobiographien ist rekonstruierbar, was der einzelne erfahren hat.

5.4. Möglichkeiten und Grenzen bei der Interpretation von Autobiographien

Wenn man die Autobiographie als einen selbstreflexiven Akt in versprachlichter Form versteht, in dem der Biograph seine sozialen Erfahrungen versucht zu strukturieren und zu deuten, so bildet die hermeneutische Reflexion eine Möglichkeit, die objektive Seite des Verstehensprozesses (z. B. den historischen Kontext) und die subjektive Seite (sein Denken, seine Formen der Aneignung) zu erschließen. H. G. Gadamer macht W. Dilthey den Vorwurf, daß er dem Historismus verfallen sei und daß dadurch "die Geschichtlichkeit der geschichtlichen Erfahrung nicht wahrhaft bestimmend wurde."[30]

Der "hermeneutische Zirkel" beinhaltet nach Gadamer, daß "Verstehen ... offenbar zur menschlichen Welterfahrung insgesamt" gehört und daß "in der Überlieferung für einen selber gültige und verständliche Wahrheit zu finden" ist.[31]

Die hermeneutische Reflexion selbst ist aber auch der Geschichtlichkeit unterworfen: wenn man bei der Interpretation von Texten in der Literaturwissenschaft die Hermeneutik einbezieht, müßten auch Ansätze entwickelt werden, die die Entstehungsbedingungen der Texte in ihrer Zeit aufklären. Nur so kann ausgemacht werden, welche Wirkungen sie hervorrufen wollten, was sie eventuell ausgelassen haben und worin die spezifische Geschichtlichkeit des Textes liegt.

In der hermeneutischen und literaturwissenschaftlichen Diskussion spielt die Frage eine Rolle, inwieweit die Intention des Verfassers Hinweise gibt, die bei der Interpretation helfen können. Ph. Forget macht darauf aufmerksam: "... wenn der Schreibakt immer schon, wie bereits angedeutet, einen nie ganz einschätzbaren Einsatz des Unbewußten impliziert, weil der Signifikant jede Bewußtseinslage überspielt, dann liegt der Schluß nahe, daß der Sinn der Schrift nie ganz im Sichwissen des Schreibenden aufgeht."[32]

In seinem Aufsatz "Zur psychoanalytischen Dimension biographischer Erzählungen" hat G. Bittner in Anlehnung an S. Freuds Begriff "Deckerinnerungen" gezeigt, wie völlig belanglose Erinnerungen immer wieder auftauchen können. "Erzähltes kann seine Bedeutung erst vom Verschwiegenen her erhalten."[33] Deshalb muß der "Konstrukteur" der Biographie sichtbar werden. G. Bittner meint damit, daß der innere Zusammenhang einer Geschichte als ein identisch erlebtes Thema aufgespürt werden muß.

Wenn man wie D. Baacke "Biographie als Handlungsentwurf" versteht, ist damit aber noch nicht geklärt, ob überhaupt und in welcher Weise Biographien soziale Handlungen abbilden können. Mit D. Baacke ist darauf hinzuweisen, daß weder das ganze Leben erinnert werden und zur Darstellung kommen, noch der Interpret alles bis in alle Einzelheiten hinein verstehen kann.³⁴ "Dennoch spricht vieles dafür, eine identische Textstruktur für Handlungen, Sprache und damit auf für Verstehensprozesse anzunehmen."³⁵ R. Vollbrecht bezieht sich auf P. Ricoeurs Idee, das "Textmodell auf die Sozialwissenschaft zu übertragen. Schon der Ausdruck 'Interaktionskontext' weist darauf hin, daß möglicherweise die gleichen Gesetzmäßigkeiten unserem direkten Handeln und der Versprachlichung des Handelns in Texten zugrunde liegen".³⁶

Aus dieser Einsicht ergeben sich aber Konsequenzen für die Interpretation. Ein naives Verständnis von "Intersubjektivität" zwischen Autor und Rezipient verbietet sich von selbst.

Nur wissenschaftliche Methoden, die die Situationsgebundenheit des Textes ernstnehmen, können bei der Interpretation helfen. Aufmerksamkeit ist auch der hermeneutischen Regel zu schenken, daß Texte immer an ein Vorverständnis anknüpfen, denn "... der Text selbst besitzt Sinn nur dià hypóthesin, nur vermutungsweise".³⁷

Als Zusammenfassung könnte man die Aussage von J. Strelka verstehen: "Den Autor als sinnbestimmendes Element zu eliminieren ist ebenso unsinnig, wie ihn zum ausschließlichen sinnbestimmenden Faktor zu machen, wie es eine unhaltbare ältere Biographik oft getan hat. Zwar mag die Intention eines Autors bezüglich eines Werkes keineswegs völlig in dessen Ausdruck umgesetzt worden sein - schon darum, weil die Intention sich auf sein Bewußtsein beschränkt, während sich im Werk auch unbewußte Aspekte ausdrücken können - aber in manchen Fällen kann auch das Wissen um jene bewußte Intention vieles klären helfen".³⁸

Es ist nicht möglich, eine Autobiographie als Lebensgeschichte in all ihren Differenzierungen zu erfassen: die bewußten und unbewußten Antriebe, Hoffnungen und Erwartungen. Desgleichen ist es ein vergebliches Unterfangen, die Situationen in ihren Verknüpfungen auf der biographischen, der historischen und der institutionellen Ebene vollständig zu beschreiben. Außerdem ist jede Biographie einzigartig. Die Konstellationen der handelnden und relevanten Personen, Zeiten und Orte sind jeweils verschieden. "Autobiographische Schriften werden auf sehr verschiedene Weise verstanden und mißverstanden und deshalb auch vielfach einer wissenschaftlichen Untersuchung nicht würdig erachtet. Sie werden bald als Dokumente, bald als Fiktionen aufgefaßt, und als Dokumente erscheinen sie dann unzuverlässig und lückenhaft, zu subjektiv - als Fiktionen wiederum eher langweilig und uninteressant, zu sehr dem Objektiven verhaftet. Nun ist aber für autobiographische Schriften gerade die eigentümliche Vermittlung *objektiver Gegebenheiten mit subjektiver Bewältigung* und die sprachliche Darstellung und Reflexion dieser Vermittlung charakteristisch."³⁹

Die Autobiographie zeichnet sich nicht darin aus, daß sie Reales in seiner Faktizität darstellt, sondern wie Realität wahrgenommen und verarbeitet wird. "Erst die Verschränkung individueller, von der Gesellschaft mitgeprägter Bewußtseinsprozesse mit gruppenspezifischen, auf das Individuum wirkenden sozialen Tatsachen ergibt die treffende Perspektive".[40]

Es geht nicht darum, einem Subjektivismus in der wissenschaftlichen Forschung Vorschub zu leisten, sondern das Subjekt als Träger von biographischen Erfahrungen zu begreifen, "welche den Stoff der Wirklichkeit enthalten".[41] Es kommt also darauf an, daß weder die objektive noch die subjektive Seite gegeneinander ausgespielt werden. Die Art und Weise, wie der Autobiograph reflektiert, zeigt, daß es sich hier um Wechselwirkungen handelt. Die objektive Bedingtheit subjektiver Strukturen wird dabei deutlich.

Der Interpretation von Autobiographien sind aber auch Grenzen gesetzt. "Man muß daran denken, daß das Erzählen der Lebensgeschichte im Leben der Erzähler eine bestimmte Funktion besitzt und zwar nicht diejenige, einem Wissenschafter auswertbares Material für Lebenslaufforschung anzubieten. Beim Erzählen sucht der Erzähler Selbstbestätigung und Identität. Er verteidigt sich, indem er die Schuld für Mißerfolge von sich abwälzt. Selbstverständlich verdrängt, verschweigt und beschönigt er vieles, aber er übertreibt auch die Belastungen, teils aus Wehleidigkeit, teils, um seine Stärke im Ertragen von Leid zu beweisen. ... Durch alle diese Umstände wird sogenanntes biographisches Material nicht weniger wertvoll".[42]

Der Autobiograph beschreibt Wirklichkeit in der Perspektive seiner Bedürfnisse und Interessen. Die Definition von Situationen unterliegt seiner subjektiven Wahrnehmung. Die Analyse von Autobiographien muß diesen Sachverhalt kritisch berücksichtigen. Eine Hilfe bei der Interpretation bietet der Vergleich mit anderen Autobiographien. Autobiographien sind nicht primär relevant für die Erschließung historischer, gesellschaftlicher oder sozialer Umstände. Gleichwohl muß ihre Interpretation die äußeren Bedingungen - die für das Individuum wichtig sind - mit berücksichtigen. Die Situationen, die der Autobiograph erarbeitet, sind nicht beliebig. Sie sind in der Tat abhängig von den historisch-kulturellen, politisch-ökonomischen und den sozialen Voraussetzungen.

5.5. Autobiographie als historische Quelle?

W. Dilthey zeigt, in welcher Weise Geschichte und Biographie miteinander verbunden sind: "... die erste Bedingung für die Möglichkeit der Geschichtswissenschaft liegt darin, daß ich selbst ein geschichtliches Wesen bin, daß der, welcher die Geschichte erforscht, derselbe ist, der die Geschichte macht".[43]

In Auseinandersetzung mit W. Diltheys Werk "Der Aufbau der geschichtlichen Welt in den Geisteswissenschaften" schreibt M. Riedel: "Die Sprache des Historikers besteht nicht nur aus Sätzen, die ein Singulares beschreiben oder das Gemeinsame eines beschränkten historischen Gebiets ... umfassen, sondern bezieht sich auch auf das Generelle in den geschichtlichen Einzelerscheinungen ...".[44]

Friedrich Schillers Sicht des "Universalhistorikers", der vom Standpunkt der Vernunft die historischen Fakten und Quellen in ein harmonisches Ganzes eines teleologischen Geschichtsprozesses einordnet, mißt der Autobiographie in diesem Zusammenhang als historischer Quelle eine Bedeutung bei. Von Friedrich Schiller ist bekannt, daß er eine eigene Sammlung von Memoiren besessen hat und diese für seine Dramen von Bedeutung gewesen sind. Er sieht folgende Vorzüge der Selbstbiographie: "Daß es ein Augenzeuge, ein Zeitgenosse ist, welcher die Aufzeichnungen niederschrieb, daß diese sich auf eine einzige Hauptbegebenheit oder auf eine einzige Hauptperson beschränken und nie den Lebensraum eines Menschen überschreiten, daß sie ihrem Gegenstand durch die kleinsten Nuancen folgen. Begebenheiten in ihren geringsten Umständen und Charaktere in ihren verborgensten Zügen entwickeln, gibt ihnen eine Miene von Wahrheit, einen Ton von Überzeugung, eine Lebendigkeit der Schilderung, die kein Geschichtsschreiber, der Revolutionen im Großen macht und entfernte Zeiträume aneinander kettet, seinem Werk mitteilen kann."[45]

Günter Niggl schreibt: "Herder erblickt in den Selbstzeugnissen aus allen Zeiten und Völkern 'Beiträge' zur Geschichte der Menschheit, d. h. individuelle Stimmen eines selbständigen Chores, der gerade auf Grund seiner literarischen Besonderheit schon für sich allein als ein größeres Ganzes und Spiegel der Geistesgeschichte empfunden wird. ... Schiller dagegen stößt nicht als Literarkritiker, sondern als Historiker auf die Gattung der Memoires, und indem er sie fachgerecht behandelt, kann er in ihnen ein wenn auch noch so wertvolles, so doch nur unselbständiges Quellenmatierial sehen."[46]

Nach Goethe ist es - ähnlich wie bei Herder - lediglich der Genius, der die Dialektik von "Gebundenheit" und "Freiheit" in der Geschichte erfährt. Die Autobiographie ist für ihn deshalb die literarische Form, in der das Allgemeine mit dem Besonderen eine Synthese eingeht. "Die Biographie sollte sich einen großen Vorrang vor der Geschichte erwerben, indem sie das Individuum lebendig darstellt und zugleich das Jahrhundert wie auch dieses auf jenes lebendig einwirkt. ... Die Geschichte, selbst die beste, hat immer etwas leichenhaftes, den Geruch der Todtengruft. ... Soll aber und muß Geschichte seyn, so kann der Biograph sich um sie ein großes Verdienst erwerben, daß er ihr das Lebendige, das sich ihren Augen entzieht, aufbewahren und mitteilen mag."[47]

P. Frerichs stellt fest: "... daß Herders Interesse an der Autobiographie aus seinem humanistisch-idealistischen Bildungsverständnis zu erklären ist, das auf einer bestimmten Geschichtsauffassung beruht: das Bild der Geschichte als Kette einer fortlaufenden, bildenden Tradition in ansteigender Linie differenziert sich in einzelnen Gliedern - jedes 'gebildete' Individuum vermag Humanität zu repräsentieren, ist damit aber zugleich moralisch verpflichtet, sich in der Form der Autobiographie zu entäußern, zu objektivieren."[48] So hat z. B. G. Freytag in "Bilder aus deutscher Vergangenheit" bei der Schilderung kulturgeschichtlicher Ereignisse und Zusammenhänge die Autobiographie als Quelle zugrunde gelegt.

"Schopenhauer, der bekanntlich von der Zuverlässigkeit geschichtlicher Überlieferungen sehr gering denkt, schreibt in seinem philosophischen Hauptwerk: 'Ich muß in Hinsicht auf die Erkenntnis des Wesens der Menschheit den Biographen, vornehmlich den Autobiographen einen größeren Wert zugestehen als der eigentlichen Geschichte, wenigstens wie sie gewöhnlich behandelt wird. Auch hat man unrecht, zu meinen, die Selbstbiographien seien voller Lug und Verstellung. Vielmehr ist das Lügen, obwohl überall möglich, dort vielleicht schwerer als irgendwo ...'"[49]

Th. Klaiber äußert Vorbehalte gegenüber der Selbstbiographie als historischer Quelle: "Unter den Umständen, die den geschichtlichen Quellenwert von Darstellungen eigener Erlebnisse beeinträchtigten, steht obenan die Tatsache, daß jeder, der über sich selbst schreibt, doch sehr stark Partei ist. Er sieht die Personen und Begebenheiten von seinem Gesichtswinkel aus ..."[50] Trotz der genannten Einwände kommt Th. Klaiber zu folgendem Urteil: "So sind die Gründe, die bei der Benutzung von Selbstbiographien und Denkwürdigkeiten als Quellen geschichtlicher Einzeltatsachen und Einzelvorgänge zur Vorsicht mahnen, immerhin zahlreich und schwerwiegend genug, aber darum diese Werke in Bausch und Bogen als unbrauchbare Geschichtsquellen abzulehnen, hieße denn doch, das Kind mit dem Bad ausschütten. So gut wie aus anderen Urkunden wird sich auch aus diesen Zeugnissen der Vergangenheit geschichtlich Wertvolles herausschälen lassen."[51]

P. Frerichs schreibt zur Arbeiterautobiographie: "Die proletarische Selbstdarstellung spiegelt eine je bedeutende Persönlichkeitsentwicklung wider und mehr: sie enthält eine Fülle sozialhistorischen Materials. Vor allem über Arbeits- und Lebensverhältnisse, wie sie nicht nur dem einzelnen Proletarier auferlegt waren, sondern der Arbeiterklasse insgesamt; das Spektrum reicht von Angaben über Arbeitsbedingungen, Lohnverhältnisse, Arbeitsorganisation, über den gewerkschaftlichen und politischen Organisationsgrad der Arbeiter, Arbeitskämpfe, politische Erfahrungen und Lernprozesse, Agitation im Betrieb und auf dem Land etc., über Lebens-, Wohn-, Erziehungsverhältnisse, bis hin zu persönlichen Verhältnissen, individuell-besonderem Erleben, Begreifen und Verarbeiten von sozialer Wirklichkeit."[52]

Auch U. Münchow betont die Bedeutung der Arbeiterautobiographie nicht nur als historische Quelle: "Sie ist von den Historikern nicht ausgeschöpft, ja vielleicht teilweise überhaupt noch nicht als solche erkannt. ... Bei der Erforschung der Lebensverhältnisse des deutschen Proletariats, die eine wichtige Ausgangsbasis für den Klassenkampf waren, sollte man sich nicht vorrangig nur auf die Feststellung allgemeiner Gesetzmäßigkeiten beschränken, sondern mehr als bisher auch individuelle Vorgänge, beispielsweise die persönlichen Erfahrungen und Selbstzeugnisse der Proletarier, auswerten."[53]

Aus dem oben Gesagten ergibt sich folgende Schlußfolgerung: der Autobiograph rekonstruiert aus seinem gegenwärtigen Bewußtsein seine Erinnerungen und fügt sie zu einem einheitlichen Ganzen zusammen. Dieses Lebensverständnis qualifiziert die Autobiographie primär und nicht ihr historischer Wert als Quelle.

G. Hardach und I. Hardach-Pinke legten 1978 Material zur Geschichte der Kindheit in Deutschland vor. Dies ist eines der ersten Werke im deutschsprachigen Raum, das Autobiographien als Quelle zur Geschichte der Kindheit zugrundelegt. Das vorgelegte Material wird geordnet in einen ersten Teil, der das 18. Jahrhundert und einen zweiten Teil, der das 19. Jahrhundert umfaßt. Dieser zweite Teil beinhaltet: Proletarische, bürgerliche, kleinbürgerliche und adelige Kindheiten und interessiert sich für Bezugspersonen, materielle und soziale Umwelt, Lernen, Spiel und Arbeit.

Unter Berücksichtigung der Erkenntnis, daß es sich bei der Autobiographie um "Rekonstruktion der wirklilch gewesenen Vergangenheit" handelt, stellen G. Hardach und I. Hardach-Pinke fest: "Autobiographien liefern aber Material über Lebensumstände, Lernprozesse und Erfahrungen während der frühen Kindheit, die aus keiner anderen Quelle zu gewinnen sind".[54]

In den letzten Jahren ist auch in der Geschichtswissenschaft der Zusammenhang von Biographie und Geschichte erörtert worden. In der Bundesrepublik Deutschland ist dies besonders L. Niethammer zu verdanken, der die Diskussion besonders in den USA beobachtet und sie bei uns veröffentlicht hat.

Unter dem Stichwort "Oral History" werden vor allem solche biographischen Zeugnisse bearbeitet, die durch mündliche Erzählung zustande gekommen sind. In diesem Rahmen macht. L. Steinbach auf die mündlich erzählte Lebensgeschichte als "ursprüngliche Form der Selbstreflexion" von unteren Sozial- und Bildungsgeschichten aufmerksam: "Der Mehrzahl der Befragten in unserem Projekt fehlt freilich der literarische Mutterboden, auf dem die Autobiographie als Ausdrucksform einer schreibgewandten sozialen Schicht gedeiht. Um so wichtiger wird das Interview für die zeit- und sozialgeschichtliche Forschungsarbeit."[55]

Die Aufgabe der "Oral History" beschreibt L. Niethammer so: "In dieser Dimension des Alltäglichen, deren schon äußere Geschichte nur mühsam und mit methodischer Phantasie zu erschließen ist, wird nach der Subjektivität derer gefragt, die wir als Objekte der Geschichte zu sehen gelernt haben, nach ihren Erfahrungen, ihren Wünschen, ihrer Widerstandskraft, ihrem schöpferischen Vermögen, ihren Leiden."[56]

In einem "Plädoyer für die Alltagsgeschichte und historische Entdeckungsreise ins eigene Volk" beschreibt A. Lüdtke, wie Theorie und Praxis hier miteinander verbunden sind: "Alltagsgeschichte konzentriert sich auf ... jene Wahrnehmungs- und Handlungsweisen, in denen die Menschen die Bedingungen ihres (Über-)Lebens erfahren und 'aneignen'. Zu zeigen ist, wie gesellschaftliche Zumutungen oder Anreize als Interessen und Bedürfnisse, aber auch als Ängste oder Hoffnungen wahrgenommen, bearbeitet - dabei zugleich hervorgebracht wurden und werden.

Handlungsbedingungen erweisen sich in dieser Sicht als mehrdeutig. Sie sind gegeben und gleichermaßen produziert. In den 'Aneignungen' werden sie nuanciert, aber auch verändert - nicht nur für kurze Augenblicke, sondern auch längerfristig. Die historischen Subjekte gelten als eingebunden in gesellschaftliche Verhältnisse; diese Verhältnisse erweisen sich aber als Realität immer erst in den Praktiken eben dieser Menschen."[57]

6. Biographische Forschung

Im folgenden Kapitel wird referiert, wie in Psychoanalyse, Soziologie, Psychologie und Erziehungswissenschaft "Biographie" thematisiert wird.

"Eine Biographie ist ein singulärer Fall im jeweiligen Schnittpunkt von personaler *und* sozialer Dimension in zeitlicher Perspektive; der Terminus 'Biographie' betont die Individuation und Personalisation, der Terminus 'Lebenslauf' die Sozialisation des Menschen, aber beides gehört zusammen, bildet ein Ganzes".[1]

Die Bedeutung der Biographie für die wissenschaftliche Forschung ist heute weithin anerkannt. Lediglich ihr Stellenwert wird unterschiedlich akzentuiert. Während die eine Richtung dem Biographiekonzept eine 'paradigmatische' Bedeutung zuerkennt, sieht die andere lediglich eine 'Erweiterung' des Forschungsbestandes.

"Biographische Forschung gehört keiner Disziplin allein an; weder Soziologie noch Psychologie, weder Ethnologie, Geschichtswissenschaft, Volkskunde noch Erziehungswissenschaft können sie allein für sich beanspruchen. Es gibt keine biographische Forschungsmethode in den Sozial- und Erziehungswissenschaften im Sinne eines von allen Forschern geteilten Kanons von Forschungspraktiken."[2]

6.1. Der psychoanalytische Zugang

Die Sozialisationstheorie, die sich an der Psychoanalyse orientiert, geht davon aus, daß das soziale Verhalten im Verlauf der individuellen Lebensgeschichte von psychischen Dispositionen in der Kindheit geprägt wird.

Das wissenschaftliche Interesse an der Rekonstruktion von Lebensgeschichte setzte in dem Moment ein, wo das bürgerliche Individuum sich in Lebenskrisen erlebt. Die Entstehung der Psychoanalyse hängt auch damit zusammen, daß der einzelne die gültigen Normen als brüchig erlebt. Freud sieht das Ziel der Therapie darin, das Subjekt zur Auseinandersetzung mit seiner Umwelt zu befähigen: "Ich zweifle ja nicht, daß es dem Schicksale leichter fallen müßte als mir, Ihr Leiden zu beheben: aber Sie werden sich überzeugen, daß viel damit gewonnen ist, wenn es uns gelingt, Ihr hysterisches Elend in gemeines Unglück zu verwandeln. Gegen das letztere werden Sie sich mit einem wiedergenesenen Seelenleben besser zur Wehr setzen können."[3]

Die Psychoanalyse Freuds interessiert sich für das Detail in der Lebensgeschichte des Patienten. Nach Freud ist die Basis das Triebschicksal und damit Zentralachse der Persönlichkeitsbildung. Die Triebbasis ist das Fundament der Lebensgeschichte.[4] "Was die Psychoanalyse entfaltet, ist eine letztlich entnaturalisierte, auf Lebensgeschichte - und damit auch auf gesellschaftliche Bedingungen - begründete Krankheitslehre."[5]

K. Horney, E. Fromm u. a. haben die soziale und kulturelle Charakterbildung mehr als Freud betont und sie durch stärkere Berücksichtigung der Umwelteinflüsse weiterentwickelt.

Erich Fromm schreibt 1932 in einem Aufsatz "Über Methode und Aufgabe einer analytischen Sozialpsychologie. Bemerkungen über Psychoanalyse und historischen Materialismus": "Das Objekt ihrer Untersuchungen waren ja in erster Linie kranke und gesunde Angehörige der bürgerlichen Klasse, vorwiegend sogar der bürgerlichen Klasse, bei denen also der die Familienstruktur bedingende Hintergrund gleich bzw. konstant war. Was das Lebensschicksal entschied und unterschied, waren also die auf dieser Grundlage basierenden individuellen, persönlichen und, vom gesellschaftlichen Standpunkt aus gesehen, zufällige Ereignisse. Die sich aus der Tatsache einer autoritären, auf Klassenherrschaft und Klassenunterordnung, auf Erwerb nach zweckrationalen Methoden usw. organisierten Gesellschaft ergebenden psychischen Züge waren allen Untersuchungsobjekten gemeinsam; was sie unterschied, war die Tatsache, ob er einen überstrengen Vater, den er als Kind übermäßig fürchtete, ein anderer eine etwas ältere Schwester, der seine ganze Liebe galt, oder ein Dritter ein Mutter hatte, die ihn so stark an sich band, daß er diese libidinöse Bindung nie mehr aufgeben konnte. Gewiß waren diese persönlichen Schicksale für die individuelle, persönliche Entwicklung von höchster Wichtigkeit, und mit der Beseitigung der aus diesen Schicksalen erwachsenden seelischen Schwierigkeiten hatte die Analyse als Therapie vollauf ihre Schuldigkeit getan, d. h., sie hatte den Patienten zu einem an die bestehende gesellschaftliche Realität angepaßten Menschen gemacht."[6]

Alfred Lorenzer hat gezeigt, daß diese Akzentuierung der Psychoanalyse eine Verkürzung des Sozialisationsprozesses des Individuums bedeutet. Er stellte fest, daß die psychoanalytische Forschung immer noch die frühe Kindheit akzentuiert und daß es nur einige Ansätze und Arbeiten gibt, die sich mit den anderen Phasen im Lebenslauf befassen.

P. Brückner zieht aus der Beschäftigung mit dem Werk Freuds den Schluß: "Ergo: Männern und Frauen ist es in vielen wichtigen Bereichen ihrer 'Psyche', ihrer Sozialerfahrungen nicht gelungen, Denk-, Fühl-, Handlungsweisen ihrer Kindheit zu überwinden; sie reagieren unzeitgemäß, 'gefesselt'; sollte dies nicht eine Ausgangslage auch für unsere soziale und politische Reflexion sein? ... Was Freud in der nervenärztlichen Praxis gegen Ende des vorigen Jahrhunderts entdeckt, ist der Konstitutionsprozeß des bürgerlichen Subjekts. Der Prozeß, in dem es sich bildet, hat Narben, hat Deformationen hinterlassen, ein Fall von konservierter 'Herrschaft der Vergangenheit' über das Lebendige."[7]

6.2. Der soziologische Zugang

Besondere Bedeutung hat für theoretische und systematische Überlegungen die klassische "biographische Methode", wie sie von W. I. Thomas und F. Znaniecki entwickelt wurde.

In den zwanziger Jahren unseres Jahrhunderts regten die beiden Sozialwissenschaftler Thomas und Znaniecki an, den "subjektiven Faktor" in die Forschung einzubeziehen. Die von Thomas und Znaniecki entwickelte biographische Methode sollte eine Ergänzung der sozialwissenschaftlichen Forschung darstellen ("The Polish Peasant in Europe and America", 2 Bde. 1927, New York 1955). Ihr Forschungsinteresse lag darin, die Situation und Integration der polnischen Emigranten in den USA nachzuzeichnen. Dabei bedienten sie sich als Soziologen des Materials der persönlichen Dokumente und Aussagen der Einwanderer. Später schrieb Znaniecki in Polen verschiedene Wettbewerbe aus, in denen bestimmte Personengruppen ihre Lebensgeschichte oder Teile davon aufschreiben und einsenden sollten. Ein umfangreiches Archiv entstand, das aber im zweiten Weltkrieg zerstört wurde.

Als neuer Ansatz in der Sozialforschung hatte diese angewandte Methode folgende neuen Aspekte erbracht: Einbeziehung von persönlichen Dokumenten (human documents), Gewinnen sozialer Fakten aus der Sicht der Betroffenen, und schließlich wird die sogenannte "Perspektive von unten" sichtbar. Thomas und Znaniecki versuchen, der komplizierten Interdependenz von Subjekt und Gesellschaft näherzukommen.

"Jedes Verhalten einer Gruppe oder eines einzelnen kann nur innerhalb der Situation verstanden werden, in der es auftritt und für die es eine potentielle Anpassung ist".[8]

Während die Definitionsleistung durch das Subjekt von Thomas und Znaniecki überwiegend rational gefaßt wird, heißt es im von Robert K. Merton so genannten "Thomas-Theorem": "Die Gesamtsituation wird mehr oder weniger subjektive Faktoren enthalten, und die Verhaltensreaktion kann deshalb nur im Gesamtzusammenhang untersucht werden, d. h.: sowohl die Situation wie sie objektiv nachprüfbar besteht, als auch die Situation, wie sie die betreffende Person sieht, müssen untersucht werden."[9] L. Hack bemerkt: "Es gibt bei Thomas keine systematisch durchgehaltene Theorie, die die objektive Strukturiertheit der Gesellschaft zu fassen vermöchte."[10]

In den Vereinigten Staaten verlor u. a. deshalb die Biographieforschung an Bedeutung. Es hatte zu viele Bedenken gegen die methodische Vorgehensweise gegeben. H. Blumer lehnte es ab, Lebensgeschichten als die geeigneten Quellen zu akzeptieren, die den sozialen Wandel erklären können.[11] Thomas und Znaniecki hatten es versäumt, ihre methodischen Vorgehensweisen zu beschreiben. Erst B. G. Glaser und A. L. Strauss 1967 konnten die methodische Diskussion wieder beleben Sie hatten zu zeigen versucht, wie der Forscher im Fortgang seiner Untersuchungen vom subjektiv-individuellen ausgehend Hypothesen bildet, sie prüft, deutet und darauf allgemeine Theorien aufbaut.[12]

J. Szczepanski erkennt in seinem Aufsatz "Die biographische Methode" im "Handbuch der empirischen Sozialforschung" 1967 den "personal documents" den Status von erweiterndem Material zu.[13]

1975 legte eine Forschergruppe um M. Osterland und H. P. Bahrdt eine Untersuchung zur Arbeits- und Lebenssituation von Industriearbeitern vor. Sie konnten belegen, daß Klassenzugehörigkeit zur Lebenssituation nicht in einem kausalen Verhältnis steht, sondern daß diese auch durch biographische Prozesse bestimmt ist.[14]

M. Kohli (Soziologie des Lebenslaufs", 1978) und das Kolloquium am Sozialwissenschaftlichen Forschungszentrum der Universität Erlangen-Nürnberg (1980) haben die Diskussion über die "Biographie" unter Soziologen wieder neu belebt. Hier wurde die Forderung deutlich, dem Biograpiekonzept nicht nur eine erweiternde Funktion als Forschungsmethode zuzuschreiben. "Wird aber der paradigmatische Stellenwert des Biographiekonzepts nicht zureichend deutlich, fällt seine Verwendung leicht zurück in die Alternative, die es hinter sich läßt, und wird erneut zur 'Ergänzung' oder 'Erweiterung' einordbar."[15]

Der von M. Kohli und G. Robert herausgegebene Band "Biographie und soziale Wirklichkeit" zeigt die Arbeitsvorhaben und den Diskussionsstand der an der biographischen Forschung interessierten Soziologen, die sich 1982 in Bielefeld trafen. Auffallend ist die Vielseitigkeit der Herangehensweisen und Fragestellungen der Forscher. Einigkeit besteht jedoch darin, daß man sich der "interpretativen" Sozialforschung zuordnet, bei der die "Auslegung sinnhaltiger Texte bzw. Handlungen" im Vordergrund steht. Das Interesse gilt der "Lebenszeitdimension", dem Verhältnis von "Subjektivität und gesellschaftlicher Bedeutung der Individualität".[16] M Kohli und G. Robert charakterisieren die Motivation folgendermaßen: "Alle Autoren versuchen, Fragen nach Subjektivität mit solchen nach gesellschaftlichen Strukturen und historischen Entwicklungen zu verbinden, und es scheint, daß die Biographieforschung dazu einen geeigneten Zugang bietet."[17]

M. Kohli geht es um die Erforschung des Zusammenhangs von Gesellschaft und Biographie. Der Lebenslauf und die Lebenszeitdimension stehen im Zentrum seiner Überlegungen. Sein Interesse richtet sich auf die Biographie als "soziales Regelsystem", dessen Verläufe und Phasen. Zudem wird die biographische Perspektive des Subjekts, dessen Sinnhorizonte und Orientierungen untersucht.

In der Kennzeichnung der "biographischen Methode" wird M. Kohlis Sichtweise deutlich: "Das Spezifische liegt zum einen in der retrospektiven Darstellung des Lebens im Zeitablauf und damit dem Zugang zur Geschichte, zum anderen in der Profilierung der Lebenszeit als Relevanzdimension des Handelns. Gegenüber den zahlreichen Analysen von Handlungsfeldern, in denen das Schwergewicht auf der aktuellen Interaktionsstruktur liegt und die Subjekte nur als Teilnehmer daran interessieren, ist der biographische Ansatz stärker subjektzentriert. Die Lebenszeit ist die anspruchsvollste und 'persönlichste' Dimension der Identitätssicherung und Handlungsorientierung; sie ist damit zentral, wenn es um eine soziologische Konzeption der Persönlichkeit geht".[18] Durch die Eigenperspektive der handelnden Subjekte und die historische Dimension berücksichtigend soll ein Zugang zum sozialen Leben gefunden werden.

"Wir verstehen Biographie als sozialweltliches Orientierungsmuster. ... Nicht das Individuum ist Thema soziologischer Biographieforschung, sondern das soziale Konstrukt 'Biographie'."[19]

W. Fischer und M. Kohli fordern die Einbeziehung des biographischen Handelns in die Soziologie. "Eine Soziologie, die den Handlungsbegriff ausklammert, begibt sich der Möglichkeit, das Entstehen neuer sozialer Realität an der 'Quelle', also im Zwischenbereich des sozial Geregelten und Ungeregelten im Kontext der Biographie zu analysieren.[20]

"Der Soziologe interessiert sich also für Lebensläufe, weil der Mensch, mit dem er es zu tun hat, auch im jeweiligen Augenblick in einem bestimmten Sektor ein ganzer Mensch ist, d. h. in sozialen Beziehungen steht, die über die aktuelle Situation hinausreichen, und weil in diese spezielle Situation die Vergangenheit und die Zukunftserwartungen hineinreichen".[21]

F. Schütze hat den Versuch unternommen, die Verarbeitung individueller Erfahrungen durch das Subjekt zu systematisieren. "Die Lebensgeschichte ist eine sequentiell geordnete Abfolge größerer und kleinerer in sich sequentiell geordneter Prozeßstrukturen. Mit dem Wechsel der dominanten Prozeßstruktur im Vorschreiten der Lebenszeit ändert sich auch die jeweilige Gesamtdeutung der Lebensgeschichte durch den Biographieträger. - Dennoch sollte es mit geeigneten Forschungsmitteln möglich sein, die aufgeschichteten Prozeßstrukturen durch die wechselnden Deutungen hindurch zu erfassen."[22]

In der heutigen Forschung versucht man, die Erfahrungen aus ihren individuellen Voraussetzungen her zu überprüfen, um dem Subjekt gerecht zu werden, wie dieses mit eigenen Erfahrungen umgeht.

"Allerdings sind die wenigsten biographischen Handlungsschemata nach dem klassischen Modell intentionalen Handelns gebaut: Formulierung des Ziels, Abwägen der Mittel, Entscheidung für einen Realisierungsweg, Durchführung des Handlungsschemas. Gerade diejenige Form biographischer Handlungsschemata, an die Soziologen sofort denken, - nämlich biographische Entwürfe - ist in der Regel außerordentlich vage konturiert. Genau das scheint die Bedingung für ihren Erfolg zu sein: die Wahl der Realisierungsmittel flexibel kommenden Situationen zu überlassen."[23]

Fritz Schützes methodische Überlegungen, wie sich das Verhältnis von Individuum und Gesellschaft bestimmen läßt, beziehen sich auf narrative Interviews und auf die darin erzählten Geschichten. Durch "Stegreiferzählungen" sollen die Interviewten das sagen können, was für sie von Bedeutung ist und wo gleichzeitig Brüche in der eigenen Geschichte erlebt wurden. Diese Einzeldaten versucht Schütze in eine von ihm selbst geschaffene Methodologie einzuordnen, um verallgemeinerungsfähige Aussagen machen zu können. Er unterscheidet zwischen Regeln, die für das Handeln von Menschen konstitutiv sind, sogenannten "Basisregeln" und Regeln, die historisch-systemgeschichtlich das Handeln des Individuums bestimmen. Dahinter steht die Auffassung von Schütze, daß Individuen erleben, daß ihr Tun nicht selbst bestimmt ist, sondern die soziale Herkunft und Bürokratien das Handeln bestimmen.[24]

F. Schütze vertritt die These, "daß es sinnvoll ist, die Frage nach Prozeßstrukturen des individuellen Lebenslaufs zu stellen und davon auszugehen, daß es elementare Formen dieser Prozeßstrukturen gibt, die im Prinzip (wenn auch z. T. nur spurenweise) in allen Lebensläufen anzutreffen sind. Darüber hinaus nehme ich an, daß es systematische Kombinationen derartiger elementarere Prozeßstrukturen gibt, die als Typen von Lebensschicksalen gesellschaftliche Relevanz besitzen. ... Um mein Forschungsinteresse hinreichend zu spezifizieren, ist noch eine weitere Abgrenzung sinnvoll. Von Soziologen, die am interpretativen Paradigma orientiert sind, wird gewöhnlich erwartet, daß sie an biographischen Interpretationen des Betroffenen, seinen Deutungsmustern, vornehmlich interessiert sind. Ich für meinen Teil möchte erklären, daß mich die biographischen Deutungsmuster und Interpretationen des Biographieträgers nur im Zusammenhang seiner rekonstruierten Lebensgeschichte interessieren und nicht jenseits dieser. Zwar ist es richtig, daß eben diese Lebensgeschichte von den Deutungsmustern und Interpretationen des Biographieträgers entscheidend geprägt ist - aber eben diesen Zusammenhang gilt es aufzudecken. Und hierzu ist die grundsätzliche heuristische Ausgangsfrage von Nutzen: 'Was hat sich in soziologisch interessierenden Lebensgeschichten faktisch ereignet?' Die Fragestellung 'Wie deutet der Biographieträger seine Lebensgeschichte?' ist meines Erachtens erst dann zufriedenstellend zu klären, wenn der Forscher die interpretierenden theoretischen Anstrengungen des Biographieträgers in den Zusammenhang faktischer Prozeßabläufe seines Lebens einbetten kann."[25]

Fritz Schütze stellt mit dem Terminus 'Verlaufskurve' einen Zusammenhang her zwischen sozialen Prozessen und der Abhängigkeit des Individuums mit der Folge des Orientierungszusammenbruchs: "Soziale Verlaufskurven (trajectories) sind besonders dichte, eine globale Struktur sequentieller Geordnetheit auskristallisierende konditionelle Verkettungen von Ereignissen. 'Konditionell' meint in diesem Zusammenhang, daß der Biographieträger die Ereignisse nicht in Form intentionaler, willentlich zugänglicher Orientierungsbestände erfährt, sondern daß diese ihm als intentionsäußerliche Auslösebedingungen gegenübertreten. ... Negative Verlaufskurven - Fallkurven - schränken den Möglichkeitsspielraum für Handlungsaktivitäten und Entwicklungen des Biographieträgers progressiv im Zuge besonderer Verlaufsformen der Aufschichtung 'heteronomer' Aktivitätsbedingungen ein, die vom Betroffenen nicht kontrolliert werden können."[26]

In der sozialwissenschaftlichen Forschung geht es also primär darum, die Biographie von der Gesellschaft her zu verstehen, ihren Normen, zugewiesenen Rollen, sozialen Regelungen und zeitlichen Abläufen.

"Die individuelle Entwicklung kann nur dann legitim für eine öffentliche Aufnahme (auf dem Buchmarkt, in einer Leser- oder Höreröffentlichkeit) dargeboten werden, wenn sie in irgendeiner Weise auf etwas Allgemeines bezogen wird".[27]

In seinem Buch "Deutsche Karrieren. Lebenskonstruktionen sozialer Aufsteiger aus der Flakhelfer-Generation" beschreibt H. Bude, wie sich bundesrepublikanische Geschichte im Leben einzelner Männer widerspiegelt.[28] Er möchte die "Lebenskonstruktion" der Befragten aufspüren. "Die grundlegende Bestimmung ist die, daß wir meinen, daß das Leben einer Person von einer Konstruktionsweise durchherrscht ist".[29]

Methodisch versucht H. Bude, die Lebenskonstruktion durch eine strukturelle Analyse zu rekonstruieren. Zunächst werden die Regeln ausfindig gemacht, die das Handeln des Individuums bestimmen. "Die verborgenen Regeln subjektiven Lebens haben den Charakter generativer Regeln, die in konkreten Lebenssituationen ausbuchstabiert werden."[30] In intuitiver Weise gestaltet sich individuelles Leben "nach der Struktur eines sozial anerkennungsfähigen Lebens".[31] So zeigt er am Beispiel des Dr. Gärtner, wie dieser sein Leben "entsubjektiviert". "Er sperrt sich dagegen, sich sein Leben als ein besonderes zuzurechnen."[32]

Sozialwissenschaftler, die die biographische Methode sehr unterschiedlich anwenden, setzen voraus, daß dem Subjekt eine zentrale Bedeutung zukommt, wenn dieses seine Erfahrungen und seine soziale Welt beschreibt und zu deuten versucht.

"Daß wir lebensgeschichtlich kommunizieren, daß wir uns aus einer individuellen Biographie heraus verstehen, ist ein Mittel, mit der Differenziertheit der gesellschaftlichen Bereiche und Handlungsfelder fertig zu werden. In Lebensgeschichten bringen wir das zusammen, was die Entwicklung der sozialen Handlungsfelder und Sinnwelten in der Geschichte der modernen Gesellschaft zerlegt hat."[33]

Wenn im folgenden die Arbeiten Alfred Lorenzers dem sozialwissenschaftlichen Zugang angefügt werden, dann hat dies seinen Grund im Anspruch Lorenzers selbst, der "Psychoanalyse als Sozialwissenschaft" (Titel der Aufsatzsammlung von 1971) verstanden wissen will. Es geht ihm darum, die Einseitigkeit der Psychoanalyse mit Freuds biologischem "Triebmaterialismus" als Grundlage und die marxistische Akzentuierung der politischen Ökonomie zu überwinden. "Das unbewältigte Kernproblem aller Vermittlungsbemühungen von Psychoanalyse und Marxismus war und ist die Beziehung zwischen gesellschaftlichen Bedingungen auf der einen und Trieberfordernissen auf der anderen Seite."[34] Alfred Lorenzer schreibt, "daß Psychoanalyse niemals nur Individualpsychologie ist, sondern als Analyse konkreter lebensgeschichtlicher Verläufe von vornherein darüber hinaus geht."[35]

Die Psychoanalyse wird theoretisch als "kritisch-hermeneutisches Verfahren ... der Erhebung des lebensgeschichtlichen Befundes der Individuen" verstanden.[36] Lorenzer hat mit seinen sprach- und symboltheoretischen Arbeiten gezeigt, daß die Psychoanalyse nicht Ereignis-, sondern Erlebnisgeschichte des Individuums interpretiert. "Die Erlebnisstruktur des Patienten ist in Begriffen seiner Naturbestimmung identisch mit den spezifischen Beziehungssituationen, in denen seine Körperbedürfnisse mit konkreten Objekten organisiert sind, und der Sinn dieser psychischen Realität des Individuums koinzidiert mit den spezifischen Weisen der Trieberfüllung. In den Vorstellungen und Phantasien als den symbolischen Inszenierungen von Beziehungssituationen erlebt das Individuum den Sinnzusammenhang seiner psychischen Realität wesentlich in der Dimension seiner Affekte und Emotionen."[37]

Die Kategorie der "bestimmten Interaktionsformen" soll die Erlebnisgeschichte des Individuums erfassen. "Im Begriff Interaktionsform wird die Konstitution individueller Strukturen als Niederschlag realer Interaktionen greifbar."[38] Die Rekonstruktion von individuellen Lebensgeschichten müßte die Interaktionsformen entschlüsseln als die "objektiv-bedingten Strukturen der Vergesellschaftung im Subjekt".[39]

Lorenzer entwickelt aus der Kritik der traditionellen Psychoanalyse sein methodologisches Konzept des "szenischen Verstehens".[40] "'Szenisches Verstehen' als über Sprache vermitteltes und letztlich an 'Sprachveränderung' in therapeutischer Absicht orientiertes psychoanalytisches Verfahren ... zur Rekonstruktion lebensgeschichtlich konstituierter 'Sinnzusammenhänge' ... stellt sich als diejenige Grundoperation heraus, die von Seiten der soziologischen Biographieforschung besondere Aufmerksamkeit verdient. Das Konzept 'szenischen Verstehens' ebenso wie das verwandte, von Leithäuser aufgegriffene 'Drama-Konzept' des französischen Psychologen Georges Politzer ... scheint geeignet, in die Diskussion um die Problematik der 'Nacherzählung' von Lebens- und Erlebnisgeschichten einbezogen zu werden."[41]

Lorenzer fordert eine Umorientierung der Psychoanalyse zu einer "kritischen Theorie einer nichtsubjektivistischen Subjektivität". Er grenzt sich damit nach zwei Seiten ab, einmal wendet er sich gegen eine bestimmte marxistische Position, die Subjektivität von der gesellschaftlichen Totalität her bestimmen will. Zum anderen wendet er sich gegen Subjekttheorien, die gesellschaftliche Zusammenhänge nicht für konstitutiv halten, um Subjektivität zu beschreiben.[42]

Nach Lorenzer geht es um die Fragestellung, wie "Persönlichkeit" und "Individualität", die innere und äußere gesellschaftlich-geschichtliche Erscheinungsform des Menschen als "Produkte der Produktion von Subjektivität" verstanden werden können.[43] Die kritische Theorie des Subjekts will die Dialektik von Individuum und Gesellschaft vom Subjektbegriff aus erfassen. Lorenzers Ansatz der kritischen Theorie des Subjekts will bewußt am konkreten Leiden der Individuen ansetzen, die ihre Erfahrung in eigene Begrifflichkeit umsetzen.

W. Gerhardt bemerkt zur Psychoanalyse als Sozialisationstheorie: "Den Einwand, daß die 'menschliche Natur' in Wirklichkeit gesellschaftlicher Art, daß das menschliche Verhalten in seinen Äußerungen gesellschaftlich determiniert sei, begegnet Lorenzer mit der Strategie, Psychoanalyse konsequent als eine Formanalyse des subjektiven Bildungsprozesses auszulegen; als Sozialisationstheorie, die die Prozesse der Bildung subjektiver Strukturen rekonstruiert, kann sie darauf beharren, daß alle gesellschaftlichen Bedingtheiten nur Formveränderungen der vorgeordneten biologischen Natur darstellen."44

6.3. Der psychologische Zugang

"Viele meinen, der Mensch wird entscheidend geprägt oder verändert durch seine Lebensphasen. Sie gehen davon aus, daß es im Menschenleben Perioden radikalen Umbaus und schubartiger Veränderungen gibt. Die auffälligste von ihnen, die Pubertät oder geschlechtliche Reifezeit, wenn das Kind zum Jugendlichen wird und sich vom Elternhaus löst, um selbständig zu werden. Andere Lebenskrisen und Phaseneinschnitte sind das kindliche Trotzalter und das Klimakterium (Wechseljahre). ... Diese Lebenskrisen gaben den Anlaß, das Leben in zeitlich klar abgegrenzte Phasen einzuteilen. Viele Psychologen weichen aber in der zeitlichen Abgrenzung und in der Zählung der Phasen voneinander ab. ... Die altrömische Fünfereinteilung scheint ein Urmuster zu sein, das auch in der heutigen Psychologie durchschlägt: Pueritia = Kindheit; Adolescentia = Jugendzeit; Juventus = Mannesalter; Virilitas = reife Manneszeit; Senectus = Greisenalter."45

Walter Edelmann stellt aus der Perspektive der Entwicklungspsychologie fest: "*Entwicklung* ist der übergeordnete Begriff. *Sozialisation* ist Teil der Entwicklung", da neben dem Faktor Umwelt noch weitere Entwicklungsfaktoren angenommen werden.46 Er schreibt: "Wesentliche Aufgabe der Entwicklungspsychologie ist die Beschreibung und Erklärung zeitabhängiger Veränderungen. Sie befaßt sich mit den zeitlichen Veränderungen des Verhaltens und Erlebens während des menschlichen Lebenslaufs."47 Ähnlich hatte Thomae bereits 1959 Entwicklung definiert: "Entwicklung ist eine Reihe von zusammenhängenden Veränderungen, die bestimmten Orten des zeitlichen Kontinuums eines individuellen Lebenslaufes zuzuordnen sind."48

C. Bühler entwickelte in ihren entwicklungspsychologischen Studien bereits einen lebenslauftheoretischen Ansatz. Der gesamte Lebenslauf des Menschen und nicht etwa nur Altersabschnitte sind von Bedeutung. Für die Darstellung und Analsyse hält sie Biographien für besonders relevant.49

Nach Martin Kohli wird heute Entwicklung generell nicht mehr als abgeschlossen betrachtet. "Der Eintritt in eine neue Rolle schafft einen (gesellschaftlichen) Sozialisationsbedarf, da der Eintretende an die neuen Verhältnisse angepaßt werden bzw. in die Lage versetzt werden muß, mit ihnen umzugehen. Zugleich wird angenommen, daß auch Bedingungen existieren, die diesen Bedarf decken, d. h. entsprechende Sozialisationsprozesse in Gang bringen."[50]

Welche Relevanz die einzelne Lebensphase im Vergleich zu anderen Phasen hat, ist in der Forschung umstritten. Die meisten Wissenschaftler betonen die frühen Lebensphasen als die bedeutendsten für die Entwicklung des Menschen. Piaget und Kohlberg haben in ihren Ansätzen der kognitiven Entwicklung die Bedeutung späterer Lebensphasen wieder zur Diskussion gestellt.[51]

"Die extreme Alternative dazu, nämlich die Auffassung von der gleichen Bedeutung aller Lebensphasen, wird kaum explizit vertreten."[52] H. Thomae weist darauf hin, daß die Längsschnittuntersuchungen an Kindern, die um 1930 an verschiedenen amerikanischen Colleges und Universitäten begannen, Mitte der fünfziger Jahre wichtig wurden, weil die gleichen Teilnehmer ihre Mitarbeit als Erwachsene anboten. Diese amerikanischen Studien haben Thomae in seiner Arbeit mit biographischen Methoden in der Psychologie stark beeinflußt.[53] Gemeinsam mit U. Lehr hat Thomae im Jahre 1958 eine Studie zur Entwicklungspsychologie des Erwachsenenalters veröffentlicht.[54]

H. Thomae hat seine Sicht einer "psychologischen Biographik" auch anhand eigener Längsschnittuntersuchungen verdeutlicht. "Psychologische Biographik" wird als Synthese von idiographischer und nomothetischer Forschung verstanden. An der Geschichte der Bearbeitung vieler psychologischer Probleme wird veranschaulicht, "... daß auch relativ 'einfache' Prozesse so komplex sind, daß man ihre Bedingungen immer nur annähernd kontrollieren kann. Denn worauf sollten die genannten und die unzähligen anderen einander widersprechenden Ergebnisse psychologischer Experimente zurückzuführen sein als auf kaum kontrollierbare Einstellungen, Erwartungen und Motive der Versuchspersonen, die nun einmal keine neutralen Reaktionsapparate sind, sondern Menschen, die mit sehr unterschiedlichen Biographien und in sehr unterschiedlichen biographischen Situationen in ein Experiment eintreten".[55]

Für die Entwicklungs- und Persönlichkeitspsychologie hat H. Thomae die Einbeziehung des Biographischen gefordert, um individuelles und alltägliches Verhalten zu beschreiben. "Verhalten, das uns den Zugang zum 'Individuum und seiner Welt' erschließen soll, muß stets als Teil oder Aspekt einer individuellen Biographie gesehen werden. Denn nur in der zeitlichen, nicht in der räumlichen Extension ist ein Wesen wie der Mensch vollständig erfaßbar."[56]

Für U. Lehr und H. Thomae ist der Zeitaspekt in der individuellen Selbstdeutung besonders wichtig. Die Vergangenheit, Gegenwart und Zukunft werden aufeinander bezogen.

"Die biographische Lebenslaufforschung weist nach, daß Entwicklungsaufgaben bzw. bedeutsame Lebensereignisse unterschiedlich kognitiv repräsentiert sind. Diese kognitive Repräsentation wird durch ein Netz von Vergangenheitserfahrungen, von spezifischen Sozialisationserfahrungen, aber auch durch vielfältige Gegebenheiten der Gegenwartssituation und durch die zum Teil durch Vergangenheit und Gegenwart mitbeeinflußte Zukunftsorientierung mitbeeinflußt."[57]

In der gerontologischen Forschung ist in den vergangenen zehn Jahren deutlich geworden, daß die meisten Frage- und Problemstellungen nur geklärt werden können, wenn man auf vergangene Erfahrungen zurückgreift. Von daher sind Konzepte zum Lebenslauf erforderlich, die diese Zusammenhänge aufdecken können. Auf diesem Hintergrund wird es verständlich, daß die "Subjektivität" der zu untersuchenden Personen mit einbezogen wird.

Im Vergleich verschiedener Alterskohorten zeigt U. Lehr, "...daß das Lebensalter für die Terminierung von Konfliktkumulationen nur eine untergeordnete Rolle spielt. Soziale, ökonomische, biographische und zeitgeschichtliche Umstände und Ereignisse wurden weit häufiger als Anlässe für Belastungen und Konflikterleben berichtet".[58]

G. Jüttemann vermutet, daß dem menschlichen Verhalten "Regeln" zugrundeliegen und "daß das Allgemeine am Individuellen sehr viel mit der kulturellen Entwicklung des Menschen und mit der Wechselbeziehung zwischen Individuum und Gesellschaft zu tun hat".[59]

Die Allgemeine Psychologie sollte sich demnach in ihrer Forschungsarbeit verstärkt um historische Fragestellungen bemühen. So fordert G. Jüttemann die "Untersuchung alltäglichen Verhaltens und individueller Entwicklungen im Sinne einer *Rückkehr zu den Quellen*".[60]

In seinem Aufsatz "Zur Geschichte der Anwendung biographischer Methoden in der Psychologie" weist H. Thomae darauf hin, "... wie wenig sich eine sorgfältige qualitative und quantitative Analyse sich gegenseitig ausschließen müssen".[61] Diese Behauptung stützt er mit einem Hinweis auf eine Arbeit von U. Lehr über die weibliche Berufsrolle aus dem Jahr 1969.

T. B. Seiler plädiert "für ein erweitertes Empirieverständnis in der Psychologie" und führt dazu aus: "Im Verständnis dessen, was man als Erfahrung faßt, scheiden sich allerdings die Geister. In einem konstruktivistischen Verständnis, dem ich mich verpflichtet fühle, ist Erfahrung nicht passive Aufnahme der objektive Anpassung von kognitiven Strukturen an vorgefundene und widerständige Verhältnisse".[62]

Seiler fährt fort: "Mithin scheint es mir nicht sinnvoll, einen Gegensatz zwischen Allgemeinerfahrung und wissenschaftlicher Empirie aufzubauen. Beide ergänzen, bedingen und befruchten sich gegenseitig. Auch hochentwickelte und als weithin bestätigt geltende Theorien bleiben eingebettet in kollektive Annahmen und Vorurteile, die noch kaum kritisch hinterfragt und überprüft wurden."[63]

Bei A. Kruse wird besonders deutlich, wie sein Bild vom Menschen seine Forschung beeinflußt. Seine Grundgedanken sollen deshalb hier abschließend zur Darstellung kommen.

Kruses Denken ist geprägt von "... der natürlichen, ganzheitlichen und dynamischen Sichtweise des individuellen Bios ..."[64] In der Einführung weist er darauf hin, daß die Thematisierung der Biographie in der Psychologie aus der Erkenntnis heraus geschieht, "... das 'Subjekt' möglichst umfassend in den Forschungsprozeß miteinzubeziehen, da nur dieses dem Verhalten Sinn und Bedeutung verleiht ..."[65] Die Exploration hat die Aufgabe, herauszufinden, welche Erlebnisse das Individuum am stärksten beeinflußt haben. "Die im Laufe der Exploration gestellten Fragen - gleich, ob sie größere Abschnitte der Biographie oder einzelne biographische Ereignisse betreffen - müssen *ungerichtet* sein, d. h. sie dürfen keine theoretischen Vorannahmen enthalten; vielmehr sollen sie das Individuum zu einer freien und umfassenden Beantwortung anregen, in der es sich ganz von dem eigenen Erleben leiten läßt".[65]

Kruse fordert, daß sich der Forscher bei der Exploration darüber im klaren ist, daß die einzelnen Aussagen des Individuums in einem "Gesamtzusammenhang" stehen. "Die Notwendigkeit einer ganzheitlichen Sichtweise des menschlichen Erlebens und Verhaltens ergibt sich aus der Tatsache, daß das Psychische nur als 'Einheit' zu verstehen ist."[67]

Aus der Erkenntnis einer "dynamischen Sichtweise" kommt es nach Kruse darauf an, "... herauszuarbeiten ('verstehend nachzuvollziehen'), inwieweit das in einer bestimmten Situation gezeigte Verhalten seine Vorläufer in der individuellen Biographie hat, in welchem Maß es sich aus dieser herleiten läßt. Außerdem muß - der Sichtweise einer 'Person-Situations-Interaktion' folgend - aufgezeigt werden, wie stark und in welcher Hinsicht das Verhalten durch situative Einflüsse überformt wird".[68]

6.4. Der erziehungswissenschaftliche Zugang

Bereits im Jahre 1962 hat J. Henningsen den Zusammenhang von Autobiographie und Erziehungswissenschaft untersucht. Autobiographien sind für ihn aus drei Gründen interessant. "Die erste Beziehung der Autobiographie zur Erziehungswissenschaft ist ... die einer historischen Quelle." Außerdem ist für ihn der "Lebenslauf ... Bildungschicksal". "Schicksal" ist hier in dem Sinne gemeint, daß der einzelne Mensch darauf angewiesen ist, "Lektionen zu lernen, die das Leben ihm zumutet".[69] Das Bildungsschicksal wird deutend verarbeitet und in die sprachliche Form der Autobiographie gebracht: "Unter dem Zwang der Kategorie 'Bildung' leben wir alle autobiographisch; wir leben, pointiert gesagt, nicht einen Lebenslauf, sondern eine Autobiographie. Unserem Leben würde etwas fehlen, wenn es nicht sprachlich reflek-

tiert wäre, und zwar im Hinblick auf die Selbstvergewisserung in der Bildung. Bildung ist, so könnten wir geradezu definieren, die das gelebte Leben erst ermöglichende Selbstvergewisserung in der Sprache, deren notwendige Konsequenz die Autobiographie ist - ob diese tatsächlich publiziert wird oder nicht, ist dabei verhältnismäßig belanglos."[70]
Schließlich stellt Henningsen fest, daß der Autobiographie eine "Bildungsintention" zugrundeliegt. Sie wendet sich an einen Leser, für den sie Wegweisung, Unterhaltung, ästhetischer Genuß und vieles andere mehr sein will.[71]
1978 beschäftigte sich eine Arbeitsgruppe anläßlich der Jahrestagung der Deutschen Gesellschaft für Erziehungswissenschaft mit dem Thema: "Wissenschaftliche Erschließung autobiographischer und literarischer Quellen für pädagogische Erkenntnis". Ein Teil der überarbeiteten Ergebnisse wurde von D. Baacke und Th. Schulze in dem Band "Aus Geschichten lernen. Zur Einübung pädagogischen Verstehens" 1979 herausgegeben. D. Baacke und Th. Schulze schreiben in ihrer Einleitung von "Aus Geschichten lernen", daß ihre Absicht darin besteht, autobiographische und literarische Quellen der Erziehungswissenschaft zu erschließen. Als Programmschrift etwa einer methodischen Konstitution 'Narrativer Pädagogik' wollen sie ihren Ansatz aber nicht verstanden wissen.

Das Material bilden Geschichten, hier Lebensgeschichten von Menschen, an denen "generelle Strukturmomente menschlicher Entwicklung und Selbstverständigung" sichtbar werden.[72] "Die grundlegende Idee verdankt sich einer Einsicht, die gerade um Reform bemühte Pädagogen, gerade Anhänger der kritischen Theorie, Vertreter der Studentenbewegung machen mußten: daß eine umfassende gesellschaftskritische Programmatik fehlgeht, wenn sie nicht den Anschluß im Subjekt sucht. Inzwischen sind wir dabei, den sogenannten subjektiven Faktor wieder zu entdecken. Dies belegen die Beiträge vieler Zeitschriften ..."[73]

Baacke nennt eine Reihe von Motiven, warum die Biographieforschung in der letzten Zeit an Bedeutung gewonnen hat:

1) Das Ungenügen der quantititativen Forschung.
2) Die Kritik an Rollentheorie und Funktionalismus, die Handlungen systemkonform einbetten und nicht als Ausdruck von "Eigenverantwortung, Selbstbetroffenheit und Aktivität" beschreiben.
3) Die Suche und Frage nach Identität.
4) Einsicht in die "Ambivalenz oder auch Vielschichtigkeit sozialer Phänomene".
5) Die Sozialisationsforschung hat Interesse an Biographien, da zunehmend deutlich wird, daß menschliche Entwicklung nicht mit dem Jugendalter abgeschlossen ist.
6) Die Analyse der Lebenswelt. (Pluralität der Lebenswelten mit eigenen Gesetzen und Spielregeln.)

7) Sozialwissenschaftliche Begrifflichkeit, z. B. "der Jugendliche", wird durch konkrete Biographien differenziert.
8) Frage nach der Subjektivität derer, die als Objekte der Geschichte gelten.74

Erzählende Texte sind hervorragende Fall-Dokumente und für die Pädagogik eine bisher kaum ausgeschöpfte Materialsammlung. Hier werden "Brüche" in den Lebensgeschichten, aber auch Grenzerfahrungen und solche Aspekte beschrieben, die von den Theorien mit ihren Verallgemeinerungen so nicht erfaßt werden können. "Das Alltägliche, Selbstverständliche, Wiederkehrende, immer schon Verstandene und Bewältigte wird selten als Fall vorgestellt, sondern das, was sich als Konflikt, als besonders Ereignis, als Denkwürdiges und Merkwürdiges, als Unerwartetes und Unvorgesehenes aus dem Geschehensablauf heraushebt."75

D. Baacke setzt sich mit der Fragestellung auseinander, wie man erzählende Texte in die Erziehungswissenschaft integrieren kann. "Ist das überhaupt möglich, die Interpretation von Geschichten sozialwissenschaftlicher Analyse zugänglich zu machen?"76 Er zeigt zum Beispiel an Szenen aus Romanen von M. Proust und Thomas Mann, daß die Literatur oft "Alltagshandlungen" beschreibt, ohne sie näher zu explizieren. Dabei haben diese Schilderungen oft symbolische Bedeutung. Diese kann man jedoch nur aus ihrem historischen Kontext erschließen. "Erzählungen haben es immer mit Zeit zu tun, erzählende Texte sind Kinder ihrer Zeit. Damit decken sie deutlicher als die meist systematisierenden wissenschaftlichen Texte aus Pädagogik, Psychologie und Soziologie historische Gebundenheit auf. Schon die kurzen Szenen Jeans und Hannos können deutlich machen, daß es Zeiten und Erfahrungswelten gibt, die anders sind als heute, ohne doch weniger real (gewesen?) zu sein. So erfährt man sich auch selbst als beschränkt auf den eigenen Gesichtskreis und als jemand, der sich noch viele Welten erschließen muß."77

Primär geht es nach Baacke um Geschichten, nicht um Geschichte. "Jeder 'Fall', jedes 'Ereignis' ist ein 'Ausschnitt' aus dem 'Ganzen' - z. B. einer Klassenlage, einer Berufsposition, einer Gruppe von Menschen mit vergleichbarem Sozialisationsschicksal, einer institutionalisierten Handlungsbedingung, usw. Der Zeithorizont der Geschichten, die Pädagogen interessieren, ist mehrheitlich begrenzt. Insofern haben wir es mit 'Ausschnitten' zu tun." Die Frage gehe demnach "... weniger danach, in welche soziologischen Kategorien eine Person einzuordnen sei, als vielmehr danach, welche Konstellation von Details die Besonderheit eines je betrachteten Lebenslaufs ausmacht."78

Baacke unterscheidet verschiedene Textsorten, in denen erzählte Geschichten enthalten sind: 1. fiktive Texte; 2. dokumentierende Texte (Biographien, Autobiographien, Praxisberichte erzählender Art: Konrad Wünsche, Die Wirklichkeit des Hauptschülers); 3. Dokumente (Gesprächsaufzeichnungen, narrative Interviews, Tiefeninterviews, Szenenaufzeichnungen mit Ton-

band und Video). Diese Unterscheidung ist für Baacke notwendig, weil nur die dokumentierenden Texte und die Dokumente die Möglichkeit bieten, Mitteilungen (sofern sie Daten betreffen) zu überprüfen. "Ich kann merken oder feststellen, ob der Berichterstatter die Wahrheit sagt oder nicht."[79]
"'Dokumentierende Texte' unterscheiden sich für mich von 'Dokumenten' dadurch, daß erstere ihre Authentizität der Erinnerung oder Rekonstruktion von Geschehenem verdanken, während letztere auf die Zeitebene der Aufzeichnung fixiert sind."[80]
Baacke weist darauf hin, daß erzählte Geschichten eine Fülle von Daten enthalten, und es ist "... darum anspruchsvoll genug, die Geschichte selbst zu verstehen und möglicherweise sogar für die an ihr beteiligten Personen ... Schlußfolgerungen zu ziehen. Wenn es mir darüber hinaus glückt, Rückschlüsse auf die Struktur von Wirklichkeit zu ziehen - umso besser."[81]
Das durch Erinnerung und Rekonstruktion erworbene Selbstverständnis des Autobiographen, seine Erfahrungen und welche Bedingungen er ihnen zuerkennt, stehen deshalb im Mittelpunkt des interpretatorischen Interesses. "Die erzählte Geschichte ist subjektiv sowohl in bezug auf Wahrnehmung, Auswahl und Zusammenstellung der Daten wie in bezug auf ihre Deutung, und die Subjektivität des Erzählers fordert ihrerseits die Subjektivität des Interpreten heraus. Diese doppelte Subjektivität aber erweist sich zugleich als ein wesentliches Moment des Selbstverständnisses und der Erschließung."[82]
Geschichten lassen sich "nicht als Analogie von Handlungsabläufen" auffassen. "Identität ... ist das Resultat von Geschichten, die in einer Biographie auf die Konstitution *eines* Subjekts bezogen werden und somit 'Sinn' erhalten. Aber es ist nicht das Subjekt, das diesen Sinn durchgängig produziert hat; es war (und ist) solange es lebt an seiner Produktion beteiligt, aber er ist ihm auch zugefallen."[83] Geschichten "verknüpfen Handlungen des Individuums mit einem Gewebe, dessen Einschlag aus institutionellen Verursachungen, plötzlichen Eingebungen anderer Personen und mehr oder weniger unvorhergesehenen Handlungsresultaten besteht."[84]
Baacke stellt fest: "Wie wir geworden sind, wer wir sind, *läßt sich aus Geschichten erzählend rekonstruieren, aber nicht lückenlos aufdecken und erzählen*".[85] Das Verstehen von "... Biographien ist nur begrenzt zu methodisieren. Die Elemente des Verstehens müssen vielmehr jeweils aus der Lebenswelt rekonstruiert werden, in der sich der Verstehende bereits befindet."[86]
Autobiographische Texte leisten nach Baacke einen Beitrag zur Ich-Konstruktion der Leser. Der autobiographische Text kann eine Fülle von Aspekten enthalten: "Rechtfertigungen", "Erläuterungen", "Lebenslehren" usw. "Das Geschriebene, der Text wird sozusagen seinem Ich als vorhandener Leiblichkeit mit Innen-Ressourcen hinzugefügt." Das bisher gelebte Leben als "Resultat eines komplexen Sozialisationsprozesses" wird "erheblich erweitert und verändert". Denn die schreibende Person kann in unmittelbaren Interaktionen die Fülle ihres Lebens nicht darstellen.

Autobiographische Texte zeigen primär die "Re-Konstruktion" eines Ich. Dieses Ich "arbeitet sich an Themen ab". hat eine "Tendenz" und immer "Rezipienten" und eine "Botschaft". In "der Rezipienten-Beziehung und der intentionalen Struktur ist Pädagogisches enthalten".

Das Ich kann nach Baacke verschiedene Aspekte beinhalten: "das Repräsentanz-Ich", "das persönliche Ich", "das Recherche-Ich", "das Durchschnitts-Ich", "das Zufalls-Ich".[87]

Einen anderen Weg schlägt Theodor Schulze ein: er befragt die Theorien auf ihren Erkenntniswert für die Interpretation von Lebensgeschichten. Die Psychoanalyse scheint ihm einen Zugang anzubieten. Hier wird "Erinnerung" reflektiert, wenn auch in ihrer "traumatisierenden Wirkung" und als "Erinnerungen, die nicht erinnert werden".[88]

Die Ähnlichkeit zwischen den Erinnerungen autobiographischer und psychoanalytischer Produzenten sieht Schulze darin, daß sie "in stärkerem Maße als andere Vorstellungen mit Triebenergie besetzt" sind.[89] In der Psychoanalyse kommt es erst darauf an, die Erinnerungen durch zum Beispiel Assoziationen und Traumarbeit freizulegen. Die Erinnerungen bewegen sich nach Schulze in der Dialektik von "traumatischen Erfahrungen" als "seelische Verletzungen" und "Herausforderung und Chance".[90]

Durch die Beschäftigung mit "Erinnerungen" in autobiographischen Schriften kommt Th. Schulze zu der Auffassung, daß eine Ähnlichkeit zwischen der Tätigkeit eines Schreibers und eines Regisseurs besteht. "Während sich die meisten Vorgänge und Handlungen, an denen wir im täglichen Leben beteiligt sind, eher konturlos und ohne deutliche Akzente aneinanderreihen, so scheinen sich die in der Erinnerung aufbewahrten Situationen von den anderen abzuheben und auf eine bestimmte Pointe hin zuzuspitzen oder in einer symbolischen Gestalt zu verdichten, so als wären sie von einem geschickten Regisseur auf einer Bühne in Szene gesetzt."[91]

Anhand von F. Schleiermachers Unterscheidung, den allgemeinen Zweck der Erziehung zu bestimmen als "'das Tüchtigmachen für die Gemeinschaft und die Entwicklung der persönlichen Eigentümlichkeit'"[92] ,orientiert Schulze sich an der Unterscheidung zwischen "Lebenslauf" und "Lebensgeschichte" und an curricularem und lebensgeschichtlichem Lernen.

Lebenslauf und Lebensgeschichte versteht Th. Schulze "als zwei verschiedenartige Formen alltagsweltlicher sprachlicher Äußerungen, die sich mit Ereignissen und Zusammenhängen in einem individuellen menschlichen Leben befassen".[93] Demnach erfüllen "Lebensläufe ... eine durch Institutionen vorgezeichnete Funktion ... Lebensgeschichten müssen immer wieder neu geschrieben werden".[94]

Die unterschiedlichen Konzeptualisierungen individuellen Lebens lassen sich zurückführen auf verschiedenartige Lernprozesse.

Lebensläufe zeigen "Lernergebnisse in einer allgemeinen Form".[95] "Anders ... Lebensgeschichten: in ihnen werden konkrete Lernsituationen und Lernprozesse angesprochen, nachvollzogen oder auch in Gang gesetzt".[96]

"Die in autobiographischen Texten erinnerten und reflektierten Lernprozesse ... zielen auf die Herstellung und Balance von Identität, beschaffen Sinn, erzeugen eine individuelle Lebensperspektive und gehen darum ein in die Lebensgeschichte".[97]

Theodor Schulze unterscheidet fünf "Prozeßstufen" und "Materialschichten", um "Organisation und Struktur" von Lebensgeschichten besser analysieren zu können.

"1. *Schicht der objektiven Gegebenheiten und Tatsachen.*" Darunter werden subsummiert: Persönliche und allgemeine Daten, materielle Lebensbedingungen, angereichert durch übergeordnete Zusammenhänge wie Chronologien, Register, Tabellen. "Alle diese Gegebenheiten und Tatsachen gehören der realen Außenwelt an. Sie sind beobachtbar und grundsätzlich überprüfbar ..." Schulze erkennt die Daten auf dieser Ebene als "Bestandteile einer kollektiven Lebenswelt und Lebensweise" und als Bestandteile der "individuellen Lebensgeschichte". "Die kollektive Lebenswelt ist gegliedert und geordnet in Institutionen, Organisationen und Traditionen. Die individuelle Lebensgeschichte führt durch die kollektive Ordnung hindurch. Sie durchkreuzt ihre Strukturen und artikuliert sich entlang der Schnittpunkte und Bruchstellen. In der Rückverwandlung von Organisationen und Traditionen in Situationen und individuelle Handlungen bestehen die Transformationsleistungen in dieser Schicht."

"2. *Schicht der subjektiven Erfahrungen und ihrer Organisation*". Auf dieser Ebene werden die "Gegebenheiten und Tatsachen von innen" reflektiert. "Sie manifestiert sich zunächst und vor allem in der Auswahl, Anordnung und Verknüpfung einzelner Daten und Gegebenheiten aus der ungeheuer großen Menge tatsächlicher Lebensdaten und möglicher autobiographischer Inhalte. Die psychischen Prozesse verleihen den Gegebenheiten und Tatsachen eine persönliche Bedeutung, und sie schaffen damit die Grundlage für die außerordentliche Selektivität der Erinnerungen. Im Hinblick auf die Untersuchung von kollektiven Lebenswelten, von Institutionen und Organisationen oder von generellen Gesetzmäßigkeiten ist diese Selektivität problematisch. Sie macht das autobiographische Material unzuverlässig und unvollständig. Aber in bezug auf die Erforschung individueller Prozesse und Deutungsmuster ist die Subjektivität der Auswahl und Interpretation geradezu eine Voraussetzung."

"3. *Schicht der späteren Erinnerungen*". "In dieser Schicht werden die selektiven Mechanismen, die in der zweiten Schicht vorbereitet wurden, voll wirksam." Die Erinnerung wird durch Selektion und Bedeutung qualifiziert. 'Gegebenheiten und Tatsachen' kommen aus der jeweiligen individuellen Perspektive zur Darstellung. "Die Fähigkeit zur Erinnerung ist die Voraussetzung für die Ausbildung einer persönlichen und sozialen Identität."

"4. *Schicht der nachträglichen sprachlichen Darstellung*". Hier wird alles das sprachlich zum Ausdruck gebracht, was in der Erinnerung erscheint. Darstellungsformen sind dabei an Motive und Intentionen gebunden. Die sprachliche Kompetenz des Autors, seine Bildung und Schichtzugehörigkeit, entscheidet über seine subjektiven Möglichkeiten und Grenzen.

"5. *Schicht von kommentierenden Reflektionen und übergreifenden Deutungsversuchen*". Als sprachliche Äußerungsformen haben "Reflektionen und Deutungsversuche ... bereits theoretischen Charakter und bilden Anknüpfungspunkte für eine wissenschaftliche Erschließung von autobiographischen Schriften."[98]

In die erziehungswissenschaftliche Diskussion der Möglichkeiten und Grenzen des biographischen Ansatzes greifen 1987 U. Herrmann, J. Oelkers und K. Prange ein (Zeitschrift für Pädagogik, Heft 3). J. Oelkers versucht, das Verhältnis von Subjektivität, Autobiographie und Erziehung zu bestimmen: Subjektivität und Erziehung stehen "in keinem kausalen Verhältnis" zueinander. Erziehung ist ein Handlungsgeschehen, pädagogische Maßnahmen erzeugen "die Wirkungen im anderen aber nicht". Nach J. Oelkers entscheidet "einzig das Subjekt selbst auf seinem lernenden Transit von der Kindheit zur Erwachsenenwelt ... wie das Gute der pädagogischen Zielsetzung tatsächlich erreicht wird."[99]

Bei J. Oelkers beginnt die Geschichte des Subjekts, das durch Erziehung verbessert werden kann, in der Renaissance: "Nicht die Welt oder seine Gesellschaft, der Mensch selbst sollte perfektioniert werden".[100] Ein neues Selbstverständnis vom Menschen bildet sich heraus, und die weitere Entfaltung dieser neuzeitlichen Subjektvorstellung endet mit der "neue(n) Subjektivität, die im 20. Jahrhundert unaufhaltsam gesellschaftlich etabliert wird ..."[101]

Es ist besonders die "Entwicklung eines inneren Raums", der Konsequenzen für das Subjekt, aber auch für die Pädagogik haben sollte. "Der innere Raum wird spätestens in der deutschen klassischen Literatur als der Raum der Individualität betrachtet, derjenige Raum, in dem sich das für das erlebende Selbst wichtigste Geschehen abspielt, nämlich die Verarbeitung der Erfahrungen zu einer kognitiv wie affektiv konsistenten Identität".[102] Später präzisiert J. Oelkers seine These: "Mit anderen Worten, es entsteht im Schoße des neuzeitlichen Subjektgedankens eine neue Subjektivität, die weder geschaffen, noch entwickelt werden kann, sondern die selbsttätig ist."[103]

Oelkers ist der Auffassung, die Pädagogik wisse zu wenig über diese neue Subjektivität und reagiere entsprechend hilflos auf deren Ausdruck. "Sie liest darin nicht und versteht also auch schlecht. Das Problem der modernen Subjektivität ist ihr weitgehend entgangen, weil sie sich von der Imagination des Machens hat auf die falsche Spur führen lassen. Individualität aber ist nicht herstellbar".[104]

Eine Vertiefung und Auseinandersetzung in der Frage, wie Pädagogen selbst ihre lebensgeschichtlichen Erfahrungen und pädagogischen Reflexionen trennen können, bietet K. Prange an. Den Stellenwert der "biographischen Erfahrung" in der Erziehungswissenschaft beurteilt er folgendermaßen: "Sie wird zu einem Fundus und verliert ihren Status als Begründungsinstanz aus der Evidenz unwiderleglicher Eigenerfahrung. So gesehen bedarf es einer analytischen, nicht einer festlich-andächtigen Erinnerung an das, was einzelne Pädagogen angefangen, ins Werk gesetzt und theoretisch überformt haben. Es bedarf, anders gewendet, einer differentiellen, nicht einer identifikatorischen Vergegenwärtigung jener Lerngänge, in denen das lebensgeschichtlich Eigentümliche sich mit den institutionellen Bedingungen und den epochalen Herausforderungen verschränkt hat, um daraus gleichsam den Bestand der bleibenden pädagogischen Erfahrung abzufiltern."[105]

U. Herrmann will hingegen anhand von vier Beispielen aus der Literatur, die Biographisches beinhalten, zeigen, daß nur die "selbstreflexiv-rekonstruktive Autobiographie für pädagogische Theoriebildung aufschlußreich sein kann".[106] Wie J. Oelkers interessiert auch ihn der Zusammenhang von Intention und Wirkung in Erziehungs- und Sozialisationsprozessen. "In welchen Sinn- und Bedeutungsverhältnissen stehen Intentionen und Wirkungen pädagogischen Handelns hinsichtlich der Personagenese des Educandus, jenes selbstreferentiellen und selbstreflexiven Ich-Selbst, das pädagogisch gesteuert werden soll, *indem* seine Selbsttätigkeit angeregt wird? Wie lassen sich im Aufbau eines Lebenszusammenhanges pädagogisch intendierte Konsistenz und reflexiv erlebte Kontingenz aufeinander beziehen? Was bewirkt die Erfahrung des Zufälligen, des Unverfügbaren, in der Rekonstruktion der Bedeutung bisher gelebten Lebens und im antizipatorischen Vorgriff auf künftige Lebensvollzüge, die ja nur als in hohem Maße konsistente sinnvoll und wünschenswert erscheinen können?"[107]

Da nach U. Herrmann "... der *Gesamt*zusammenhang auch nur eines *einzelnen* Lebens sprachlich nicht rekonstruierbar bzw. repräsentiert" werden kann, "... ist jede (Auto)Biographie notwendigerweise die *perspektivische Komposition* von *Elementen* aus einem unendlich fakten- und facettenreichen Lebenszusammenhang".[108] Herrmann meint nun, daß literarische Formen, besonders der Roman, geeignet sind, die verschiedenen Konstruktionen des reflexiv-deutenden Subjekts zu erfassen. "In diesem Sinne wird die Betrachtung biographisch-literarischer Texte als ein *prolegomenon* der Lebenslauf- und Biographieforschung aufgefaßt, in dessen Horizont die Konstruktions- und Deutungsmuster ihre argumentative Funktion in biographischen (Re-)Konstruktionen einsichtig werden lassen, die gerade auch für pädagogisches Reflektieren und Theoretisieren bedeutsam sind".[109]

"Anton Reiser" von K. P. Moritz ist für ihn solch ein paradigmatisches Beispiel, in dem die rekonstruierende Selbstreflexion in einem literarischen Text sichtbar wird. Da die retrospektive Rekonstruktion aber Täuschungen unterliegen kann, fordert Herrmann ihre Überprüfung an der "Tatsächlichkeit von Lebensvollzügen und -umständen, ihren Bedingungen, Funktionen usw. ..."[110] Er gesteht ein, "daß die grundsätzliche Problematik der Biographie- und Lebenslaufforschung in pädagogischer Absicht noch kaum befriedigend gelöst worden ist: die subjektiven Deutungssysteme und die realen Lebenssysteme so miteinander in Beziehung zu setzen, daß das mehrseitige Bedingungs- und Wechselwirkungsverhältnis von Individuum und Gesellschaft, Person und Institution, Selbstentwurf und Fremdbestimmung, Konsistenzerwartung bzw. -bedürfnis und Kontingenzerfahrung, das Verhältnis von Zeitlichkeit des individuellen Lebens und von Geschichtlichkeit der Lebenswelt so entschlüsselt werden kann, daß daraus auch für das pädagogische Denken und Handeln kasuistisch und systematisch gelernt werden kann".[111]

Erste Antworten auf die von Herrmann gestellte Grundsatzfrage versucht J. Kaltschmid in einem Referat zur Gerontologischen Woche in Heidelberg vom 18. 6. - 23. 6. 1987. Für eine "biographische Erziehungstheorie" sind ihm vor allem W. Loch, J. Gamm, D. Baacke und Th. Schulze von Bedeutung. Nachdem er deren Gedanken dargestellt hat, zieht er "ein vorläufiges Fazit der Grundannahmen und inhaltlichen Aspekte einer 'biographischen Erziehungstheorie':

"1. Biographische Erziehungstheorie versucht eine **anthropologische** Grundlegung der Pädagogik; sie betont, daß Erziehung (nicht nur auf gesellschaftliche, sondern auch) auf 'natürliche' Bedingungen angewiesen ist.
2. Biographische Erziehungstheorie verweist auf die grundsätzliche Bedeutung der **zeitlichen** Dimension der Erziehung, die sich im Lebenslauf eines Individuums konkretisiert.
3. Biographische Erziehungstheorie interessiert sich für die **Lebensgeschichte** eines Menschen und zielt so auf eine **'narrative Pädagogik'**.
4. Biographische Erziehungstheorie legt zwar den Schwerpunkt auf den **'subjektiven Faktor'** im Erziehungsprozeß, doch sieht sie gerade in der 'eigentümlichen' **Vermittlung** von Subjektivem und Objektivem, von Konkretem und Abstraktem, von 'Ausschnitt' und 'Ganzem', von 'Besonderem' und 'Allgemeinem' in der Biographie eines Individuums (in seiner Welt und in seiner Zeit) ihr Spezifikum.
5. Biographische Erziehungstheorie konzipiert Erziehung und Bildung als **lebenslangen Prozeß**; alle Lebensalter stellen Lernaufgaben und sind auf Lernhilfen angewiesen und verweisen gegenseitig aufeinander."[112]

7. Der Zusammenhang von Erfahrung und Bewußtsein

7.1 Überlegungen zum Begriff "Erfahrung"

"Erfahrung" stammt etymologisch ab vom althochdeutschen = arfaran, irfaran und dem mittelhochdeutschen = ervaren, erfarunge (Substantiv).[1] Es wird ursprünglich verwendet in der Bedeutung von "fahren als sich vorwärts bewegen". Erfahren und Erfahrung steht besonders für "die Welt durchreisen, durchfahren". Im übertragenen Sinn meint "fahren" "Kenntnisse erwerben, erforschen und erkunden". Durch Hinfahren zu den Dingen können diese aus der Nähe durch eigene Wahrnehmung kennengelernt werden. Die heute vorherrschende Bedeutung von "erfahren" meint: "kennenlernen, wahrnehmen, feststellen", ohne daß damit ein Fahren oder ein aktives Bemühen bewußt verbunden wird. Als gemeinsames Resultat der Begriffsgeschichte von "Erfahrung" zeigt sich: bei der Erfahrung handelt es sich in jedem Fall um die Beziehung zwischen den Menschen und einem anderen, dem Objekt der Erfahrung. Subjekt und Objekt sind miteinander vermittelt. Ob Erfahrung durch Hinfahren oder durch die Sinne vermittelt ist, in jedem Fall liegt eine Subjekt-Objekt-Beziehung vor.

Im christlichen Mittelalter heißt "Reise" "Reise zu Gott" wie bei Wallfahrten oder Pilgerreisen. Sonst sind Reisen nur bei Handwerkern und Kaufleuten üblich. Sie werden aus pragmatischen Gründen durchgeführt, sie dienen der Ausbildung oder dem Handel. Beim einfachen Volk ist Reisen als Wandern nur bei Existenzsorgen, wie Hunger, Pest und Krieg üblich.

Das "in die Fremde Ziehen" hat auch psychologische Aspekte. Wanderschaft unterstützt die Identitätsfindung während einer entwicklungspsychologisch wichtigen Zeit. Der Entschluß zur Wanderschaft bei den Fabrikarbeitern erfolgt nicht aus rationalen oder gängigen Motiven, etwa der Ausbildung oder Erweiterung von Berufskenntnissen, wie dies beim Handwerker üblich war. Der Entschluß zur Wanderschaft knüpft - wie beschrieben - an der Erfahrung des "Gefangen-Seins" in der Fabrik an. Der aus der Fabrikarbeit resultierende starke Wunsch nach Ungebunden-Sein taucht in den Arbeiterbiographien regelmäßig auf und hat die Entscheidung zur Wanderschaft motiviert. Die Wanderschaft ist die Kompensation des grauen Alltags. Als Moratorium verstanden, setzt sie jedoch Aktivitäten und Energien frei und verändert vorübergehend die bekannten Lebensstrukturen, die festgelegten, räumlichen und zeitlichen Ordnungen und Routinen. Bestimmte Eigenschaften werden auch gefördert: Durchhaltevermögen und die Fähigkeit zur Auseinandersetzung mit dem eigenen Welt- und Menschenbild durch Erfahrungen in der Fremde und Begegnungen mit anderen Menschen. Die subjektiven Erfahrungen erweitern auch den geistigen Horizont, besonders den politischen. Immer wieder schreiben Autobiographen, wie durch wandernde Handwerker und Arbeiter ihr eigener Lernprozeß in Gang gesetzt wurde.

Die eigene Lebensgeschichte mit den jeweiligen subjektiven Erfahrungen wird so zur Zentralachse der proletarischen Identitätsentwicklung und stellt Material und Deutungen zur Verfügung. "(Es) wird gezeigt, daß der Zwang zur Mobilität und zur Individualisierung der Lebensführung typischerweise zur Rekapitulation der jeweils individuellen Erlebnisse auffordert: Erst auf dem Umweg über sie gelingt eine 'Verortung' in größeren gesellschaftlichen Zusammenhängen."[2]

7.2. Erfahrung und Bewußtsein

In Kants "Kritik der reinen Vernunft" geht es um die Erkenntnisweise des Subjekts. Der "Erfahrung" kommt dabei eine zentrale Bedeutung zu. "Doch ist es unbedingt erforderlich, diese überindividuelle Instanz des 'Bewußtseins überhaupt', in dem ursprünglichen Sinne Kants weder psychologisch noch metaphysisch zu deuten: diese logische Gegenständlichkeit darf weder nach Analogie eines empirischen 'Subjekts' noch als eine ding-an-sich-hafte Intelligenz gedacht werden. Denn es handelt sich für Kants Kritik immer nur um 'das was in der Erfahrung liegt'."[3]

G. W. F. Hegel kennzeichnet den Erfahrungsbegriff als dialektisch: "Diese dialektische Bewegung, welche das Bewußtseyn an ihm selbst, sowohl an seinem Wissen als an seinem Gegenstand ausübt, insofern ihm der neue wahre Gegenstand daraus entspringt, ist eigentlich dasjenige, was Erfahrung genannt wird."[4]

Die konkreten Voraussetzungen des Menschen in einer bestimmten Gesellschaft werden erstmals systematisch von Karl Marx thematisiert. Der dialektische Erfahrungsbegriff Hegels liegt auch den Anschauungen von Marx zugrunde. Jedoch bildet der Erfahrungsbegriff bei Marx und in seiner Rezeption "nur eine Nebenrolle".[5]

Im Denken von Karl Marx ist jedoch der Begriff "Bewußtsein" relevant.

Gegen die philosophischen Setzungen der Junghegelianer zur Identitätsphilosophie stellt Marx in der "Deutschen Ideologie" fest: "Die Produktion der Ideen, Vorstellungen, des Bewußtseins ist zunächst unmittelbar verflochten in die materielle Tätigkeit und den materiellen Verkehr der Menschen, Sprache des wirklichen Lebens. Das Vorstellen, Denken, der geistige Verkehr der Menschen erscheinen hier noch als direkter Ausfluß ihres materiellen Verhaltens. Von der geistigen Produktion, wie sie in der Sprache der Politik, der Gesetze, der Moral, der Religion, Metaphysik usw. eines Volkes sich darstellt, gilt dasselbe. Die Menschen sind die Produzenten ihrer Vorstellungen, Ideen pp., aber die wirklichen, wirkenden Menschen, wie sie bedingt sind durch eine bestimmte Entwicklung ihrer Produktionskräfte und des denselben entsprechenden Verkehrs bis zu seinen weitesten Formationen hinauf. Das Bewußtsein kann nie etwas Anderes sein als das bewußte Sein, und das Sein der Menschen ist ihr wirklicher Lebensprozeß."[6] Prägnanter heißt es an anderer Stelle: "Nicht das Bewußtsein bestimmt das Leben, sondern das Leben bestimmt das Bewußtsein."[7]

Der Strukturalist C. Lévi-Strauss bemerkt zu Karl Marx: "Geblieben ist mir jedoch der tiefe Eindruck, daß die Marxsche Methode für die Wissenschaften vom Menschen eine wesentliche Methode ist, in dem Sinne, daß Marx der erste war, der in äußerst klarer Weise erkannte, daß man die Ebene des Bewußtseins überwinden muß, wenn man die menschlichen Phänomene verstehen will - er ist sich darüber klar geworden, daß das Bewußtsein trügerisch ist, daß das grobe Bild, das wir von der gesellschaftlichen Realität haben, ein wenig den sekundären Eigenschaften Lockes oder Descartes' gleicht und daß es notwendig ist, das *Dahinterliegende* zu suchen."[8]

W. Dilthey hat sich mit dem Problem der Erfahrung systematisch und geistesgeschichtlich auseinandergesetzt. Er behauptet, daß seit der Antike bis zur Gegenwart die Wahrheitsfrage mit einem gleichen Muster legitimiert wurde, nämlich eine allgemeine Wahrheit beanspruchen zu können. Die Philosophie beruft sich seit Platon und Aristoteles darauf, daß ein Zusammenhang besteht zwischen Erkenntnis und dem Kosmos. "Die Rolle von der Objektivität betont also die Rede des ... unleugbar und unabweisbar mitspielenden *unabhängigen* Erfahrungsmomentes."[9]

Daraus ergibt sich als Fragestellung für ihn die Arbeitshypothese: "Es liegt in der Natur des Gegenstandes, daß die Einsichten, deren es zur Lösung dieser Aufgabe bedarf, in die Wahrheiten zurückreichen, welche der Erkenntnis sowohl der Natur als der geschichtlich gesellschaftlichen Welt zugrunde gelegt werden müssen. So gefaßt begegnet sich diese Aufgabe, die in den Bedürfnissen des praktischen Lebens gegründet ist, mit einem Problem, welches der Zustand der reinen Theorie stellt."[10]

W. Dilthey zufolge ist das Subjekt gekennzeichnet durch Reflexivität und hermeneutisches Wissen.

"Kants Kritik der reinen Vernunft soll durch eine Kritik der historischen Vernunft ergänzt werden. Das läuft sowohl auf eine Begründung der Erkenntnis des Historischen als auch auf eine Historisierung der Erkenntnis hinaus. Kants formalem Vernunftsbegriff, der den konkreten Menschen überspielt, und seinem auf die Naturwissenschaft eingeschränkten Erfahrungsbegriff setzt Dilthey einen neuen Erfahrungsbegriff entgegen: Erfahrung ist Erleben, zunächst der eigenen menschlichen Lebensrealität als Bewußtsein der eigenen menschlichen Existenz (Psychologie), dann des geschichtlichen sozialen Zusammenhangs dieser menschlichen Realität in der Interaktion (Geschichte) und schließlich der in allen Lebensäußerungen gegebenen Bedeutung und Bedeutsamkeiten der Menschenwelt (Hermeneutik)."[11]

W. Diltheys Phänomenologie ist als Reaktion auf den Objektivismus im naturwissenschaftlichen Denken zu begreifen. "Phänomenologie versucht, zu den Ursprüngen dieses Denkens zurückzufinden, das heißt, auf den Menschen zurückzugehen, insofern er Wissenschaft überhaupt hervorbringt. ...

Anstatt das Bewußtsein und das Erleben auszuklammern, muß die Phänomenologie gerade auf sie zurückgehen, weil sie der Boden aller unserer Evidenzen, die Quelle aller unserer Hervorbringungen, einschließlich der wissenschaftlichen Erfahrung, sei."12

"W. Dilthey hat gezeigt, daß die Psychologie eine Anthropologie voraussetzt, die das sich entwickelnde Individuum in seinem Lebenslauf betrachtet und deshalb eine biographische Perspektive hat. In dieser biographischen Perspektive bekommt die Autobiographie eine paradigmatische Bedeutung."13

W. Dilthey vermißt, daß sich die Geisteswissenschaften mit dem wirklichen Leben des Menschen und seinen Bedürfnissen beschäftigen. Diese Erkenntnis führt ihn zur Auseinandersetzung mit den geisteswissenschaftlichen Methoden und schließlich auch zur Auseinandersetzung mit dem Begriff "Erfahrung".

Aus dem Blickwinkel der Handlungstheorie erscheint 'Wirklichkeit' als Raum möglichen Handelns, das bedeutet für das Verständnis von 'Erfahrung': "Nicht die Erfahrung bestimmt das Handeln, sondern das Handeln konstituiert immer neue Erfahrung. Für den Handelnden kristallisiert sich deshalb aus der ihm phänomenal gegebenen Welt in Gestalt seiner Erfahrungen eine verläßliche Welt aus. ... Das Handeln bedarf nicht wahrer oder evidenter Erfahrung. Es vollzieht sich vielmehr unter der Voraussetzung einer als verläßlich betrachteten Erfahrung in einer bestimmten Situation."14

D. Baacke weist auf den Zusammenhang zwischen "den Bedürfnissen und Interessen individueller Selbstinterpretation und - Erfahrung (und dem) Erleben und Handeln" hin. "Festzuhalten bleibt jedoch, daß nur aus individuellen motivationalen Lagen Entscheidungen für Erleben und Handeln provoziert werden, die den Bedürfnissen und Interessen individueller Selbstinterpretation und -erfahrung entsprechen."15

Für die Analyse der Arbeiterautobiographien ist daraus die Folgerung zu ziehen: "Die Arbeiter können ihre Bedürfnisse nur artikulieren, nur aussprechen und nur deutlich machen, indem sie sich auf ihre konkreten Erfahrungen beziehen, und sie können nur Alternativen für ihre Bedürfnisse formulieren, die auch in diesen Erfahrungskreis fallen."16

J. P. Sartres philosophisches Werk ist als ein Versuch zu verstehen, das menschliche Bewußtsein und den damit zusammenhängenden Begriff 'Erfahrung' aufzuhellen. Das Bewußtsein ist nach ihm nicht passiv zu fassen, Intentionen bestimmen das Verhalten des Individuums zu sich selbst, zu den anderen und zur Welt. Sartre geht in seiner philosophischen Methode vom Subjekt aus. Neue Situationen werden geschaffen, indem sich der einzelne in Freiheit entscheidet. Sartre liefert hier die theoretische Begründung für die Veränderbarkeit des Menschen und die Idee, daß der Mensch der Herr seiner existentiellen Wahl ist.17

"Menschliche Existenz ist in jedem Augenblick ein 'Entwurf' im Zustande der Verwirklichung, frei vom Menschen selbst geplant und frei von ihm selbst ausgeführt, oder: die Existenz des Menschen ist nichts als sein eigener fundamentaler Entwurf. Diese Dynamik basiert auf dem Tatbestand, daß die wirkliche Situation des Menschen nie mit seinen Möglichkeiten zusammenfällt, daß sein Sein wesentlich 'Mangel' (manque) ist."[18]

Die Methode des reflexiven cogito spielt er in der Dichterbiographie Jean Genets durch, wobei einmal die existentielle Psychoanalyse, zum anderen der dialektische Materialismus Deutungen zur Verfügung stellen.

Die philosophische Methode J. P. Sartres könnte bei der Analyse von Autobiographien methodisch helfen. Den Ausgangspunkt der Reflexion bildet das Subjekt in seinem historischen Kontext in der Auseinandersetzung mit den Problemen seiner Epoche: "Wir sahen, daß der Mensch nach Sartre als ein Für-sich-Sein nicht einfach existiert, sondern nur insofern, als er sich selbst 'verwirklicht', wesentlich Akt, Handlung, Aktivität ist. ... Gegen diese Proklamation der absoluten Freiheit des Menschen erhebt sich unmittelbar der Einwand, daß der Mensch in Wirklichkeit durch seine spezifische gesellschaftlich-geschichtliche Situation bestimmt ist, die wiederum den Umfang und den Inhalt seiner Freiheit und den Spielraum seiner 'Wahl' bestimmt."[19]

7.3. Erfahrung und "Alltag"

Die Alltagswelt ist aus wissenssoziologischer Sicht der zentrale Raum, in dem der einzelne seine Erfahrungen macht. Der Erfahrung ist die Gesellschaft mit ihren Institutionalisierungen, Traditionen, Legitimierungen und Rollen als "objektive Wirklichkeit" vorgegeben.[20] Bei der Interpretation seiner Erfahrungen ist der einzelne auf Weltbilder angewiesen. Weltbilder sind Vorstellungskomplexe, die dem einzelnen Orientierung, Erlösung und Sinn anbieten. "Ich erfahre die Wirklichkeit der Alltagswelt als eine Wirklichkeitsordnung. Ihre Phänomene sind vor-arrangiert nach Mustern, die unabhängig davon zu sein scheinen, wie ich sie erfahre, und die sich gewissermaßen über meine Erfahrung von ihnen legen."[21]

Grenzerfahrungen und Krisensituationen können Durst nach elementarer Erfahrung hervorbringen, die Welt, sich selbst und die anderen zu verstehen.

Der Alltag ist der primäre Ort der Erfahrung. In diesem Zusammenhang kann man von der "Vor-Ordnung" des Objekts sprechen. So ist die Lebensgeschichte des Arbeiters über die alltägliche und direkte Erfahrung seiner materiellen und kulturellen Unterprivilegierung vermittelt.[22]

O. Negt schreibt: "Bevor noch der Arbeiter in die Situation kommt, die von ihm wahrgenommenen aktuellen Spannungen und Konflikte innerhalb seines Betriebes psychisch und geistig zu verarbeiten, haben sich in seiner Lebensgeschichte die Existenzbedingungen seiner Klasse sowie Entfremdung, Konflikte und Widersprüche der gesellschaftlichen Totalität bereits individuell reproduziert und meist auch zur 'zweiten Natur' verfestigt."[23]

Die Wirklichkeit des Menschen wird aus wissenssoziologischer Sicht eben durch den "Alltag" hervorgebracht und nicht etwa durch theoretische Überlegungen. "Mein Alltagswissen ist nach Relevanzen gegliedert. Einige ergeben sich durch unmittelbare praktische Zwecke, andere durch meine gesellschaftliche Situation."[24]

Die Wissenssoziologie reflektiert in ihrem Konzept der Alltagswelt deren Zeitstruktur. "Die nämliche Struktur der Zeit setzt auch die Geschichtlichkeit meiner Situation in der Alltagswelt. Ich bin an einem bestimmten Tage, einem *Datum* geboren, an einem anderen in die Schule gekommen, an wieder einem anderen in den Beruf eingetreten. *Meine* Daten haben jedoch ihren 'Ort' in einer umfassenderen Geschichtlichkeit, und ihr 'Ort' gibt meiner Situation Gesicht. ... Die Zeitstruktur der Alltagswelt mit ihren vorarrangierten Reihenfolgen legt sich nicht nur über die 'Tagesordnung' meiner Tage, sondern über meinen gesamten Lebenslauf."[25]

Zwischen Sprache und Alltagswelt besteht ein enger Zusammenhang. "Vor allem anderen ist die Alltagswelt Leben mit und mittels der Sprache, die ich mit den Mitmenschen gemein habe. Das Verständnis des Phänomens Sprache ist also entscheidend für das Verständnis der Wirklichkeit der Alltagswelt. ... Sprache ist der Speicher angehäufter Erfahrungen und Bedeutungen, die sie zur rechten Zeit aufbewahrt, um sie kommenden Generationen zu übermitteln."[26] P. Berger und Th. Luckmann führen weiter aus: "Die Sprache hat ihren Ursprung in der Alltagswelt und bezieht sich primär auf diese, und zwar vor allem auf jene Wirklichkeit, welche ich in vollwachem Zustand erlebe. Wir erinnern uns: Diese voll wach erlebte Wirklichkeit wird von pragmatischen Motiven bestimmt, jenem Bündel von Bedeutungen, das direkt zu gegenwärtigen oder zukünftigen Tätigkeiten gehört. Ich teile diese Wirklichkeit mit anderen und halte sie mit ihnen für gewiß. Obwohl Sprache auch für andere Wirklichkeiten zuständig ist ..., bleiben ihre Wurzeln immer in der Alltagswelt."[27]

E. Husserl ist der geistige Urheber des Konzeptes der Lebens- und Alltagswelt. Er zeigt in seiner philosophischen Phänomenologie, daß die Lebens- bzw. Alltagswelt, auch "beschränkte Umwelt" dem Subjekt als Erfahrungswelt vorgegeben ist und an der er als aktiv Handelnder teilnimmt. "Die objektive Welt, die für uns alle da ist, ist ... eine aus subjektiven Quellen der handelnden Subjekte sich immer neu mit objektiven Gehalten sich bereichernde, sich bereichernd durch immer neue Prädikate der Bedeutung. Sie ist eine immer neu werdende objektive Kulturwelt. ... Alles Kulturelle trägt ... in sich historische Züge, seine Sinncharaktere sind zugleich als historisch gekennzeichnete, in die jeweiligen umfassenden Zusammenhänge menschheitlichen Gemeinschaftslebens hinein verweisend. ... In der Einheit des historischen Lebens, in der Folge der durch Einheit der Tradition miteinander vergemeinschafteten Generationen erbt jede neue Generation die durch die Arbeit der früheren objektiv gewordene Kulturwelt und gestaltet sie nun selbst aus eigenem Können und Tun weiter fort."[28]

E. Husserls Ausgangspunkt bildet das isolierte Subjekt. Der Gesellschaftsaspekt wird von P. Berger und Th. Luckmann ("Die gesellschaftliche Konstruktion der Wirklichkeit") konzeptionell ausgearbeitet. E. Husserl geht es um die subjektive Aneignung und die Gestaltung der objektiven Welt durch das handelnde Subjekt. Aus dem bisher Gesagten ergibt sich, daß 'Alltagswelt' in ihrer Auslegung nur in der Dialektik zwischen objektiver und subjektiver Wirklichkeit gefaßt werden kann. Der Wissensvorrat ergibt sich aus überliefertem Wissen und eigenen Erfahrungen situationaler Problemlösungen. "Ich vertrete den Standpunkt, daß Husserls Einführung des Lebensweltbegriffes den phänomenologischen Ansatz aus der cartesianischen Enge einer ursprünglich reinen Bewußtseinsphänomenologie gelöst hat. ... Der spezifisch phänomenologische Beitrag zur Sozialtheorie der sozialen Beziehung geht letztlich auf die Husserlsche Einsicht zurück, daß der Andere ein lebensweltliches Primat für jede Sinnkonstituion hat."[29]

M. Jaworski macht darauf aufmerksam, daß bei E. Husserl "im Licht der Phänomenologie von einer religiösen Erfahrung nicht die Rede sein kann ... (da dieser; K. R.) eine transzendentale Reduktion als eine 'conditio sine qua non' annimmt".[30] Daß es gleichwohl eine religiöse Erfahrung aus phänomenologischer Sicht gibt, wird durch die Position M. Schelers, Edith Steins, der Assistentin E. Husserls, und E. Levinas' verdeutlicht.

Zunächst soll der Einfluß E. Husserls auf die Arbeiten von A. Schütz konstatiert werden: "Es braucht wohl kaum betont zu werden, daß Schütz' Denken tief in der Phänomenologie Husserls verwurzelt ist. Schon in seinem Erstlingswerk 'Der sinnhafte Aufbau der sozialen Welt' versucht er Max Webers Programm einer verstehenden Soziologie durch eine phänomenologische Analyse der Sinnkonstitution zu begründen. Das Lebenswerk von Schütz könnte zutreffend als ein Versuch der Ausführung des von Husserl aufgestellten Programms bezeichnet werden: '... daß doch diese Lebenswelt in allen Relativitäten ihre allgemeine Struktur hat. ...'"[31]

Auch für A. Schütz ist der "Alltag" **die** Dimension, die die Wirklichkeit des Menschen ausmacht. Diese Alltagswelt wird vorgefunden und zunächst fraglos akzeptiert und erlebt. "*Alltag* ist stets bereits 'vorgegeben', das heißt eine in sozialen Konstruktionen (Sprache, Wissen, Sozialstruktur) vorkonstituierte Welt, die spezifische Stile der Erlebniserfahrung des Alltags (insbesondere: Arbeit) bereits vorgibt. In diesem Sinne ist Intersubjektivität ein lebensweltliches Faktum des Alltags. *Alltägliches Leben* (z. B. Arbeiten) bezeichnet den gemeinsamen (intersubjektiven) Vollzug der Erlebniserfahrung von Handelnden (Liebenden, Arbeitenden), die aneinander sich orientierend in alltäglicher Typik den konstruktiven Übergang von einer irgendwie vorgefundenen Welt in ihre eigene Welt zu leisten haben."[32]

A. Schütz umschreibt mit "Reziprozität" und biographischer Erfahrung die unterschiedliche Ausgangslage der Subjekte.[33] "Lassen wir noch einmal Schütz zu Wort kommen. Er stellt bei der Reflexion über den 'Blickstrahl' die Frage, nach welchen Motiven eigentlich der menschliche Geist seine strukturierende Tätigkeit ausübt. Mit William James und Henri Bergson stimmt er darin überein, daß es das praktische Interesse ist. ... Neben diesem - durch die Möglichkeit, praktisch in ihm handeln zu können - ausgezeichneten Wirklichkeitsbereich gibt es jedoch noch andere Wirklichkeiten. ... Schütz spricht von Sinnregionen, denen ein entsprechender Grad von Bewußtseinsspannung zugeordnet ist."[34]

In seiner im Original 1947 erschienenen "Kritik des Alltagslebens" weist H. Lefèbvre auf die sozio-historischen Bedingungen der Alltagswelt hin.[35] Den Ausgangspunkt des Interesses bildet die Analyse der Alltagswelt, um von hier aus die Gesellschaft in ihrem historischen Wandel zu verstehen und zu kritisieren. Er schreibt: "Nach unserer Hypothese, die unser ganzes Programm anleitet, ist das Alltagsleben der Ort, in dem und ausgehend von dem die wirklichen Kreationen vollbracht werden, jene, die das Menschliche und im Verlauf ihrer Vermenschlichung die Menschen produzieren: die Taten und Werke. Die 'höheren' Tätigkeiten entstehen aus Keimen, die in der Alltagspraxis enthalten sind. In ihr formt sich die Vernunft, sobald die Gruppe oder das Individuum etwas vorhersehen, ihre Zeit organisieren, ihre Mittel benutzen können und müssen. In der Banalität der Tagesläufe lernt das Auge sehen, das Ohr hören, der Körper den Rhythmen zu folgen. ... Was in höheren Sphären der gesellschaftlichen Praxis entsteht oder errichtet wird, muß im Alltag seine Wahrheit beweisen, sei es die Kunst, die Philosophie oder die Politik. ... Die Welt des Menschen definiert sich nicht allein durch das Geschichtliche, durch die Kultur, durch die Totalität oder die Gesamtgesellschaft, durch den ideologischen und politischen Überbau. Sie definiert sich durch eben jene mittlere und vermittelnde Ebene: das Alltagsleben."[36]

In P. Bergers und Th. Luckmanns wissenssoziologischem Ansatz spielt auch die Alltagswelt eine bedeutende Rolle, um die Situation des Subjekts zu charakterisieren. Ihre Analyse zeigt, daß man keinen einheitlichen Sinn der Gesellschaftsmitglieder ausmachen kann, voneinander abweichende Lebenswelten und unterschiedliche Sinnangebote haben die Relativität der verschiedenen "Welten" zur Folge. Der Mensch wird zum Rollenspieler, der von der einen in die andere Lebenswelt überwechseln muß. Distanzierung als Verhaltensstil ist die Folge. Als allgemeine Konsequenz kann man eine 'Verdinglichung' feststellen, die dem einzelnen und der Gruppe die Teilhabe an der Mitgestaltung ihrer Alltagswelt problematisch erscheinen läßt.

"Die Alltagswelt breitet sich vor uns aus als Wirklichkeit, die von Menschen begriffen und gedeutet wird und ihnen subjektiv sinnhaft erscheint."[37]

Während bei Karl Marx die Gedanken von der menschlichen Tätigkeit abzuleiten sind, geht die Wissenssoziologie seit Scheler davon aus, "daß es Zusammenhänge geben müsse zwischen Gedanken und jener 'untergründigen' Wirklichkeit, die anders ist als diese Gedanken selbst."[38]

L. Hack fordert in seiner Beschreibung "Subjektivität im Alltagsleben" eine Anknüpfung an die Phänomenologie von A. Schütz, hält diese jedoch für "völlig unzureichend".[39] "Die Abkehr vom reinen Ich Husserls bleibt nach dem ersten - wichtigen - Schritt stecken. Intersubjektivität bleibt die *subjektive Fähigkeit zur Intersubjektivität*, die das immer noch einsame Ich in der Sozialisation des Alltagslebens erwirbt: als Fähigkeit zum Austausch der Standpunkte; als Fähigkeit, sein Relevanz-System mit dem des je anderen pragmatisch kompatibel zu machen; und als Teilhabe an dem Vorrat kulturell verfügbarer Typifizierungen, die insbesondere die Alltagssprache anbietet."[40]

L. Hack bezieht sich in seiner Beschreibung der "subjektiven Relevanzstrukturen" auf den Begriff "Situation" von A. Lorenzer. "Situation" bezeichne das der Inszenierung zugrundeliegende "Interaktionsmuster" als "Modell" der "Beziehungslage".[41] Weiter heißt es: "Die Methode der hermeneutisch verfahrenden Analyse subjektiver Relevanz-Strukturen sowie die zugehörige Methode der Ermittlung der 'Argumentations-Pragmatik' versuchen, derartige 'subjektive Strukturen' in ihrer subjektiven Relevanz zu bestimmen - wobei allerdings systematisch auf die Bedingungszusammenhänge der objektivierten Relevanz zurückgegriffen werden muß."[42]

"Verbindlichkeit" und "Kontinuität" kennzeichnen nach L. Hack den routinierten Alltag, aber auch dessen "Reichtum". "Es resultiert ein objektives - durch die verbindlichen Strukturen des Faktischen definiertes und als solches erkennbares - *Relevanz-Kriterium*. ... Wohl nirgends werden Verbindlichkeit und Kontinuität als in sich widersprüchliche Beziehung von Banalität und Tiefe des Alltäglichen so anschaulich (erfahrbar), wie im Bereich der Sozialisation: der in intersubjektivem Kontext sich vollziehende alltagsdramatischen Aneignung von Welt. In der Intensität frühkindlicher subjektiver Konstitutionsprozesse werden die vielen kleinen banalen Einzeltätigkeiten des Alltags *zugleich als* verbindliche Sozialerfahrung verarbeitet und begründen als solche auch eine korrespondierende Verbindlichkeit für die an der Sozialisation beteiligten erwachsenen 'Bezugspersonen': 'Banalität' und 'Tiefe menschlicher Beziehungen' sind hier geradezu zwei Seiten eines in sich identischen, nur analytisch trennbaren sozialen Prozesses."[43]

L. Hack faßt zusammen: "Die alltägliche Realitätswahrnehmung eines erwachsenen Menschen ist also abhängig (a) von der objektiv strukturierten sozialen Realität, in der er sich befindet; (b) von seiner biographisch erworbenen Fähigkeit zur Einsicht in die konkreten Lebensbedingungen, in denen er sich befindet, wozu auch Beurteilung und Strukturierung von Information gehören, in denen sich die weitere soziale Umwelt darstellt. Zwar hat sich der objektiv gegebene Zusammenhang zwischen sozialer Struktur und subjektiver Strukturierung erheblich gelockert (im Vergleich z.B. zur Situation eines achtjährigen Bauernkindes oder auch eines gleichaltrigen Arbeiterkindes in der Mitte des neunzehnten Jahrhunderts, deren frühzeitige Teilnahme an der Erwerbs-Tätigkeit der Eltern die Realitätswahrnehmung brutal und zwanghaft an ihre objektiven Lebensbedingungen bannt): dennoch ist dieser Zusammenhang auch heute noch keineswegs zufällig oder beliebig."[44]

Eine Gruppe Schüler von A. Lorenzer versucht in Anlehnung an ihren Lehrer methodologisch die Forschungsrichtungen zu verbinden, die die Alltagssituation des Individuums erhellen können. "Da in der Alltagssituation objektive und subjektive Strukturelemente unlösbar ineinandergreifen, ist eine Forschungsperspektive notwendig, die Aspekte der Kritischen Theorie, der Phänomenologie (Ethnomethodologie), der Psychoanalyse (Sozialisationstheorie) und der Sozialpsychologie kombiniert."[45]

Th. Leithäuser und B. Volmerg verdeutlichen ihren Ansatz in der Auseinandersetzung mit Horkheimers und Adornos Thesen zum "autoritären Charakter". Der Zentralpunkt ihrer Kritik an Adorno und Horkheimer lautet: "Der Gegenstand dieser Untersuchungen wird auf die subjektive Dimension eingeschränkt."[46]

Die Bezugsgröße "Alltagssituation" soll den Zusammenhang von Gesellschaft und Subjekt erfassen: "Die Vergesellschaftung und die Sozialisation des Bewußtseins erzeugen ein standardisiertes Bewußtsein: das Alltagsbewußtsein, dessen Thema-Horizont-Schema fest in dem Regelzusammenhang der sozialen Situation, ihrem Neben- und Nacheinander verankert ist. Daraus gewinnt die Alltagssituation als Bezugsgröße ihre gesellschaftliche Relevanz, denn sie organisiert sich nach der in ihr und durch sie konstituierten, durch implizite Regeln geleiteten Praxis der in ihr engagierten Individuen."[47]

7.3.1. Zusammenfassung

Der Terminus "Alltagswelt" grenzt sich gegen Konzepte ab, die Individuum und Gesellschaft als unabhängige Kategorien fassen. Alltagswelt wird als "locus" verstanden, in dem das Individuum sich erfährt als Interaktionspartner und als Bezugsgröße in sich wandelnden gesellschaftlichen Prozessen. "Die Kategorie der Alltagswelt weist darauf hin, daß Gesellschaft dem Individuum nicht unabhängig und als Quasi-Entität objektiviert entgegentritt. Die durch die Alltagswelt zugängliche Gesellschaft wird verstanden als dynamisches Prozeßfeld mit Verkettungen von Handlungen und Situationen, von interagierenden Individuen und Gruppen, die über Prozesse gesamtgesellschaftlicher Praxis vermittelt werden."[48] Auch Sozialisation wird als dynamisch-dramatisches Werden der Person verstanden.

"In der Alltäglichkeit - in der Konfrontation zwischen gesellschaftlicher und individueller Dimension im eigenen Innern, im Durchgang durch die Prüfungen, die Probleme und die mehr oder weniger gelösten Widersprüche - wird das 'menschliche Wesen' zur 'Person'. Was aber bedeutet das? Es bedeutet, so meinen wir, eine Häufung von Möglichkeiten, schrittweise zusammengeballt durch einzelne Entscheidungen - einzelne Akte - bis hin zur Erschöpfung, und zum Ende: zur Vollendung im Tod. Es bedeutet ein Drama - das Drama des Personwerdens in der Gesellschaft, das Drama der Individualisierung - ohne jeden geruhsamen Handlungsablauf, der sich zu einer vorhersehbaren Auflösung hinbewegt."[49]

Alltag bedeutet, daß die subjektiven Konstitutionsprozesse mit den objektiven korrelieren. Nur durch die Analyse der sozialen Realität kann das Individuum angemessen verstanden werden.

L. Hack schreibt in der Vorbemerkung zu seiner Monographie "Subjektivität im Alltagsleben": "Die Absicht dieser Arbeit läßt sich folgendermaßen zusammenfassen: die z.T. grundlegenden sozio-ökonomischen Strukturveränderungen des Spätkapitalismus manifestieren sich nicht zuletzt in einer *realen Funktionsveränderung der subjektiven Konstitutionsprozesse der sozialen Realität*, die allerdings konsequent im Kontext der objektivierten Konstitutionsprozesse begriffen werden muß, wenn der Rückfall in Subjektivismus vermieden werden soll."[50]

"Alltag" meint auch eine Größe, der eine qualifizierende Bedeutung zukommt. So kritisiert Lefèbvre an der Alltäglichkeit, daß der Stil in der Kunst entartet sei. "Der Aufstieg der Massen ..., die Demokratie ... begleiten das Ende der großen Stile, der Symbole und der Mythen, der kollektiven Werke: Denkmäler und Feste".[51]

I. M. Greverus schreibt zu diesem Zusammenhang: "Die Transformation der Alltäglichkeit meint also nicht Aufhebung der Alltagswelt, sondern Rückgewinnung der Alltagswelt als 'Lebenswelt', in der die Handlungen des Menschen nicht mehr unverbunden nebeneinanderstehen, nicht ferne und konträre Institutionen Werte feilbieten und diktieren, sondern Handlungen und Orientierungen wieder auf einen für den Menschen verstehbaren und mitgestaltbaren Sinn bezogen sind."[52]

L. Hack bemerkt kritisch zu den Thesen von H. Lefèbvre und hat dabei insgesamt die Konzeptionen im Auge, die dem Alltag eine zentrale Bedeutung beimessen: "Natürlich können die 'partiellen Praktiken' des Alltags nicht Wahrheits-Kriterium der Theorie sein. Die *Dimension der Trivialität und Banalität des Alltagslebens*, die Lefèbvre durchgängig betont; die aus der *Knappheit* resultierende und diese zugleich erweiternde *'Misère' des alltäglichen Lebens*; vor allem die das Alltägliche kennzeichnende *Partialisierung* der einzelnen Tätigkeitsvollzüge: All das verbietet ... selbstverständlich und unbedingt, den Alltag 'als solchen' zum Kriterium der Wahrheit von Theorie zu stilisieren."[53]

7.4. Erfahrung und Bewußtsein aus der Sicht der Soziologie

Die Industriesoziologische Untersuchung von Popitz, Bahrdt u. a. von 1957 konstatiert ein "dichotomisches Gesellschaftsbild" bei Arbeitern, ein "Oben" und "Unten", "starr, unabweisbar, unabwendbar". "Wir, die Arbeiter, gehören zum unteren Teil und können ihm nicht entrinnen. *Denn die anderen sind stärker.*"[54]

Diese Untersuchung hat gezeigt, daß trotz erheblicher Unterschiede in der Gesellschaftsauffassung der Arbeiter (die sie in fünf Gruppen analog ihrem Bild von Gesellschaft einteilen) Einigkeit aller in einem Punkt vorhanden ist: daß sie zu denen "da unten" gehören.

Das "dichotomische Gesellschaftsbild" der Arbeiter hat die Frage aufgeworfen, wie das Bewußtsein bei Arbeitern zu beschreiben ist.

Die Untersuchungsergebnisse von Popitz/Bahrdt zeigen, daß alle Arbeiter eine dichotomische Sicht der Gesellschaft haben, aber fünf unterschiedliche Gesellschaftsbilder bei ihnen anzutreffen sind. Das deutet darauf hin, daß zwischen individueller und kollektiver Anschauung ein Unterschied bestehen muß. Popitz/Bahrdt führen, um diesen Sachverhalt zu beschreiben, den Begriff "Topos" ein. Er steht für die Interpretation von gesellschaftlichen Zusammenhängen, die das Individuum vom Kollektiv übernommen hat. "Wenn man die Einzelaussagen der Arbeiter als Ausfluß eines gemeinsamen Bestandes, also der sozialen Topik der Arbeiterschaft in dem dargelegten Sinne versteht, wird nicht nur ihre, oft bis in den Wortlaut hineinreichende Gleichförmigkeit, sondern auch und vor allem ihre weitgehende Unabhängigkeit von den Sozialdaten verständlich. Die einzelnen Aussagen sind - als Rückgriff auf einen allgemeinen Bestand und insofern als Teil der den Arbeitern gemeinsamen Topik - in der Tat unabhängig von den *persönlichen Erfahrungen* dessen, der die Aussage macht."[55]

"Deutungsmuster" werden begrifflich folgendermaßen gefaßt: "Diese Deutungsmuster, die als Produkte von geschichtlichen Prozessen kollektiv verfügbar sind, haben teilweise allgemeine Geltung; sie sind gleichsam Bestandteile des herrschenden Bewußtseins. Teilweise sind sie beschränkt auf den Kommunikationskreis bestimmter sozialer Gruppen oder gebunden an spezifisch strukturierte soziale Situationen. Bedingt durch ihre relative Autonomie haben kollektive Deutungsmuster eine beträchtliche Stabilität. Sie werden von den Individuen, gebrochen und konkretisiert durch vielfältige biographische Erfahrungen, ins eigene Bewußtsein hereingeholt und bilden die Grundlage für die soziale Identität des einzelnen."[56]

Die Deutungsmuster sind für das Individuum notwendig, weil es alltägliche Erfahrungen verstehen, einordnen und eigene Bedürfnisse und Interessen mit den Erwartungen an es als Rollenträger abstimmen und sich adäquat verhalten muß. Dabei können schon einmal gemachte Erfahrungen als Vergleich herangezogen werden. Erfahrungen, die das Individuum irgendwann einmal gemacht hat, sind in der Regel Erfahrungen, die bereits durch die subjektive Wahrnehmung, durch Denken und Fühlen "gebrochen" sind.

W. Schneider spricht in diesem Zusammenhang von "Deutungsakten". Erfahrungen und deren Verarbeitung haben zum Ziel, einen subjektiven Sinn herzustellen, dies kann man als "subjektive Deutungsakte" (W. Schneider) bezeichnen.

"Deutungsakte enthalten Deutungen sozialer Sachverhalte, sie verorten diese in größeren Kontexten, sie begründen (rechfertigen) einen bestimmten sozialen Zusammenhang, sie sind erfahrungs- und erlebnisbezogen und verweisen auf subjektiv bedeutsame Alltagstheorien."[57]

Die Streiks Ende der sechziger Jahre haben gezeigt, daß das Bild der Industriesoziologen vom passiven beziehungsweise integrierten Arbeiter so nicht auf alle Fälle anwendbar ist. Das Arbeiterbewußtsein ist keine konstante Größe. Ökonomische Einflüsse, wie Krisenentwicklungen, haben zwar keine grundlegenden Veränderungen des Arbeiterbewußtseins zur Folge gehabt, zeigen aber, daß ein "dichotomisches Gesellschaftsbild" bei Arbeitern nicht statisch ist.

Die gewerkschaftliche Bildungsarbeit hat in diesem Zusammenhang eine bedeutende Funktion bekommen. Zwei Ansätze stehen zur Diskussion, der "Leitfadenansatz" (z.B. "Gewerkschaften und Mitbestimmung" und Jugendbildungsarbeit des DGB und der IG Metall) und der "Erfahrungsansatz" von O. Negt ("Soziologische Phantasie und exemplarisches Lernen"). Die gewerkschaftliche Begründung des Leitfadenansatzes meint, eine einheitliche gewerkschaftliche Arbeit brauche die Einheitlichkeit des Bildungswesens.[58]

O. Negt will mit seinen Überlegungen und Thesen der Bildungsarbeit der Gewerkschaften neue Anstöße geben. Durch exemplarische "Fälle" soll dem Arbeiter die Dialektik von Individuum und Gesellschaft deutlich gemacht werden, so daß seine eigenen Interessen und Bedürfnisse im gesellschaftlichen Zusammenhang deutlich werden. O. Negt schreibt: "... es darf nicht übersehen werden, daß die über bloße Reflexreaktionen auf situationsgebundene Verschlechterungen der Lebenslage hinausgehenden Interpretationen objektiver Konflikte Verarbeitungsprodukte innerhalb einer permanenten, mehr oder minder bewußten und aktiven Auseinandersetzung des Arbeiters mit seinen *Daseinsbedingungen als Arbeiter* ist. Jeder einzelne Konflikt wird im Medium einer vorgegebenen Grundausstattung der Wahrnehmung, der Sprache, des Denkens und schichtspezifischer Persönlichkeitsstrukturen interpretiert, seinem verständlichen Sinn nach verbalisiert und im Zusammenhang der bisherigen Erfahrungen des Arbeiters ausgelegt."[59]

O. Negt hat unter dem Stichwort des "exemplarischen Lernens", das Gelenkstelle des Bildungsansatzes ist, "Befreiungsschritte" beschrieben: "Die nicht symptomzentrierte Vergesellschaftung organisiert die Individuen zu überindividueller Subjektivität und macht sie damit fähig zur Bewältigung sozialer Aufgaben. Sie mobilisiert den Leidensdruck der persönlichen Irritation und eröffnet so der individuell/überindividuellen Subjektivität den Weg zu einer kreativen Debatte und einer kreativen Neugestaltung des Verhältnisses von Individuum und gesellschaftlichem Zustand."[60]

Zusammenfassend läßt sich sagen: Die Unterscheidung von Deutungsmuster und Topos weist auf relevante Differenzierungen zwischen Erfahrung und Bewußtsein hin. Topos meint also die Deutung der Erfahrung durch die Gruppe und beinhaltet daher mehr den kollektiven Aspekt. Demgegenüber verweist der Begriff Deutungsmuster auf den subjektiven Aspekt bei Deutungen.

Deutungsmuster sind deshalb von großer Bedeutung, weil durch sie die komplexen gesellschaftlichen Zusammenhänge deutend vom Subjekt erfaßt werden. Deutungsmuster weisen darauf hin, daß gesellschaftliche Realität sich in Alltagssituationen spiegelt und gedeutet wird. Deutung enthält also sowohl allgemeine als auch subjektive Momente. Außerdem läßt sich sagen, daß Deutungsmuster im Kontext biographischer Erfahrungen verstanden werden müssen, in der Weise:
- daß jedes Individuum seine soziale Situation deuten muß;
- daß jedes Individuum eigene Bedürfnisse und Interessen hat;
- daß jedes Individuum Handlungen planen muß.

Der "subjektive Faktor" zeigt sich im Moment des Verarbeitens von Situationen im lebensgeschichtlichen Zusammenhang. Deutungsmuster sind auf die persönliche und soziale Identität bezogen. Indem der einzelne einmal gemachte Erfahrungen deutend wieder aufnimmt, knüpft er an Erfahrungen an, die entweder positiv oder negativ für ihn gewesen sind, das heißt, seine Identität stabilisiert beziehungsweise destabilisiert haben. Das Streben nach subjektiver Konsistenz als Hauptfaktor der Identität weist auf die Bedeutung der Tradition für die Rekonstruktion der Lebensgeschichte hin. Das heißt: einmal gewonnene Einstellungen, die sich bewährt haben, werden nicht so schnell wieder aufgegeben.

Die in den Topoi und Deutungsmustern enthaltenen psychologischen, soziologischen, ökonomischen und politischen Inhalte haben für die wissenschaftliche Interpretation große Bedeutung, weil hier das Welt- und Gesellschaftsbild des Individuums zum Ausdruck kommt, das das Resultat der gemachten Erfahrungen und Befürchtungen des Individuums ist. "So ist das Neue am Deutungsmusterbegriff nicht neu im Sinne eines neu entdeckten Sterns. Neu ist lediglich, daß das subjektive Moment im Theoriezusammenhang einen anderen Akzent erhält, wodurch allerdings der Theoriezusammenhang insgesamt verändert wird."[61]

Die Deutung gesellschaftlicher Zusammenhänge durch das Individuum bezieht kollektive Deutungen der sozialen Gruppe oder Schicht, zu der es gehört, mit ein. Die Analyse des Alltags und der Lebenswelt verschiedener Gruppen bzw. Schichten gehört in diesen Zusammenhang. O. Negt bemerkt: "... gleichwohl kommt die Struktur ihrer Sprache dem Gebrauch von Stereotypenmodellen in besonderem Maße entgegen. Diese erfüllen dabei eine doppelte Funktion: eine psychologische und eine kognitive. Zum einen schaffen diese Stereotypenmodelle individuelle Bestätigungsmöglichkeiten; zum anderen tragen sie zu einer sozialgeschichtlich bedingten Gruppensolidarität, die im Bewußtsein der kollektiven Leistung und des gemeinsamen Schicksals zum Ausdruck kommt, und zur Erschließung der Wirklichkeit durch eine ordnende Selektion der Wahrnehmung und Information bei."[62]

Die Übernahme kollektiver Deutungsmuster durch das Individuum bedeutet ein Akzeptieren von in der Tradition beheimateten Lebensanschauungen. "Der Mangel an individueller sprachlicher Differenzierung und die Bindung von Gefühlen, Hoffnungen und Erwartungen an soziale Symbole, die Ausdruck des geschichtlichen Kampfes der Arbeiterbewegung sind, haben eine Art *sprachbedingten Konservativismus* der Arbeiter zur Folge."[63]

Die Topoi machen eine sozialpsychologische Tendenz deutlich, Isolation durch Solidarität zu kompensieren und sich selbst in die Gruppe und Schicht durch den gleichen Gebrauch von Symbolen und Sprachformeln zu integrieren.

Bei der Deutung von sozialer Realität und Erfahrungen wird der lebensgeschichtliche Aspekt "Zukunft" mit eingearbeitet, wenn Lösungen beziehungsweise Strategien ein Handeln oder Verhalten absichern sollen. So können Lebenspläne, auf die sich Wünsche, Erwartungen oder Utopien richten, Handeln motivieren. Der Aspekt 'Zukunft' im lebensgeschichtlichen Zusammenhang kann auch Erwartungen beinhalten, die die Gesellschaft an mich stellt, zum Beispiel einmal einen Beruf ausüben. "Die bereits in der Arbeiterfamilie erworbenen skeptischen Argumente gegen den praktischen Wert der Bildung, die in der bürgerlichen Ideologie im allgemeinen mit Erfolg und Aufstieg gekoppelt ist, können durch die Erfahrungen des Arbeiterschicksals, dessen Unabänderlichkeit meist zwischen dem 25. und 35. Lebensjahr, in streng hierarchisch gegliederten Betrieben auch früher, eingestanden wird ..., nur mehr ihre absolute Gewißheit erlangen."[64]

7.5. Der Zusammenhang von Erfahrung, Bewußtsein und Arbeiterautobiographie

Der Deutungsmusterbegriff aus soziologischer Sicht vernachlässigt den psychologischen Aspekt der subjektiven Deutung. Die subjektive Deutung kann motivational aber auch zum Beispiel aus einer psychisch als leidvoll erfahrenen Situation erfolgen, wie Vereinzelung, Abbau der physischen Kräfte durch Fabrikarbeit.

Th. W. Adorno hat auf den psychoanalytischen Zusammenhang bei der Verarbeitung der Realität durch den Arbeiter hingewiesen: "... je nachdem, ob sie an der Realität oder an ihrem psychodynamischen Stellenwert gemessen wird; ja solcher Doppelcharakter ist den Rationalisierungen wesentlich, weil das Unbewußte die Linie des geringsten Widerstands verfolgt, also sich anlehnt an das, was ihm die Realität vorgibt. ... Immer wieder ... werden die Abwehrmechanismen des einzelnen Verstärkung suchen, bei den bereits etablierten und vielfach bekräftigten der Gesellschaft."[65] Und O. Negt konstatiert, daß an "der Konfliktbewältigung des Arbeiters gezeigt wurde, daß nämlich die der Gesamtsituation des Arbeiters entspringenden grundlegenden Konflikte von den individuellen Verarbeitungsprodukten dieser Konflikte nach den Normen und Regeln der bestehenden Klassengesellschaft verdeckt werden ..."[66]

E. Dittrich und J. Dittrich-Jacobi schreiben: "Proletarische Lebensläufe thematisieren in literarischer Gestalt einen Sozialisationstypus, der sich von jenem bürgerlicher Autobiographien stark unterscheidet. Hier geht es nicht mehr vorwiegend um einen Individuationsprozeß von Personen, sondern um kollektive Lebensverhältnisse und ihren Niederschlag in den Lebenswegen von Angehörigen des Kollektivs."[67]

Auch H. P. Bahrdt sagt ähnliches: "Die Voraussetzung für die relativ große Verbreitung der Ideen der Arbeiterbewegung in der Vergangenheit war gerade nicht die selbstverständliche Einbettung des individuellen Bewußtseins in eine allgemeine Kollektiv-Erfahrung, die auf einer einheitlichen proletarischen Lebenslage beruhte. Entscheidend war vielmehr, daß viele Arbeiter durch ihre individualisierte Biographie dazu gezwungen waren, sich sehr bewußt eine Orientierung zu suchen und Erklärungsangebote für ihr persönliches Schicksal benötigten, welche über den unmittelbaren Alltagserfahrungskreis hinausgingen."[68]

H. P. Bahrdt führt weiter aus: "Jedoch wird die Teilhabe an einem kollektiven Schicksal für das Bewußtsein durch ein vergegenwärtigtes persönliches Schicksal vermittelt, wie umgekehrt das Kollektiv-Schicksal die Stationen des persönlichen Lebens erklären hilft."[69]

Das Bewußtsein des Arbeiters bildet sich prozeßhaft aus analog zur eigenen Lebensgeschichte in ständiger Auseinandersetzung mit den materiellen Lebensbedingungen und den sich daraus ergebenden Widersprüchen.

Die historischen Veränderungen durch die Industrialisierung im 19. Jahrhundert bilden die Voraussetzung, so daß sich bei der neu entstehenden Schicht ein Bewußtsein von Deklassierung herausbilden konnte. Die gesellschaftlichen Veränderungen bringen neue Lebensformen hervor, wie zum Beispiel die Fabrik als Ort der sozialen Erfahrung, die Organisation der Fabrikarbeit, die Kleinfamilie als Reproduktionsbereich und damit verbundene Empfindungen der eigenen psychischen und sozialen Not. Diese Erfahrung führt zum Bewußtsein sozialer Rechtlosigkeit und zur Erkenntnis, nicht nur als einzelner betroffen zu sein, sondern diese gemeinsame Notlage mit anderen Menschen teilen zu müssen.

Die Herausbildung eines neuen Bewußtseins erfolgt jedoch nicht spontan, sondern ist als ein Prozeß zu verstehen. Die Arbeiterautobiographien aus dieser Zeit zeigen, daß beim einzelnen Lernprozesse auf mehreren Ebenen erfolgten. So zeigen die Autobiographien, daß bei der Bildung des Arbeiters auch die Presse, Bücher, Broschüren, Arbeiterbildungsvereine und die Partei einen bedeutenden Anteil haben. Die Bedeutung der Presse, Bücher und Broschüren bei der Herausbildung dieses neuen Bewußtseins ist bei den Arbeiterautobiographen deutlicher erfaßbar als die unterschiedliche Einflußnahme durch die Arbeiterbildungsvereine. Denn die Arbeiterbildungsvereine ermöglichten dem einzelnen, kollektiv zu lernen und halfen, das "Wir-Gefühl" und die Solidarität zu stärken.

Allgemein läßt sich sagen, daß die Zeit vor dem ersten Weltkrieg dadurch gekennzeichnet ist, daß Bildung innerhalb der Arbeiterbewegung primär "Klassenkampfbildung" war. Das Bewußtsein der Arbeiterbewegung in dieser Zeit war klassen- und zukunftsorientiert. Dieses Bewußtsein der Veränderbarkeit und der offenen Zukunft wird in der Motivation nach Bildung bei den Arbeitern deutlich.[70]

Aus der Diskussion über Deutungsmuster und Topoi ergab sich, daß die Schicht der Arbeiter sich nicht als ein Ganzes darstellt. Diese Beobachtung gilt auch für die Arbeiterautobiographien als Form der Selbstdarstellung. Eine der ersten Autobiographien, die von Carl Fischer, bewegt sich zwischen dem Wunsch nach Veränderung und dem Verhaftet-sein in obrigkeitlichem Denken und trägt zudem starke Züge handwerklichen Denkens. Die Autobiographie von Gustav Hänfling dagegen zeigt den Willen, sich als Porzellanmaler in die bürgerliche Gesellschaft integrieren zu wollen. Die Beschreibung der Lebensgeschichte durch Adelheid Popp bringt dagegen das bewußte Werden, Wirken und Denken einer Sozialdemokratin zur Darstellung. In dieser Arbeit geht es aber primär um den Typ von Autobiographen, die sich der Arbeiterbewegung selbst zuordnen oder sich zuordnen lassen.

Die Arbeiterautobiographie kann gelesen werden als Niederschlag, Deutung und Bewältigung von Erfahrung in Szenen und in ihrer Gesamtheit als Lebensentwurf. Erfahrung, Sprache und Identitätsbildung gehören zusammen. Schreiben kann als Bearbeitung von Erfahrung verstanden werden und ist für die Identitätsbildung unerläßlich. Kritisch merkt A. Lorenzer dazu an: "Versprachlichung signalisiert grundsätzlich (und das heißt: in allen Kulturen) ein *zwiespältiges* Verhältnis zur Freiheit der Subjekte (ihrer Freiheit gegenüber subjektvernichtenden objektiven Verhältnissen). Versprachlichung ist nicht nur Freiheitsgewinn (in der Verfügung über die einsozialisierte Lebensführung), sondern auch Beschränkung: Einpassung in ein bestimmtes Bewußtsein."[71]

Die Arbeiterautobiographien artikulieren auch menschliche Bedürfnisse im Widerstand gegen Formen der Entfremdung und den Verlust von Subjektivität. "Neue Erfahrungen bedürfen stets eines kollektiven Organisationsprozesses *und* einer damit möglichen subjektiven Symbolbildung ..., bis hin zu 'Bewußtseinsänderungen' durch Auflösung alter, 'versteinerter' Symbolkomplexe (mit obsoleten Bedeutungen) und der Bildung neuer Sprachfiguren für 'neue' Erfahrungen."[72]

Aus den lebensgeschichtlichen Erfahrungen heraus und den täglichen Auseinandersetzungen mit Fremdbestimmungen entwickelt der Arbeiter bestimmte Verarbeitungsweisen, die ihm das Überleben sichern. Die Analyse der autobiographischen Reflexivität zeigt die Verarbeitungsweisen des Autors. "Zweifellos gibt es also so etwas, wie soziokulturelle Standardisierungen und Typifikationen von 'Biographie', was bedeutet, daß auch die Biographie nicht als 'unabhängige Variable' begriffen werden kann. Aber die Tatsache der biographisch organisierten Verarbeitung sozialer Erfahrungszusammenhänge verschärft als solche die Bedeutung der *subjektiven Strukturierungsprozesse,* da sie die synthetisierende Funktion des Ich auf die Perspektive der immer wieder herzustellenden Einheit der individuellen Identität verlängert."[73]

Die Arbeiterautobiographie ist, so läßt es sich sagen, aus der Perspektive einer 'gelungenen' Sozialisation verfaßt. Der erwachsene Arbeiterautobiograph beschreibt die Krise seiner Identität im Jugendalter, deren Überwindung und das Hineinwachsen in seine Schicht im Kontext einer politischen Sozialisation. E. Dittrich und J. Dittrich-Jacobi bemerken, daß bei der Interpretation der proletarischen Autobiographie sich diese nicht nur auf die Kindheit und Jugend beschränken darf. Die politische Sozialisation wird als solche nicht wahrgenommen oder nur unzureichend beschrieben.[74]

"Lebensgeschichte" wird auch als Entwicklung mit einem "qualitativen Wachstum" begriffen: ein neues Bewußtsein als Arbeiter, seine Ideale, politischen Ziele und kulturellen Ausdrucks- und Gesellungsformen kommen zur Darstellung.

Die Arbeiterautobiographien sind auch geprägt von einer Dialektik des Leids in einer konkreten Situation und der Antizipation, der Aufhebung dieses Leids in einer zukünftigen Gesellschaft.

"Eine Biographie ließe sich als Projekt der Verarbeitung normativer Widersprüchlichkeit begreifen, ohne daß diese Widersprüchlichkeit aufzuheben wäre."[75]

Die Arbeiterautobiographen setzen ihre persönliche mit der gesellschaftlichen Entwicklung in Beziehung. Obgleich sie die Auswirkungen der Industrialisierung eher negativ für sich fassen, begreifen sie ihre eigene Entwicklung als positiv, als Wachstum und Gewinn.

Die Autobiographie von William Bromme zeigt exemplarisch, wie ein Entwicklungs- und Lernprozeß verläuft. Einmal sind es die in der holzverarbeitenden Industrie gemachten Erfahrungen. Zum anderen studiert er Zeitungen und Broschüren und nimmt am Wahlkampf teil. "Das Produkt dieses persönlichkeitsbildenden Prozesses - in Gestalt von Fähigkeiten, Erfahrungen und Handlungen - wirkt direkt auf die allgemeine Bewegung zurück. Diesen Wechselprozeß vermittelt Bromme in seiner Selbstdarstellung, indem er die eigenen Lern- und Bewußtseinsprozesse in den Kontext seiner Bezugspersonen und der konkreten gesellschaftlichen Verhältnisse stellt."[76]

Lernen erscheint hier als Bearbeitung direkter Erfahrungen und Thematisierung des eigenen Selbstverständnisses. "Die Kategorien von 'Erfahrung' und 'Lernen' gewinnen deshalb für den sich erinnernden Arbeiterautobiographen (und seine Leser) eine ganz andere Qualität. Auch er lernt, wie der Bürger, aus Büchern, von Mentoren, über vielfältige Vermittlungsinstanzen, aber mehr noch über die alltägliche und direkte Erfahrung seiner materiellen und kulturellen Unterprivilegierung, aus der Praxis der Klassenauseinandersetzungen."[77]

Die Arbeiterautobiographien zeigen die Relevanz der Reflexion für die eigene Lebensgeschichte. "Wie aber die Menschen ihre individuelle Lebensgeschichte von Kindheit an vollziehen, so entwickelt sich auch die Dialektik zwischen Bewußtseinsentwicklung und Lebens-Bedingungen individualgeschichtlich. Für das Bewußtsein der Menschen im allgemeinen und das der einzelnen Arbeiter im besonderen bedeutet das, daß seine Entwicklung sich vollzieht als permanente, lebensgeschichtliche Auseinandersetzung mit den realen Widersprüchen der ihm gegenüberstehenden Umwelt."[78]

Das Bewußtsein des Arbeiterautobiographen, das reflektierend auf die Lebensgeschichte Rückschau hält, ist nicht zu trennen, wie wir es beschrieben haben, von der gemeinsamen Lerngeschichte mit anderen Arbeitern.

W. Dittrich und J. Dittrich-Jacobi behaupten, daß die Arbeiterautobiographien ein "Teil jener kulturellen Objektvitationen (sind), die die Arbeiterklasse hervorgebracht hat", und daß sie allgemeine Bestrebungen dieser Gruppe zeigen, zum Beispiel das "Streben nach Kollektivität", das "Wirken der großen gesellschaftlichen Erscheinungen", die "Vorstellung der Veränderbarkeit der Welt", die "eigene Entwicklungsfähigkeit".[79]

W. Emmerich schreibt, welche Intention ihn bei der Herausgabe seiner beiden Bände "Proletarische Lebensläufe" geleitet hat: "Das Erkenntnisziel ist, die Entstehung des Proletariats als Klasse, die Entfaltung der sozialistischen Arbeiterbewegung und die Herausbildung von Ansätzen einer zweiten Kultur demokratischer und sozialistischer Elemente als einen *zusammenhängenden historischen Prozeß*, der zentral als *Lernprozeß* zu verstehen ist, sichtbar zu machen."[80]

Auf dem hier skizzierten Hintergrund bestimmt er die Selbstdarstellung des Arbeiters: "Sein Lebenslauf ist von vornherein nicht nur sein eigener, individueller, sondern der seiner ganzen sozialen Klasse. Von daher (und nicht aus irgendeiner literaturwissenschaftlichen Begrifflichkeit) bestimmt sich der Charakter und die zumindest potentielle gesellschaftliche Funktion der proletarischen Selbstdarstellung: nämlich *Exempel* zu sein für das Leben der Arbeiterklasse insgesamt, *stellvertretend* für sie zu sprechen."[81] Er führt weiter aus: "Arbeiterautobiographien ... enthalten solches 'wirkliches Wissen' über die Arbeiterklasse, anstatt 'Spekulationen' und 'Phrasen'. Sie spiegeln in erstaunlich umfassender Weise die Totalität proletarischer Lebenserfahrung und Lebensäußerung wider, den 'praktischen Entwicklungsprozeß' der Menschen, die durch ihre ökonomische Lage die Klasse der Lohnarbeiter konstituieren. Insbesondere der enge Zusammenhang zwischen 'Produktionsweise' und 'Lebensweise' wird dabei sichtbar."[82] So wie die literarischen Äußerungsformen des Bürgertums in der Neuzeit, wie wir es beschrieben haben, in einem gesellschaftlichen Wandel stehen und den Individualismus zur Folge haben, so lassen sich für die Arbeiterexistenz auch ähnliche Zusammenhänge ausmachen. Bei genauerem Hinsehen wird der Unterschied beider Äußerungsformen jedoch deutlich.

Die Arbeiterin Adelheid Popp äußert sich so: "Ich schrieb die Jugendgeschichte nicht, weil ich sie als etwas individuell Bedeutsames einschätzte, im Gegenteil, weil ich in meinem Schicksal das von hunderttausenden Frauen und Mädchen des Proletariats erkannte, weil ich in dem, was mich umgab, was mich in schwere Lagen brachte, große gesellschaftliche Erscheinungen wirken sah."[83]

Die didaktische Funktion der Arbeiterautobiographie, stellvertretend für andere Arbeiter schreiben zu wollen, deutet darauf hin, daß der Arbeiter nicht nur von einem subjektiven Standpunkt aus schreibt, sondern sich seiner sozialen Schicht zugehörig weiß:"... wenn persönliche Erfahrungen aus einer Lebenswirklichkeit, die viele Arbeiter kennen und teilen, vermittelt werden, so liegt das 'didaktische Prinzip' der proletarischen Selbstdarstellung im Kenntlichmachen der besonderen (Ein-)Sicht in diese allgemeinen Verhältnisse. Der intendierte Aufklärungs- und Lerneffekt einer Arbeiterlebensgeschichte hängt insofern von der verallgemeinernden Abbildung durch den schreibenden Arbeiter ab, einer Erzählperspektive und einem Erzählstandpunkt, welche als literarische Merkmale auf einen sozialen Standpunkt und die soziale Perspektive verweisen."[84]

Die Berührung der Arbeiterautobiographie mit der bürgerlichen Autobiographie ist in der Entdeckung des eigenen Ichs zu sehen. Doch die Ausgangslage, wie das Subjekt sich selbst erfährt, ist von grundsätzlich anderer Art. Die Arbeiterautobiographie als literarische Selbstdarstellungsform der Arbeiterbewegung kann als Widerstand eben dieser Bewegung gegen bestimmte Formen der Entfremdung verstanden werden, die die Industrialisierung mit sich gebracht hat. Die in dieser neuen Bewegung sich bildende Kollektivität versuchte, "Kopf und Herz" miteinander zu verbinden. Arbeiterbildung fördert die Lerngeschichte und stellt affektive Symbole bereit. Die sich neu herausbildende Subjektivität ist an diesen Lern- und Bedeutungsprozeß gebunden.

"Wenn aber die proletarische Selbstdarstellung sich gerade auch dadurch von der bürgerlichen Autobiographie unterscheidet, daß ihr Subjekt, der einzelne Arbeiter, einen ganz bestimmten Reife- und Bewußtseinsgrad der Klasse als organisierter Kraft zur Voraussetzung hat, um sich auf der Basis dieses allgemeinen Niveaus als Persönlichkeit zu entfalten, und wenn die besonderen, persönlichkeitsspezifischen Fähigkeiten - individuell und organisiert angeeignet - wiederum produktiv und kreativ in die Bewegung der Klasse zurückvermittelt werden, dann ist eine Funktionsbestimmung der proletarischen Selbstdarstellung zur Geschichte der Arbeiterbewegung nicht nur möglich, sondern als notwendig zu erachten."[85]

W. Emmerich sieht die Unterschiede zwischen der bürgerlichen und der Arbeiterautobiographie in folgenden Punkten: die Arbeiterautobiographie erscheint "auf Grund konträrer gesellschaftlicher Erfahrungen mit einem ganz anderen politischen und literarischen Selbstverständnis".[86] Daraus folgt das "Beispielhafte eines proletarischen Lebenslaufs" im Sinne eines "politischen Entwicklungs- und Reifeprozesses".[87] Bestätigt sieht Emmerich seine These, wenn man die Erzählperspektiven betrachtet. Die Arbeiterautobiographie ist aus "der gesellschaftlichen Lage und Perspektive des Proletariats als Klasse" geschrieben und zeigt keine 'subjektiv-private, sondern eine historisch-verallgemeinernde' Sicht."[88]

Emmerich führt weiter aus: "Dieses im Verlauf der einzelnen proletarischen Selbstdarstellung gewonnene Ziel - die Befreiung der Arbeiterklasse - gibt ihr, im Gegensatz zur spätbürgerlichen Autobiographie - ihren optimistischen und finalistischen Charakter."[89]

Auch E. Dittrich und J. Dittrich-Jacobi sowie U. Münchow stellen die Unterschiede zwischen Bürger- und Arbeiterautobiographie heraus. "Proletarische Lebensläufe thematisieren in literarischer Gestalt einen Sozialisationstypus, der sich von jenem bürgerlicher Autobiographien stark unterscheidet. Hier geht es nicht mehr vorwiegend um einen Individuationsprozeß von Personen, sondern um kollektive Lebensverhältnisse und ihren Niederschlag in den Lebenswegen von Angehörigen des Kollektivs."[90]

U. Münchow betont folgende Unterschiede: Die bürgerlichen Autobiographen schreiben von "wachsendem Verlust", während die Arbeiterautobiographen "vom wachsenden Gewinn der menschlichen Persönlichkeit" sprechen.[91] Demnach weist die Arbeiterautobiographie nach U. Münchow über die bürgerliche Autobiographie hinaus.

Es ist gezeigt worden, in welcher Weise die subjektiven Erfahrungen mit den kollektiven Deutungen in den Arbeiterautobiographien verschränkt sind.

Dabei wurde deutlich, daß subjektive Deutungsmuster entwickelt und kollektive Deutungsmuster übernommen werden können, um die unterschiedlichen Erwartungen und Widersprüche miteinander in Einklang zu bringen. Ziel dabei ist, eine Kontinuität der Handlungen im 'Alltag' herzustellen.

Dabei wurden einmal gemachte Erfahrungen - häufig unbewußt - daraufhin überprüft, ob sie den neuen Anforderungen gewachsen sind.

8. Der Zusammenhang von Sozialisation und Lebensgeschichte

8.1. Sozialisation und Lebensgeschichte

O. G. Brim untersuchte als einer der ersten Wissenschaftler den Zusammenhang von Lebensgeschichte und Erwachsenensozialisation.[1] Brims Arbeit brachte die Diskussion in Deutschland in Bewegung.[2]

Durch das Konzept des "Lebenslaufs" sollen in der Altersgruppenforschung übergreifende Zusammenhänge wissenschaftlich erfaßt werden. "Diese Versuche kommen z. B. in der Formulierung der Kontinuitätsthese (Schenk 1975) oder der Austauschtheorie (Rosenmayr 1976) zum Ausdruck."[3]

Wenn man nach einer Definition des Begriffes Sozialisation in der Literatur sucht, dann stellt man fest, daß es eine Fülle von Definitionen gibt und sie die jeweiligen Akzentuierungen der verschiedenen wissenschaftlichen Ansätze in bezug auf die Sozialisationsproblematik widerspiegeln. Doch scheint eine Übereinkunft darin zu bestehen, daß "Sozialisation" ein umfassenderer Begriff ist als "Erziehung". Während Erziehung die Ein-Weg-Struktur vom Erzieher zum Erziehenden beschreibt, so betont Sozialisation eine Zwei-Weg-Struktur, die ein Wechselverhältnis zwischen dem Erzieher, der durch Normen und Werte die Gesellschaft repräsentiert, und dem zu Erziehenden, der seinerseits mit eigenen Vorstellungen und Verhaltensweisen auf den Erzieher und damit auf die "Gesellschaft" einwirkt.

W. Edelmann schreibt zum Begriff "Sozialisation": "Die neueren psychologischen Definitionen von Sozialisation betonen den aktiven Teil des Heranwachsenden in dem wechselseitigen Interaktionsprozeß einzelner Individuen. Sozialisation bezeichnet den Aufbau der Person durch aktive Auseinandersetzung mit der Umwelt."[4]

Auch F. Weinert beschreibt Sozialisation als wechselseitigen Prozeß zwischen Individuum und Gesellschaft. Zudem macht er auf die Komplexität des Sozialisationsvorgangs aufmerksam. "Da spielen die Schulbildung, der Beruf und das Einkommen ebenso eine Rolle wie die Wohngegend, die Freunde und die Verwandtschaft. Zu beachten sind sowohl das Familienklima, wie es sich beim sonntäglichen Spaziergang, am Eßtisch oder bei einem Streit zeigt, als auch die besonderen sozialen Beziehungen zwischen den einzelnen Familienmitgliedern. Außerdem dürfen die Persönlichkeitseigenschaften der Eltern im allgemeinen und ihr Erziehungsverhalten im besonderen nicht vernachlässigt werden. Die damit zusammenhängenden Probleme werden noch dadurch vermehrt, daß die verschiedenen familiären Sozialisationsbedingungen in komplizierter Weise miteinander zusammenhängen, daß die Auswirkung einer dieser Bedingungen nie isoliert betrachtet werden darf, sondern stets im Zusammenhang mit den anderen vorausgegangenen, gleichzeitig wirkenden und nachfolgenden Sozialisationsfaktoren, daß das Kind selbst in vielfältiger Weise auf das Sozialisationsgeschehen zurückwirkt und daß man neben den Folgen langfristiger Erfahrungen nur schwer die Auswirkungen kurzfristiger, traumatischer Erlebnisse abschätzen kann."5

Sozialisation könnte allgemein als Werden der Persönlichkeit im Kontext gesellschaftlicher Entwicklungen beschrieben werden. Dabei ist von Bedeutung, daß die Person nicht nur als ein "Objekt" verstanden wird, sondern auch als "Subjekt", das an der eigenen Sozialisation teilhat. Die Sozialisation erscheint so als Vorgang, in dem der Einzelne die Normen und Werte der Kulturgemeinschaft, Schicht und Konfession sich aneignet und sie durch eigene Erfahrungen beibehält, korrigiert oder kritisch-distanziert mit ihnen umgeht. Die subjektive Verarbeitung intendiert ein Gleichgewicht zwischen dem Individuum und der Gesellschaft. Identität der Person kann als Ziel des Sozialisationsprozesses beschrieben werden, der sich in der ständigen Auseinandersetzung des Individuums mit Einzelnen und Gruppen und mit deren Werten, Normen und Kulturmustern vollzieht. Sozialisation beschreibt einen dialektischen Prozeß, der lebenslang andauert. "Im weitesten Sinne wäre demnach unter Sozialisation der umfassende und langwierige Lernprozeß zu verstehen, durch welchen der Mensch seine Eigenart, ein soziales Wesen zu sein, in Wechselwirkung mit den Instanzen und kulturellen Inhalten einer vorgegebenen Gesellschaft in bestimmter Weise ausprägt."6

Der skizzierte Begriff von Sozialisation erweitert beispielsweise die soziologische Rollentheorie, die unter Sozialisation des Individuums das Erlernen von Rollen und damit verbundenen Verhaltensweisen versteht. Sozialisation meint hier einseitig Aneignung gesellschaftlicher Normen durch das Individuum, ohne nach dem Anteil des Subjekts zu fragen, wie es psychologisch mit der Rolle umgeht. Dieser individuelle Aspekt aber wird mitgedacht, wenn man von Sozialisation spricht.

Sozialisation, als lebenslanger Prozeß verstanden, erweitert auch den psychoanalytisch orientierten Sozialisationsbegriff, der sich in Theorie und Praxis auf die frühe Kindheit konzentriert.

8.1.1. Religiöse Sozialisation und Lebensgeschichte

Religiöse Sozialisation ist nicht als ein losgelöster Vorgang im Sozialisationsprozeß des Individuums, sondern ist im Zusammenhang mit diesem zu sehen. Die religiöse Sozialisation ist ein Teilaspekt des lebenslangen Prozesses der Sozialisation. L. A. Vaskovics hat Ende der sechziger Jahre dafür plädiert, religiöse Sozialisation in die Diskussion einzuführen, wenn es um das Problem der Tradierung und der Übernahme von religiösen Vorstellungen und Verhaltensweisen geht.[7]

Was man unter religiöser Sozialisation versteht, hängt zusammen mit dem verwendeten Begriff von Sozialisation. Wenn man unter Religion die in den christlichen Kirchen der westlichen Welt institutionalisierten Religionen mit Kultus, Dogmen, Amtsklerus und christlicher Erziehung versteht, beschreibt religiöse Sozialisation die Vermittlung von Normen und Verhaltensmustern und die Probleme, die mit der institutionalisierten Religion verbunden sind. Die vorliegende Arbeit will den Sozialisationsprozeß in diesem Kontext nachzeichnen. Der Verfasser ist sich dessen bewußt, daß der Begriff "kirchlich-religiöse Sozialisation" die Rekonstruktion der tradierten religiösen Sozialisation terminologisch genauer umschreibt. Der Begriff religiöse Sozialisation wird dennoch verwendet, weil geprüft werden soll, was der einzelne unter "Religion" versteht und wie er mit ihr umgeht und welche Formen religiöser Subjektivität entwickelt werden.

Es fällt auf, daß Religion von den meisten Theoretikern, die sich mit der religiösen Sozialisation auseinandersetzen, als ein System von Werten und Deutungen verstanden wird, die eine Gesellschaft in bezug auf die Sinnfragen formuliert.

Im Rahmen der Theologie wird religiöse Sozialisation primär unter religionspädagogischen Fragestellungen verhandelt. Über das Verhältnis der Theologie zur Sozialisationsforschung gibt D. Stoodt zu bedenken: "... entscheidend aber wird sein, daß die Religionspädagogik gegenüber ihren eigenen Präferenzen kritisch ist und ihre Nachforschungen nicht durch frühzeitige Festlegung einschränkt. Dadurch kann sichergestellt werden, daß möglichst alles wahrgenommen und dokumentiert wird, was in der religiösen Sozialisation geschieht."[8]

Da es keine umfassende Theorie der religiösen Sozialisation gibt, die sich am historischen und empirischen Material ausgewiesen hat, und in diesem zugleich in der Auseinandersetzung mit den verschiedenen Sozialisationstheorien Kategorien und Kriterien zur Verfügung stellt, konnten nur allgemeine Gesichtspunkte religiöser Sozialisation genannt werden, die in der Forschung leitend und in diesem allgemeinen Sinn auch in der vorliegenden Arbeit relevant sind. Der Zugang zur religiösen Sozialisationsproblematik wird über die konkreten Entwicklungsverläufe der Arbeiterautobiographen gesucht. Von besonderem Interesse sind dabei die Probleme der subjektiven Auseinandersetzung mit religiösen und historisch-gesellschaftlich bedingten Erfahrungen und deren Umsetzung und Verarbeitung durch das Individuum.

Auch W. D. Bukow versteht religiöse Sozialisation als Bestandteil des Alltags. "Man wird im Anschluß an Luckmann davon auszugehen haben, daß der Religion wenn dann im alltagsweltlich-lebensweltlichen Kontext eine gewisse Bedeutung zukommt. Im Verlauf der gesellschaftlichen Entwicklung haben sich Institutionen ausgebildet, die ursprünglich rein alltagsweltliche Aufgaben übernommen haben."[9]

8.2. Sozialisation und Familie

Wenn wir den sozialen Wandel im 19. Jahrhundert betrachten, stellt sich die Frage: Wie kommt eigentlich die kulturelle und soziale Integration der Bevölkerung zustande? Unter dem Stichwort "Sozialisation" hat man diesen Vorgang der Enkulturation zu fassen gesucht. "Einer der 'Transmissionsriemen' der Hegemonie ist die Familie. Durkheim hat den Begriff der Sozialisation erstmals geprägt: als Inbegriff der Einwirkung der Erwachsenen-Generation auf diejenigen, die für ein Leben in der Gesellschaft (biologisch) noch nicht reif sind. 'Sozialisation' soll, so Durkheim, im Kinde jene psychischen, geistigen und sittlichen Kräfte wecken, über die zu verfügen die Gesellschaft von ihren Gliedern fordern wird."[10]

In der Sozialisationsforschung stimmt man darin überein, daß die Familie für den Fortbestand der Gesellschaft als auch für die Entwicklung der Person eine grundlegende Bedeutung hat. "Alle Sozialisationstheorien sind sich darüber einig, daß die familiale Sozialisation, weil sie grundlegende, psychische Dispositionen vermittelt, für den Bestand einer 'Kultur', also: für den Bestand, die Qualität, die Belastbarkeit und Funktionsfähigkeit des gesellschaftlichen Zusammenhangs, nicht weniger bedeutsam ist als für die Genesis der Person ...".[11]

In der Familie wird dem Kind ein Verhältnis zur Umwelt und damit zur Realität vermittelt, und es lernt, diese Realität auch zu deuten. Das Kind erwirbt in der primären Sozialisation eine Deutungsstruktur. Dies war das wichtigste Ergebnis der sogenannten Frankfurter Schule. "An den Eltern (i. S. v. 'Bezugspersonen') vor allem lernt das Kind die strukturellen Vorstellungen dessen, *was soziale Realität ist*. Im stilisiert positiven Fall lernt das Kind also *von* den Eltern und *an* den Eltern, Informationen, Beschreibungen, normative Regeln und eben auch konkret verbindliche Verhaltenserwartungen aus dem *Interaktionskontext* heraus zu begreifen und zu interpretieren."[12]

L. Hack bemerkt zum Zusammenhang von Sozialisation und Alltag: "Wohl nirgends werden Verbindlichkeit und Kontinuität als in sich widersprüchliche Beziehung von Banalität und Tiefe des Alltäglichen so anschaulich (erfahrbar), wie im Bereich der Sozialisation: der in intersubjektivem Kontext sich vollziehenden alltags-dramatischen Aneignung von Welt."[13]

Zusammenfassend läßt sich sagen: der durch die Industrialisierung in Gang gekommene Prozeß, in dem bei den Individuen mehr Rationalität durch die neuen Formen der Arbeit gefordert wurde, ist die Familie der Ort, wo traditionelle Normen und Werte bewahrt werden. "So viel scheint gleichwohl wahr an der Familienideologie, daß die intakte bürgerliche Kleinfamilie - neben aller Unterdrückung - Momente von Subjektivität hervorbrachte, die nicht in der Anpassung verlorengegangen sind, weil die Familie wenigstens partiell in der Lage war, Nähe, Schutz und Geborgenheit zu geben und zu sichern."[14]

Es ist in der Sozialisationsforschung auch nicht umstritten, daß Familien gemäß ihrer Schichtzugehörigkeit Normen, Werte und Verhalten auf den Nachwuchs übertragen. "Familien mit unterschiedlichem sozioökonomischen Status geben im Verlauf der familialen Sozialisationsprozesse ihre je spezifischen Wertorientierungen und grundlegenden Verhaltensweisen an ihre Kinder weiter."[15]

Für die Analyse von Autobiographien ist die schichtspezifische Sozialisation wichtig. "Ein Modell der schichtspezifischen Sozialisation beschreibt folgende Kette von Determinationen: sozio-ökonomisches Milieu der Familie - Wertorientierung und Erziehungsleitbilder - Erziehungspraktiken - schichtspezifische Sozialisationen."[16] "Unterschicht" wird hier im Sinne F. Neidhardts ("Schichtspezifische Elterneinflüsse im Erziehungs- und Bildungsprozeß der heranwachsenden Generation", 1967) verwendet. Unterschicht subsumiert die Arbeiterfamilien, nicht aber Randgruppen. "Im Hinblick auf Erziehungsverhalten unterscheiden sich die Arbeiter so sehr von den Mittelschichten der Angestellten, Beamten und Selbständigen, daß es gerechtfertigt erscheint, auch diese bestqualifizierten Arbeiter den Unterschichten zuzurechnen."[17]

J. Habermas konstatiert: es ergaben sich in "den Aufzuchts- und Erziehungspraktiken, angefangen von der Behandlung des Kleinkindes bis zu den Formen der Bestrafung und Belohnung von Jugendlichen, für Mittel- und Unterschichten ... verschiedene Lernmuster; Arbeiterkinder werden strenger und äußerlicher erzogen, weniger zum Aufschub unmittelbarer Befriedigungen, weniger zu Unabhängigkeit und Ich-Stärke angeleitet als die Kinder 'bürgerlicher Herkunft'."[18]

Das schichtspezifische Sozialisationsmodell, über die Familie vermittelt, "ist als Kette von Determinationen aufgebaut:
- Sozio-ökonomisches Milieu der Familie, d. h. Stellung des Hauptenährers im Produktionsprozeß (in unserem Fall unterschieden nach Arbeiter, bzw. Nicht-Arbeiter).
- Wertorientierung und Erziehungsleitbilder der Familie. Diese kognitive und motivationale Orientierung führt zu einem schichtspezifischen Einstellungssyndrom.
- Über die Erziehungspraktiken gibt die Familie diese Wertorientierung und Verhaltenstendenzen an die Kinder weiter."[19]

G. Grauer ("Leitbilder und Erziehungspraktiken", 1972) führt folgende Merkmale für die Unterschicht an:
- durch Berufsposition des Arbeiters statusbedingte Unzufriedenheit;
- kaum vorhandene Aufstiegschancen und resignierende Passivität;
- Rückzug aus den öffentlichen Bereichen und Betonung verwandtschaftlicher und privater Beziehung;
- wenig rationale, zukunftsbezogene Planung und stärkere Direktheit und Emotionalität;
- häufigere Aggressionen, Neigung zu autoritärem Verhalten."[20]

Allerdings muß gewarnt werden. "Die große Gefahr, die in einem solchen Bild von schichtspezifischer Sozialisation liegt, ist folgende: Es kommt leicht zu einer stereotypen, mit Vorurteilen beladenen Auffassung von der sogenannten Unterschicht. Unterschicht ... erscheint immer im Vergleich zur Mittelschicht ... als *defizitär*."[21]

8.2.1. Die Rolle des Vaters im Sozialisationsprozeß

Der durch die Industrialisierung in Gang gesetzte gesellschaftliche Wandel bedeutet einen Funktionsverlust des Vaters.

In der bäuerlichen oder handwerklichen Familie hatte der Vater die zentrale Stellung innegehabt. Er war es, dessen Autorität durch berufliche und gesellschaftliche Kenntnisse legitimiert war. Dieses Wissen und die materiellen Bedingungen, wie Landbesitz oder Handwerksbetrieb, wurden vom Vater vererbt. Die Fabrikarbeit veränderte die materiellen und ideellen Grundlagen des alten patriarchalisch orientierten Vaterbegriffs. Dessen zentrale Stellung innerhalb der familialen Gemeinschaft und sein damit verbundenes Selbstbild gerät durch die Fabrikarbeit in eine Krise.

A. Mitscherlich schreibt: "Die Trennung der väterlichen von der kindlichen Welt in unserer Zivilisation läßt eine derartig anschauliche Erfahrung auf beiden Seiten nicht zu; das Kind weiß nicht, was der Vater tut; der Vater nicht, wie das Kind in seinen Fertigkeiten heranwächst. Eine selbstgebaute Scheune ist auf eine andere Weise zum Besitz geworden als ein Eisschrank oder ein Automobil.

Die Identifikationswege verlaufen in der hochspezialisierten Arbeitswelt sicher sehr verschieden von denen in der bäuerlichen und handwerklichen. Die Identität ist für das Kind schwierig zu finden, weil es zuviel seinen Phantasien über den Vater überlassen bleibt, statt ihn in einer Welt erfahren zu können, in der es ihn durch Mittätigkeit kennenlernt. Für den Jugendlichen in der Identitätskrise der Pubertät wiederholt sich diese Verlassenheit. Er kann seine **Identität** nicht leicht in **Rollen** finden, die schon der Vater oder die Vorväter innehatten, sondern muß sich in einer Berufsvielfalt, die er kaum überschaut und keinesfalls aus eigener Kindheitserfahrung kennt, orientieren und entscheiden."[22]

Der hier angezeigte gesellschaftliche Wandel und das damit problematisch gewordene Vaterbild läßt eine Ambivalenz erkennen. Einerseits ist das Vaterbild konturloser und blasser geworden. Die Kinder können den Vater nicht ohne weiteres nachahmen. Seine Arbeit ist ihnen unbekannt. Auf der anderen Seite ist ihr Vater jedoch der Ernährer. Doch diese Tatsache muß den Kindern abstrakt bleiben. Dies ist ein Problem, denn die Ansprüche und Erwartungen des Vaters leiten sich nach wie vor aus seiner materiellen Basis ab. Der ohnmächtige oder fremde Übervater bestimmt nun weitgehend das neue, ambivalente Vaterbild.

H. Kreutz erklärt "... langdauernde Auswirkungen der familiären Sozialisation in der industriellen Gesellschaft auf die Einstellungen und Aktivitäten des Jugendlichen ..." u. a. so: "Eine Grundposition sieht in dem schwachen Vater, der keine Möglichkeit zur Identitätsbildung bietet, eine wesentliche Ursache für die im außerfamiliären Raum sich zeigende Auflehnung und Fehlanpassung. In der Familie fehlt nach Auffassung Hartfields (1969) die maßstabsetzende, aber zugleich zum Widerspruch provozierende Grundposition, die der traditionelle Vater dargestellt hat. Die dadurch erzeugte mangelnde Möglichkeit der Identitätsbildung führt zur Verunsicherung und Opposition gegen die Gesellschaft, 'die den versagenden Vater produziert hat'."[23]

8.2.2. Die Rolle der Mutter im Sozialisationsprozeß

Viele Arbeiterautobiographen beklagen, zu wenig "Zärtlichkeit" von ihren Müttern bekommen zu haben. Dies ist zunächst verständlich aus der sich verändernden Rolle der Frau im Prozeß der Industrialisierung. Die Beziehungsstrukturen der sich bildenden Kleinfamilie sind im Vergleich zur Großfamilie psychologisch anders gelagert. Die für das Kind notwendige affektive Zuwendung kann es sich nicht spontan 'holen', wie das in einem bäuerlich strukturierten Familienverband möglich war, der aus mehreren Personen bestand. Durch den industriellen und sozialen Wandel steht die Frau nun unter einer ständigen Doppelbelastung. Sie muß nun auch für die private Reproduktion der Familie sorgen und gleichzeitig die Kinder auf die zukünftige Stellung in der Gesellschaft vorbereiten. Der **Mutter** fällt jetzt primär die Rolle zu, die Kinder zu erziehen, sie in das Werte- und Normensystem der neuen Gesellschaft einzuführen. Die eigene Erfahrung, daß das Leben seinen "Preis" fordert und auch das Wissen, daß den eigenen Kindern im zukünftigen Leben auch "nichts geschenkt" wird, mag den rigiden Erziehungsstil der Mütter der Autobiographen erklären. Für "Zärtlichkeit" fehlte Zeit und Muße.

Eine mangelnde gefühlsmäßige Beziehung zur eigenen Mutter mag zur Folge gehabt haben, daß der jugendliche Arbeiter in Krisen seiner Identität keinen Rückhalt bei seiner primären Bezugsperson finden kann. Gleichwohl ist die mütterliche Erziehung das Praxisfeld, das noch am ehesten gewährleistet, daß Gefühle möglich sein können. Es ist auch denkbar, daß in dieser Situation viele Frauen ihre Kinder als Belastung empfunden haben. Man kann sich vorstellen, daß unter den gegebenen Umständen die Mütter es schwer hatten, eine gefühlsmäßige Beziehung aufzubauen. Gleichwohl enthält die mütterliche Erziehung in der industriellen Gesellschaft noch eine Art Freiraum, der nicht den gleichen Bedingungen unterworfen ist wie das Erwachsenenleben in dem Lernort Fabrik. "In den Umgangsformen gelungener Mutter-Kind-Beziehung hält sich eine Produktionsweise durch, die man als einen Rest matriarchalischer Produktionsweise ansehen kann. Es ist falsch, sie allein auf Vorgänge im Hormonhaushalt, einen bloß biologisch begründeten 'Mutterinstinkt', zurückzuführen. Vielmehr verteidigt sich hier eine auf Bedürfnisbefriedigung gerichtete eigene Produktionsweise der Frau ('das Kind nach seinen Fähigkeiten behandeln, seine Bedürfnisse um jeden Preis stillen') gegenüber der patriarchalen und kapitalistischen Umwelt. ... In der Überlegenheit dieser Produktionsweise liegt der eigentliche Emanzipationsanspruch der Frau: sie verfügt, wie immer unterdrückt und verformt, über Erfahrungen in einer überlegenen Produktionsweise, sobald diese das Ganze der Gesellschaft erfassen könnte."[24]

H. Kreutz schreibt: "Eine ganz andere Erklärung für die durch die Familie mitbewirkte Kontinuität der grundlegenden Haltungen bietet Helge Lenné (1967). ... Er behauptet, daß gerade die wichtigsten Einwirkungen der Erwachsenen auf die Kinder und Jugendlichen von den Erwachsenen selbst wenig kontrolliert und gleichsam nebenbei erfolgen und daß in den Nebenbemerkungen, Glossen und Randbemerkungen wieder nur jene Haltungen zum Ausdruck kämen, die Erwachsene selbst in ihrer eigenen Kindheit erlernt hätten. Dadurch ergibt sich eine äußerst konservative Form der Sozialisation, da die Erwachsenen ihre eigenen späteren Lebenserfahrungen nicht in den Sozialisationsprozeß miteinfließen lassen und somit die von den Großeltern gelernten Einstellungen voll zum Tragen kommen."[25]

Der von Lenné so bezeichnete "funktionelle Patriarchalismus" intendiert Erziehungsziele, "ohne daß die Eltern auch nur davon wissen, geschweige denn, daß sie steuernd bewußt eingreifen. Die angenommenen Wirkungen sind somit eher Realität der in unserer Gesellschaft eingespielten Familienverfassung und der sozio-ökonomischen Zwänge, unter denen die Eltern, die Familie insgesamt stehen, als Ergebnis bewußter Erziehungsziele und Erziehungsmittel."[26]

Zusammenfassend läßt sich feststellen: die familiale Sozialisation zeigt die Ambivalenz, daß die Heranwachsenden, zum Beispiel durch die neue Rolle des Vaters als Fabrikarbeiter, mit der veränderten sozialen Realität konfrontiert werden, ansonsten traditionelle Normen und vor allem Verhaltensweisen weiterhin Gültigkeit haben. Über die Auswirkungen des sozialen Wandels läßt sich allgemein sagen: "Sozialer Wandel hat seine Zeit, er vollzieht sich eher in kleinen Schritten als im großen Sprung. Er vollzieht sich in den verschiedenen Klassen, Schichten, Regionen, Subsystemen nicht im gleichen Rhythmus. Dort hat er sein Ziel erreicht, hier überschritten, unterliegt also bereits Hemmungen seines Verlaufs, Reaktionsbildungen werden beobachtet. ... Die Familie strukturiert, aber der Heranwachsende scheitert an den veränderten Umwelt-Bedingungen. Außerfamiliär, in der sekundären (Schule) und tertiären Sozialisation (Betrieb, Beruf), werden erworbene Dispositionen teilweise gebrochen, erschüttert, am Ende marginalisiert. Andere Verhaltensregulationen drängen sich in der psychosozialen Krise des Heranwachsenden als hilfreich, stabilisierend, belohnbar auf: eben jene Flexibilität, die sich rein externen Stimuli bereitwillig öffnen wird."[27]

Der sozialdemokratische Kenner der Arbeiterbewegung O. Rühle schrieb: "So wird auch in der proletarischen Welt bei allen Fragen des Geschlechtslebens die fatale Taktik des Vertuschens, Verhüllens und Ausweichens geübt; so herrscht das Dunkel der Heimlichkeit und Verlogenheit oder das gefährliche Zwielicht einer halben Aufgeklärtheit und eines halben Mutes zur Konsequenz. Darunter leidet am schwersten die Jugend. Im Chaos der widerstreitenden Gefühle steht sie ohne Berater da. In den Stürmen der Pubertät findet sie bei den Alten weder Verständnis noch Hilfe. Zahllos sind die Konflikte, unermeßlich die Opfer. ... Die schlimmste Bürgerlichkeit im Rahmen des proletarischen Ehe- und Sexuallebens drückt sich im Verhältnis der Ehegatten zueinander aus."[28]

8.3. Sozialisation und Jugendalter

Ein entscheidender Faktor, der sich - wie beschrieben - durch die Industrialisierung ergeben hat, ist die Trennung von Produktion und Sozialisation. Die Industriegesellschaft bringt das Jugendalter als etwas historisch Neuartiges hervor. Während in der agrarisch ausgerichteten Gesellschaft die beruflichen Qualifikationen schon sehr früh in der Kindheit ansetzen und schrittweise durch Heranziehung bei den verschiedenen Arbeiten erfolgen, ist der schulentlassene Jugendliche in der industriellen Gesellschaft in einer neuen Lebenssituation. Die Mannbarkeitsriten in einfachen Gesellschaften zum Beispiel bilden den Abschluß des Reifeprozesses und lassen den Heranwachsenden schließlich an den Rechten und Pflichten der Erwachsenen teilhaben. In der Industriegesellschaft wird die Integration künstlich durch neuzuerwerbende berufliche Qualifikation erreicht. Erst dann kann der Jugendliche durch seinen Verdienst sich die Möglichkeit zum Heiraten und zur Gründung einer Familie schaffen.

Die Jugendsoziologie kennt - wie es Eisenstadt auch versteht - innerhalb subkultureller Gruppen das kollektive Verarbeiten von Erfahrungen. Doch wird Subkultur als Teilkultur der Gesamtgesellschaft verstanden: "Wenn sich innerhalb einer Gesellschaft eine Gruppe hinlänglich und bewußt von anderen unterscheidet, kann die Soziologie von einer Teilkultur sprechen. Dazu ist eine Selbständigkeit erforderlich, die wirtschaftlich, religiös, politisch oder sonstwie fundamentiert und entweder aktiv als Auszeichnung erstrebt oder passiv als erzwungene Absonderung hingenommen werden kann. Eine solche Gruppe ist von der Gesamtgesellschaft nicht zu trennen, bewahrt ihr gegenüber aber ein hohes Maß an Eigenständigkeit und Selbstkontrolle. Man identifiziert sich mit der Gesamtgesellschaft nur indirekt und bedingt, nämlich über die eigene Gruppe, der man primär verpflichtet bleibt. Man fühlt sich deshalb auch dort unter sich, wo die soziale Organisation den Austausch mit der restlichen Gesellschaft vorschreibt. - In diesem Sinne besitzt die moderne Jugend *eine eigene Teilkultur.*"[29]

R. Döbert und G. Nunner-Winkler formulieren ihren Arbeitsansatz so: "... in einem ersten, eher sozialisations-theoretischen Teil werden wir versuchen, einen theoretisch fundierten Begriff von Adoleszenzkrise und von Ich-Identität abzuleiten, um zu zeigen, daß gerade Jugendliche bei der Lösung des phasenspezifischen Entwicklungsproblems der Identitätsbildung die Gehalte des kulturellen Systems intensiv prüfen und so für alternative Identitätsangebote besonders sensibilisiert sind. Dabei ist klar, daß die Verlaufsform der Adoleszenzkrise und ihr Resultat, nämlich eine spezifische Identitätsformation, auch von frühkindlichen Sozialisationserfahrungen abhängen."[30] Weiter führen sie aus: "Es dürfte jedoch ebenso klar sein, daß die traditionelle, unter dem Eindruck von Freud auf die frühkindliche Phase beschränkte Sozialisationsforschung für die Rekonstruktion eines so breiten Spektrums konkreter Verhaltensweisen nicht ausreichen kann. In der frühen Kindheit werden nur sehr formale kognitive und emotionale Grundqualifikationen erworben. Der Sprung von diesen formalen Grundqualifikationen zu späterem faktischem Verhalten ist allenfalls für klinische Extremgruppen wie Psychotiker, Psychopathen etc. überbrückbar, da deren Verhalten situationsspezifisch ist. Um Verhaltensdifferenzen im Normalbereich prognostizieren zu können, muß man - wenn es schon unmöglich ist, die volle Varianz situational bestimmten Verhaltens zu erfassen - zumindest die generalisierten Deutungsmuster von Situationen konzeptuell einbeziehen . Im folgenden wird gezeigt werden, daß die für dieses Problem bedeutsamen Deutungsmuster sich überhaupt erst in der Adoleszensphase verfestigen."[31]

8.4. Sozialisation und Arbeit

Nach A. Lorenzer hat "Arbeit" den Stellenwert, daß sie im Verhältnis von Arbeit und Interaktion die Konstante bildet. Er schreibt: "Interaktion ist unmittelbar mit Arbeit verschmolzen."[32]

Für J. Habermas ist Arbeit als instrumentelles Handeln in Interaktion eingebettet. "Habermas' verkürzter Begriff von 'Arbeit' ... verdeckt, daß (a) der kategoriale Stellenwert von 'Arbeit' und 'Interaktion' keineswegs gleichrangig ist und daß (b) 'Weltauffassung' - oder besser wohl doch: 'Angeignung von Welt' - sehr wohl auch auch als Form des 'Handelns' gedacht werden muß."[33]

Utz Jeggle beschreibt den Zusammenhang von Arbeit und Bewußtsein in der vorindustriellen Gesellschaft so: "Die gesellschaftliche Arbeit als anthropologische Dimension prägt den Menschen, die konkrete von den jeweiligen natürlichen Gegebenheiten beeinflußte Arbeit lagert die regionalen Differenzierungen und Differenzen in die Menschen ein. Das gilt nur in einer Welt, in der solche naturbedingten Unterschiede verschiedene Formen der Produktion erforderten und entwickelten."[34]

Im wissenssoziologischen Denken von P. Berger und Th. Luckmann hat die Arbeitswelt einen primären Erfahrungsraum. "... ich erlebe die Arbeitswelt in verschiedenen Graden von Nähe und Ferne, räumlich und zeitlich. Am nächsten ist mir die Zone der Alltagswelt, die meiner direkten körperlichen Handhabung erreichbar ist. Diese Zone ist die Welt in meiner Reichweite, die Welt, in der ich mich betätige, deren Wirklichkeit ich modifizieren kann, die Welt, in der ich arbeite."[35]

"Die 'materiellen Bedingungen der Produktion' - das heißt konkret: die alltägliche Erfahrung kapitalistischer Lohnarbeit, ihres grundsätzlichen Charakters, entfremdete Arbeit zu sein, ihrer je spezifischen Ausbeutungsmethoden und Versagungen - bestimmen im umfassenden Sinn die Lebensweise des Proletariats, sind zentraler Teil derselben und gleichzeitig Motor politischer Lernprozesse, die Klassen-Selbstbewußtsein und schließlich solidarisches Klassenhandeln hervorbringen."[36]

Untrennbar sind nach Sève Ökonomie und Anthropologie miteinander verbunden: "Die ganze Entwicklung der Produktivkräfte ist zugleich Entwicklung der Fähigkeiten des Menschen."[37] Somit tritt der Mensch als das arbeitende Wesen, das sich selbst durch Arbeit hervorbringt, in das Zentrum der marxistischen Denkweise. Sève bemerkt dazu: "Dennoch hat man mit dieser Aussage das *spezifische* Wesen des Marxismus ebenso wenig definiert, wie man das spezifische Wesen der Dialektik mit der Aussage definiert hat, daß sie 'Theorie der Entwicklung' ist. Man muß radikal über diese abstrakten Allgemeinheiten hinausgehen, denn sie sagen noch nichts über den *wirklichen Inhalt* des Marxismus, und man kann sie auch unterschreiben, wenn man ganz und gar nicht Marxist ist. In der Frage, die uns beschäftigt, muß gesagt werden: Was den Marxismus definiert, ist die Umstülpung des spekulativen Verhältnisses zwischen menschlichem Wesen und gesellschaftlichen Verhältnissen mit allen theoretischen Konsequenzen für die Auffassung von den wirklichen Menschen. Wird das nicht gesagt, dann werden 'der Mensch' und seine 'schöpferische Arbeit' im allgemeinen wieder metaphysische Wesenheiten, wenn nicht gar mystische Themen."[38]

Daß ein enger Zusammenhang zwischen Ökonomie und Anthropologie besteht, darauf hat Marx in seinen "Grundrissen" mehrfach hingewiesen. Dort kann man nachlesen, daß wir als "die Hauptproduktivkraft" eben den Menschen selbst finden.[39]

Die historisch-sozialen Bedingungen der Vereinzelung des Individuums führt Sève auf die Teilung der Arbeit zurück. "Wie kann sich das Individuum gerade in dem Maß vereinzeln, wie es sich sozialisiert? Welcher historische Prozeß bringt also die Einheit dieser Gegensätze zustande? Die Antwort ist in Marx' wissenschaftlichem Lebenswerk unmißverständlich zu lesen: *Die Teilung der Arbeit.*"[40]

Sève sieht durch die Arbeitsteilung in der kapitalistischen Gesellschaft die Entwicklung der Persönlichkeit als "tendenziellen Fall der Fortschrittsrate". Der Persönlichkeitsentwicklung in der kapitalistischen Gesellschaft stellt Sève unkritisch die in der kommunistischen Gesellschaft gegenüber. "Der Kommunismus wird aber dadurch, daß er die Möglichkeiten der klassenlosen Gesellschaft voll nutzt und auf der Grundlage einer enormen Entwicklung der Produktivkräfte die wesentlichen Unterschiede zwischen körperlicher und geistiger Arbeit, Stadt- und Landarbeit beseitigt, die Menschen völlig von den Bedingungen befreien, die sie an Teilaufgaben banden, und eine *koordinierte Vielseitigkeit und Beweglichkeit der Individuen* ermöglichen, *die den inneren Erfordernissen ihres Wachstums im mannigfaltigen System der gesellschaftlichen Aktivitäten* entspricht: Das ist die Lösung des Widerspruchs zwischen der Notwendigkeit der technischen Arbeitsteilung und der Notwendigkeit der vollständigen Entwicklung der Individuen."[41]

P. Frerichs stellt fest: "Die Sèvesche Persönlichkeitstheorie ist somit in gewisser Weise eine Lerntheorie, indem sie die Persönlichkeit als ein auf ständiges Lernen und Ausbilden von Fähigkeiten in Handlungszusammenhängen angewiesenes lebendiges System begreift."[42]

H. G. Trescher unternimmt den Versuch, die "Einpassung und Veränderung psychischer Akte und subjektiver Strukturen in sich verändernde Interaktionsformen, in Abhängigkeit vom gesellschaftlichen Wandel" zu beschreiben.[43] Dabei bedient er sich der Analyse der "Entstrukturierung von Subjektivitätspotentialen in erwachsener Lebenspraxis". Die industrielle Serienproduktion im organisierten Kapitalismus wird von H. G. Trescher in bezug gesetzt zur subjektiven Struktur. Er schreibt: "Die Aktivität der Produzenten ist in ein vorgegebenes Bewegungs- und Zeitschema gewaltsam integriert, Aktivitätsmöglichkeiten sind auf vorgegebene Arbeitshandlungen beschränkt." Mit "... fortschreitender Quantifizierung (ist) der partielle Verlust der Erfahrungsfähigkeit gegeben, weil die Aktivität der Individuen auf die immer gleichen erfahrungslosen Bewegungsabläufe reduziert ist."[44]

A. Krovoza konstatiert folgende Veränderungen für die Persönlichkeitsstruktur unter den sich verändernden Arbeitsbedingungen in der industriellen Gesellschaft:
- Das Zeitbewußtsein und die Zeitperspektive sind abhängig von der Internalisierung der Arbeitszeit, die eine Tendenz der Entwicklung von der Entsinnlichung zur Rationalisierung zur Folge hat.
- Die Objektbeziehung mit Tendenz zur Verdinglichung und Fetischisierung - die Desexualisierung des menschlichen Körpers.[45]

In Anlehnung an A. Krovoza stellt H. G. Trescher fest: "... entfaltete Sinnlichkeit ist mit der Eingrenzung der Erfahrungsfähigkeit im normierten Arbeitsprozeß nicht vereinbar."[46]

Die neue Form der Fabrikarbeit nötigt nach A. Krovoza "Verhaltensleistungen ab, die auf eine Neuorganisation 'innerer Natur' und des psychischen Apparats hinausliefen."[47] Aus dem bisher Gesagten läßt sich zusammenfassend feststellen, daß die Erfahrungen der Fabrikarbeit als ein Prozeß der "Rationalisierung" zu verstehen sind. Emotionale Kälte, Sachlichkeit und das Einebnen von Gefühlen sind die Folge. Es ist verständlich, daß sich zunächst intuitiv ein Gefühl breit macht, das diesen Tendenzen Widerstand entgegensetzen will.

Folgende Konsequenzen für die Kommunikation und die Interaktion, die sich aus der Fabrikarbeit ergeben, lassen sich aufzeigen:
- Im Produktionsbereich Umgang mit Dingen anstatt mit Personen;
- Fremdbestimmung der Arbeit durch standardisierte Vorschriften;
- repetitive und monotone Teilarbeit;
- durch Maschinen bestimmte Vorschriften und Arbeitsabläufe;

- physische und nervliche Belastung durch Schicht-, Akkord- und Bandarbeit bzw. Schmutz, Lärm und andere arbeitsplatzspezifische Einflüsse;
- geringe individuelle Einflußmöglichkeiten im familiären Bereich;
- stark gepflegte Verwandtschaftsbeziehungen, Familie als Schutzraum;
- rigide Normeinhaltung, Schwarz-Weiß-Denken;
- bestimmte Form von Konservativismus, Partikularismus, Traditionalismus;
- nach Geschlechtern geordnete Arbeitsteilung;
- den Normen entsprechend wird die Vaterrolle höher bewertet als die Mutterrolle, dem steht jedoch die faktische Dominanz der Mutter entgegen.[48]

8.5. Der Zusammenhang von Sozialisation, Arbeit und Arbeiterautobiographie

Die Erfahrungen der Arbeitswelt und die damit verbundenen Normen und Sinnvorstellungen stehen dem in der Kindheit vermittelten Orientierungsrahmen diametral gegenüber. Die Interaktionsformen widersprechen - wie beschrieben - den der familiären Sozialisation.

Die Identitätskrise des jugendlichen Arbeiters läßt sich zusammenfassend durch folgende Punkte benennen: die Erfahrung der Fabrikarbeit und die damit zusammenhängende Perspektive, die meiste der zur Verfügung stehenden Zeit für einen Lohn arbeiten zu müssen, der gerade das Existenzminimum sichert. Zudem vertreten die Arbeitskollegen andere Normen als jene, die der Heranwachsende in dem Schonraum Familie vermittelt bekommen hat. Ihre ehemals geltenden Normen und Werte werden durch die Arbeit in der Fabrik erschüttert. "Für Jugendliche bedeutet die Sphäre der Arbeit einen bitteren Bruch mit gewissen, in der Kindheit erworbenen Lebenserwartungen."[49] Die Diskrepanz zwischen der beschriebenen ambivalenten Erfahrung in der Kindheit und dem Erwachsenenleben, die der Heranwachsende in Form der Fabrikarbeit erlebt, führen dazu zu überlegen, ob er sich so seine Zukunft und damit sein Leben vorstellen kann. Man kann in diesem Zusammenhang durchaus von einem "Realitätsschock" sprechen.

An den Lebensgeschichten der Arbeiterautobiographen wird deutlich, daß diese durch das "Auseinanderklaffen" der Sozialisationsbereiche Kindheit und Jugend in die innere Vereinzelung führt. Ablesbar ist dies auch an der Tatsache, daß sich der einzelne auf Wanderschaft begibt, vermutlich in der Hoffnung, vielleicht dort etwas zu finden, was verlorengegangen ist.

Durch die Form der industrialisierten Arbeit verändern sich auch die Deutungsschemata des Arbeiters. In der Übergangsphase zur industrialisierten Gesellschaft standen noch solche aus dem ländlichen Denken und den aus den neuen industriellen Erfahrungen gespeisten Deutungsmuster zur Verfügung. Durch die Industrialisierung und den damit verbundenen Verlust des Herkunftsmilieus, Lockerung verwandtschaftlicher Beziehungen und kirchlich-traditioneller Bindungen bekommt die Lohnarbeit einen zentralen

Stellenwert in der Arbeiterautobiographie. Erstmals muß der einzelne selbst entscheiden, ob er die Heimat verlassen soll oder nicht. Diese Entscheidungen berühren die Identität, das innere Gleichgewicht und können so zum Problem des Subjekts in der Industriegesellschaft werden. "Die Beengung im Produktionsprozeß und in der Familie führt bis zu einem bestimmten Lebensalter zu Ausbruchsversuchen; es sind Ausbruchsversuche innerhalb der Gefängnismauern. An ihnen werden die Grenzen erlernt, die jeder bloß individuellen und auf einzelne Lebensäußerungen beschränkten Emanzipation oder Ausweichbewegung entgegenstehen ... Alle diese Erfahrungen summieren sich in dem 'Prinzip Lebenslänglich'. An ihm, der festen, zur 'zweiten Natur' gewordenen Erwartung, daß sich die abhängige Situation im Arbeitsprozeß und die Enge des Lebenszusammenhangs nicht wenden lassen, verfestigt sich ein gegen das Interesse an Erfahrung überhaupt gerichteter Block."[50]

E. Dittrich und J. Dittrich-Jacobi stellen fest: "Unter den Bedingungen zumindest zeitweiser Individualisierung, unter dem Zwang, sich neuen Lebens- und Arbeitsbedingungen stets erneut anzupassen, stellen die proletarischen Autobiographien des 19. Jahrhunderts Versuche dar, sich der eigenen Identität zu vergewissern."[51]

Zusammenfassend läßt sich feststellen: Die Folgekosten des gesellschaftlichen Wandels hat auch der Arbeiterjugendliche mit einer sich verschärfenden Identitätskrise zu tragen. Die Auseinandersetzung mit der Identitätsentwicklung des Adoleszenten hat deutlich gemacht, daß das Verständnis der erwachsenen Arbeiterpersönlichkeit nicht zureichend nur durch die Sozialisationsprozesse in der Kindheit beschrieben werden kann. Die Fabrik als Lernort vermittelt neue Erfahrungen in der Weise, daß es zu einem gravierenden Einschnitt mit begleitenden Krisen in der Lebensgeschichte kommen kann. Traditioneller Sinn und die damit verbundenen Werte und Normen verlieren ihre stabilitäts- und identitätssichernde Funktion. "*Die Phase der Jugend ist gerade durch dieses Überprüfen der Zusammenhänge zwischen geäußerten und verhaltensrelevanten Werten gekennzeichnet*, da in der vorhergehenden Kindheit die zwei verschiedenen Formen von Werten relativ isoliert gelernt wurden und die kognitive Möglichkeit nicht bestand, die beiden Ebenen miteinander in Verbindung zu bringen. ... Bedenkt man nun, daß Werthaltungen überlieferte Elemente der Kultur einer Gesellschaft sind, daß sie zum Teil bereits sehr alt sind, daß sie somit Bestandteile der kulturellen Traditionen sind, so ist es einleuchtend, daß gerade die Betonung von Werthaltungen gegenüber den aktuell bestehenden Verhältnissen im Normalfall konservativ ist."[52]

Die Identitätskrise des jugendlichen Arbeiters kann historisch als Anpassungskrise des einzelnen an die Mechanismen der industriellen Arbeitsverfassung beschrieben werden. Durch die Entwicklungen im industriell-technischen Bereich und dessen Auswirkungen auf den sozialen Sektor muß das Individuum in seinen Verhaltens- und Verarbeitungsweisen sich immer wieder neuen Situationen anpassen können.

"In der modernen Industriegesellschaft erreicht die Sozialisierung des Menschen ein 'höheres' Ausmaß, in dem Sinn, daß die Anzahl der Rollen, die zu übernehmen sind, und die Unausweichlichkeit ihrer Zuschreibung zunehmen. Wirtschaftliche Entwicklungen und Krisen bringen einen häufigen und oft unvorhersehbaren Wechsel im Rollenangebot. Diese Verhältnisse scheinen dazu zu führen, daß das Ich sich mit immer mehr, z. T. widersprüchlichen Rollen identifizieren muß."[53]

Die Theorie Eisenstadts hat uns zudem sehen gelehrt, daß "die Jugendphase als das biographische Stadium, in dem die personale Identität unter prekären sozial-strukturellen Randbedingungen konstituiert werden muß."[54] Der Jugendliche hat sich in dieser Phase mit den gegensätzlichen Orientierungsmustern der familialen Sozialisation und der Gesamtgesellschaft auseinanderzusetzen. "Die Familie fußt auf *zugeschriebenen, partikularistischen, diffus-affektiven und kollektiv-solidarisch strukturierten* Beziehungen, während in den politischen und ökonomischen Subsystemen universalistische, spezifische, affektiv-neutrale und individualistische Orientierung vorherrschen ... muß."[55]

Eisenstadt begreift das Hineinwachsen in die Erwachsenenwelt als "kollektiv organisierte Statuspassage", die zwar für den Jugendlichen als Streß empfunden wird, die aber zu bewältigen ist.

9. Der Zusammenhang von Lebensgeschichte und Identität

E. H. Erikson sieht in der Verbindung von Sozialpsychologie und Psychoanalyse eine Möglichkeit, Umwelt und Lebensgeschichte in ihrer Verbindung zur Darstellung zu bringen. E. H. Erikson vermißt in der herkömmlichen Sozialpsychologie und Psychoanalyse wesentliche Momente eines anthropologischen Erklärungszusammenhangs. Während die Sozialpsychologie die menschliche Entwicklung nicht in ihr Konzept aufgenommen hat, wird in der herkömmlichen Psychoanalyse die "Umwelt" nicht genügend berücksichtigt. E. H. Erikson und Freud unterscheiden sich jedoch in einem wesentlichen Punkt voneinander. S. Bernfeld stellt fest: "Freud hat nirgends seine Auffassung von 'Entwicklung' explizite formuliert. Aber es ist kein Zweifel, daß er im konkreten Falle nie anders gedacht hat als: jedes Entwicklungsstadium hat Gegensätze in sich, die unleidliche Konflikte erzeugen, die eine Lösung erzwingen; die Lösung geschieht mit den Mitteln, die der Konflikt 'selbst enthält', und es gibt ein neues Stadium, dessen Konflikte 'Entwicklung' einen Schritt weitertreiben."[1] Entwicklung meint E. H. Erikson umschreiben zu können als "einen Vorgang *zeitlich fortschreitender Differenzierung von Komponenten*"[2], und er entwirft aus dieser Einsicht heraus ein Modell der Abfolge von acht Phasen bis zum Erreichen der Ich-Identität. "Eriksons Kritik an Freuds Energetik zielt darauf ab, die primär biologisch orientierte psychosexuelle Perspektive auf die psychosozialen Zusammenhänge hin auszuweiten."[3]

E. H. Erikson setzt sich in seinem Buch "Jugend und Krise" (erstmals erschienen mit dem amerikanischen Originaltitel: "Identity. Youth and Crisis", New York 1968) mit seinem eigenen Konzept der Identitätsentwicklung kritisch auseinander. Identität beschreibt E. H. Erikson als das "subjektive Gefühl einer bekräftigenden Gleichheit und Kontinuität".[4] Er führt weiter aus: "Ich weiß kein besseres Wort dafür, als 'Ich-Integrität'. Mangels einer klaren Definition möchte ich wenigstens einige Bestandteile dieses seelischen Zustandes andeuten. Es ist die wachsende Sicherheit des Ichs hinsichtlich seiner natürlichen Neigung zu Ordnung und Sinnerfülltheit. Es ist eine postnarzistische Liebe zum menschlichen Ich - nicht zum Selbst - ein Erlebnis, das etwas von einer Weltordnung und einem geistigen Sinn vermittelt, gleichgültig, wieviel diese Erkenntnis gekostet haben mag. Es bedeutet die Hinnahme dieses unseres einmaligen und einzigartigen Lebensweges als etwas Notwendigem und Unersetzlichem; es bedeutet daher auch eine neue, andere Liebe zu den Eltern."[5]

Als Krise der Identität bezeichnet er den "notwendigen Wendepunkt" mit dem möglichen "Verlust der 'Ich-Identität'" und der "zentralen Kontrolle über sich selbst."[6] Erikson führt aus: "Und wie das immer in der Geschichte der Psychoanalyse der Fall gewesen ist, erwies sich das, was zuerst als gemeinschaftliches dynamisches Grundverhalten einer Gruppe von schweren Störungen erkannt wurde (wie etwa die Hysterien der Jahrhundertwende), später als pathologische Erschwerung, ungemäße Verlängerung einer oder Regression auf eine normative Krise, die einem bestimmten Stadium der individuellen Entwicklung 'zugehört'. So haben wir zum Beispiel gelernt, dem Alter der Adoleszenz und des jungen Erwachsenen eine normative 'Identitätskrise' zuzuordnen."[7]

E. H. Erikson sieht einen engen Zusammenhang zwischen Individualität, Gemeinschaft und sozialem Wandel. "Und schließlich können wir, wie sich jetzt zeigt, bei der Besprechung der Identität nicht das persönliche Wachstum vom Wandel der Gemeinschaft trennen, noch können wir, (wie ich in *Der junge Mann Luther* zu zeigen versuchte), die Identitätskrise im individuellen Leben und die zeitgenössischen Krisen in der historischen Entwicklung voneinander trennen, denn die beiden helfen einander zu definieren und sind in der Tat relativ zueinander. Ja, das ganze Wechselspiel zwischen dem Psychologischen und dem Sozialen, dem Entwicklungsmäßigen und dem Historischen, für das die Identitätsbildung von prototypischer Bedeutung ist, kann tatsächlich nur als eine Art von *psychologischer Relativität* verbegrifflicht werden."[8]

Die Freudrezeption durch E. H. Erikson schätzt Th. Schulze für die Interpretation als zu einseitig ein. In seinen beiden Monographien "Kindheit und Gesellschaft" (1950) und "Wachstum und Krise der gesunden Persönlichkeit" (1950) hat Erikson die Entwicklung der Person durch Triebenergie von Freud aufgenommen und durch den in der Entwicklung des Menschen begründeten Perspektivenwechsel theoretisch erweitert. Doch "die gesellschaftliche Ausgestaltung dieser Entwicklung durch Sozialisationsinstanzen und ihre Problematik" hat Erikson nach Auffassung von Th. Schulze nicht geleistet.[9] "Die einzelnen Ereignisse lassen sich ohne Schwierigkeiten festmachen an bestimmten soziokulturellen Einrichtungen - wie z. B. Weihnachtsfest, Schuleintritt, Kommunion - oder an bestimmten Umwelterfahrungen - ein Kind verläuft sich, ein Tier wird getötet, ein Mensch ist gestorben -, und diese Ereignisse sagen mehr über die Beschaffenheit der Institutionen aus, über ihre Kehrseite, ihre Bruchstellen, Untiefen und Lücken, als über die Triebstruktur oder die sozialen Modalitäten. Sie markieren gleichsam die Schnittpunkte zwischen den individuellen Lebensgeschichten und den formellen oder informellen Sozialisationsinstanzen der Gesellschaft."[10]

"Im Hinblick auf die historischen Aspekte der Psychoanalyse gelingt es Erikson, nicht zuletzt aufgrund der oben angeführten Explikationen, eine auch in der Geschichtswissenschaft überholte, weil individualistische und idealistische Biographik zu vermeiden; am Beispiel Luthers oder Ghandis arbeitet er 'eine Art Sozialcharakter' heraus. Luther und Ghandi sind insofern typisch für die Zeitgenossen ihrer jeweiligen Kultur, als ihre Krisen und Probleme deutlicher und tiefer als bei den übrigen mit den soziohistorischen Problemen und Krisen ihrer Zeit in Verbindung stehen."[11]

J. A. Schülein diskutiert, ob E. H. Eriksons Identitätsbegriff und das damit in Zusammenhang stehende psychosoziale Moratorium zum Beispiel sich auf die studentische Lebenswelt übertragen lassen. "Die Konstitutionsbedingungen der Identität" haben sich im Industriezeitalter nach J. A. Schülein verändert. "Unter disparaten und dynamischen Bedingungen bilden sich kaum fixe Grenzen und Strukturen, sondern eine eher durchlässige Psyche. Dies entspricht den Erfordernissen permanenter Neuanpassung an sich ändernde Verhältnisse, bringt jedoch das Risiko von Identitätskrisen durch Destabilisierung bzw. durch Überforderung mit sich. Psychosoziale Identität in Industriegesellschaften ist durch ihre größere Offenheit zugleich anfälliger für Sinnkrisen, weil ihr Bedarf sich erhöht und spezieller wird."[12] Erikson gesteht zu, daß die Identitätsbildung, die er beschreibt, in Wirklichkeit an eine Art von Identitätsbildung gebunden ist, die in hohem Maß von den kulturellen Bedingungen einer seßhaften Mittelklasse abhängt.[13] Hier sind deutlich die Chance und die Grenzen seines Vorhabens angezeigt. Es besteht in der Tat ein erheblicher Unterschied in der Entwicklung der Identität zwischen Mittelschicht- und Unterschichtangehörigen. Für unseren Problemzusammenhang sind die Ausführungen von L. Hack zur "Identität" wichtig: "Die wesentlich sozial überformten, aber zugleich entwicklungspsychologisch (z. T. -physiologisch) bestimmten Phasenbildungen nach J. Piaget, S. Freud und E. H. Erikson (die sich gegenseitig kaum prinzipiell ausschließen dürften) mit ihren spezifischen Problem- und Konflikt-Konstellationen, die unterschiedlich gut bewältigt werden können, können das theoretische Grundgerüst liefern für den sich in der jeweiligen Biographie vollziehenden Aufbau grundlegender Handlungsdispositionen. Dieser biographisch organisierte Aufbau der Identität aber vollzieht sich - anders als Piaget, Freud und selbst Erikson es dachten - unter je spezifisch strukturierten sozialen Bedingungen, deren reale Typifikation (als Ausdruck der sozio-kulturell überformten Klassenlage) in *typischen Soziobiographien* resultiert."[14]

Paul Parin bemerkt in diesem Zusammenhang von Identitäts- und Gesellschaftsentwicklung im Anschluß an Erikson: "Erikson hat mit der Identitätskrise einen typischen Vorgang erfaßt, in dem sich das Selbst mit vielen seiner Anteile in einer veränderten sozialen Situation neu orientieren muß und sich dem Ich die Aufgabe stellt, die eigenen, sich verändernden Bedürfnisse einer neuen Umwelt aktiv und passiv anzupassen. Nach glücklicher Überwindung der Identitätskrise wird die Gesellschaft für Eriksons Theorie wiederum zu einer Außen- oder Umwelt, die in das Innenleben nicht eingreift."[15]

R. Oerter faßt Identität entwicklungspsychologisch folgendermaßen: der hier zugrunde gelegte Begriff von Identität umfaßt "einen Bedeutungskern, der in Soziologie und Psychologie gemeinsam ist. Identität beinhaltet danach die Definition einer Person als einmalig und unverwechselbar durch die soziale Umgebung wie durch das Individuum selbst."[16] Neben der hier genannten persönlichen und sozialen nennt Oerter eine dritte Komponente der Identität: "wie man werden möchte und wie man zu werden glaubt; wie andere Personen einen selbst haben möchten und welches Entwicklungsergebnis sie erwarten. Die drei Identitätskomponenten gehören zusammen und müssen eine Art Gleichgewichtszustand bilden, wenn eine starke Ich-Identität ... entstehen solle."[17]

Aus der Sicht der Ethno-Methodologie beschreibt Paul Parin "Identität": "Dort wo es nötig schien, um das Schicksal der Dogon als Volk zu beleuchten, habe ich den Begriff der Identität (nach Erikson) angewandt. Das individuelle Identitätsgefühl bezieht seine Stärke - so meine ich - aus der Wahrnehmung, daß die Person dem Ideal-Selbst entspricht, daß ihr Ich mit den gestellten Ansprüchen fertig wird und daß die Inhalte der Ideale und die Leistungen des Ich dem in der Sozietät Geübten und Erwünschten in bestimmter Weise entsprechen."[18]

Identität aus soziologischer Sicht wird von Ch. Bürger formuliert: "Die gegenwärtige Soziologie kennt jedoch einen anderen, weiteren Begriff der Identität; Ich-Identität ist hier stets vermittelt mit kollektiver Identität, diese verwirklicht sich innerhalb eines jeweils historisch-gesellschaftlich bestimmten, von den beteiligten Individuen anerkannten Sinnzusammenhangs, einer 'symbolisch aufgebauten und normativ verständlichen Lebenswelt'."[19] J. Habermas schreibt: "Die gelungene Ich-Identität bedeutet jene eigentümliche Fähigkeit sprach- und handlungsfähiger Subjekte, auch noch in tiefgreifenden Veränderungen der Persönlichkeitsstruktur, mit denen sie auf widersprüchliche Situationen antwortet, mit sich identisch zu bleiben. ... Die durch Selbstidentifikation erzeugte und durchgehaltene symbolische Einheit der Person beruht ihrerseits auf der Zugehörigkeit zur symbolischen Realität einer Gruppe, auf der Möglichkeit einer Lokalisierung in der Welt dieser Gruppe. Eine die individuellen Lebensgeschichten übergreifende Identität der Gruppe ist deshalb Bedingung für die Identität der einzelnen."[20]

K. Mannheim hatte bereits 1928 den Versuch unternommen, darzulegen, wie sich das Bewußtsein als "Erlebnisschichtung" von Erfahrung im Lebenslauf konstituiert.

Zusammenfassend läßt sich über den Zusammenhang von Entwicklung und Identität feststellen: "Psychoanalytische, phänomenologische und interaktionistische Ansätze stimmen darin überein, daß vergangene Erfahrungen sich nicht ausradieren lassen, sondern den Horizont bilden, vor dem neue Erfahrungen ihre Bedeutung gewinnen. Es ist deshalb ein Modell erforderlich, das dem Ineinandergreifen von früheren und späteren Erfahrungen Rechnung trägt. Analog zur soziologischen Frage nach der Sequenz von äußeren Konstellationen im Lebenslauf stellt sich die psychologische Frage nach dem Aufbau der Person. Vieles spricht dafür, daß dabei den früheren Erfahrungen ein besonderes Gewicht zukommt. Eine vernünftige Konzeption wird der Sozialisation in Kindheit und Jugend ihren gebührenden Platz lassen und dennoch auf die Relevanz von Sozialisation in späteren Lebensphasen pochen."[21]
Der Unterschichtsangehörige wird lebensgeschichtlich früher und "massiver" mit den Normen und Erwartungen der Erwachsenenwelt konfrontiert. Während sich der Mittelschichtsangehörige langfristig auf seinen Beruf und den damit implizierten Erwartungen auseinandersetzen kann und ihn dazu

noch eine Karriere erwartet, erfährt der Unterschichtsangehörige die Arbeitswelt und die damit verbundenen neuen Erwartungen nicht als übereinstimmend mit den Erfahrungen der Kindheit und dem frühen Jugendalter.

9.1. Der Zusammenhang von Lebensgeschichte und Identität bei den Arbeiterautobiographen

Die Arbeiterautobiographen der zweiten Generation spiegeln den Übergang von einer agrarisch-dörflich bestimmten zu einer industriellen Lebensweise wider.

Erfahrungen, die das Individuum lebensgeschichtlich macht, werden von der phänomenologischen Wissenssoziologie aufgegriffen und in den historischen Kontext gestellt. "Einzelne Personen vollziehen im Kontext ihres Lebenslaufes einzelne institutionalisierte Handlungen. Der Lebenslauf wird als ein Ganzes gesehen, in dem die einzelnen Handlungen nicht als isolierte Ereignisse erscheinen, sondern als Teile eines mit subjektiv gemeintem Sinn erfüllten Universums, dessen Sinngehalte jedoch nicht spezifisch für die einzelne Person sind, sondern vielmehr gesellschaftlich geprägt, gegliedert und zugeteilt. Nur auf diesem Umwege über gesellschaftlich gemeinsamen, um nicht zu sagen 'gemeinten' Sinn, gelangen wir zur Notwendigkeit der institutionalen Integration. Das hat weitreichende Folgen für jede Untersuchung gesellschaftlicher Phänomene. Wenn die Integration einer institutionalen Ordnung nur auf der Grundlage des 'Wissens', das ihre Mitglieder über sie haben, verstanden werden kann, so folgt daraus, daß die Analyse dieses 'Wissens' für die Analyse der betreffenden institutionalen Ordnung entscheidend ist."[22]

Bei Arbeitern ist der proletarische Lebenszusammenhang der Rahmen der individuellen und kollektiven Identitätsbildung. Entwicklung bedeutet hier, Erfahrungen in den verschiedensten Formen - wie der Autobiographie - auszudrücken und zur Darstellung zu bringen, um damit Bewußtwerdungsprozesse bei anderen in Gang zu setzen. Identität, so läßt sich sagen, wird durch Widerstand ausgebildet.[23] "Aus dem Konflikt zwischen Entwicklungserfordernissen und realen Verhältnissen und Bedingungen, welche diesen zuwiderlaufen, sie behindern, erschweren oder verunmöglichen können, ist aber gerade, wie Sève darlegt, die Dynamik der Persönlichkeit zu erklären. Sie rührt aus dem Widerstand gegen sozial bedingte Beschränkungen und ist perspektivisch auf Veränderung der Handlungssituation gerichtet. Indem das Individuum auf die Realisierung seines Fortschritts ... drängt, setzt es sich notwendig mit den gesellschaftlich herrschenden Bedingungen auseinander, die diesen Prozeß entweder gestatten oder behindern."[24]

Auch M. Kohli sieht den beschriebenen Sachverhalt in gleicher Weise: "Es gibt im übrigen zahlreiche empirische Hinweise darauf, daß eine entwickelte Subjektivität sich nicht bruchlos in die Grenzen einfügt, die ihn von den institutionellen Programmen zugedacht sind, sondern auf Weiterentwicklung drängt".[25]

Emmerich schreibt: "Die Identität des proletarischen Autobiographen als individuelle kann selbstverständlich in Frage gestellt sein, als gesellschaftliche ist sie es nicht. Sie stellt sich immer wieder her über die vorgegebene, von den materiellen Verhältnissen erzwungene, allen Lohnarbeitern gemeinsame Befindlichkeit: zur Klasse der Ausgebeuteten und Unterprivilegierten zu gehören."[26]

Eriksons Verdienst liegt ohne Zweifel darin, daß er die Ansätze Freuds weitergeführt hat.

Es ist jedoch zu befürchten, daß die Identitätsentwicklung nach E. H. Erikson, die eine gelungene Sozialisation beschreibt, ausschließlich für den Angehörigen der Mittelschicht gilt, und daß die Angehörigen der Unterschicht und subkulturelle Gruppen diese Art von Identität überhaupt nicht erreichen können.

Die Autobiographen, die aus der Arbeiterbewegung kommen oder ihr nahestehen, charakterisieren allerdings ihre Biographie als Lerngeschichte, als Erweiterung ihrer alltäglichen Erfahrung durch die Auseinandersetzung mit den Inhalten eben dieser Bewegung.

9.2. Der Zusammenhang von Lebensgeschichte, Identität und Herkunft

Utz Jeggle beschreibt in seinem Aufsatz "Lebensgeschichte und Herkunft", daß die Existenzgrundlage des Menschen der Ausgangspunkt ist, "von der die meisten anderen Alltagsverhaltensweisen abzuleiten" sind.[27] Der "enge Zusammenhang zwischen 'Produktionsweise' und 'Lebensweise'" - wie er in den Autobiographien sichtbar ist, wird auch von W. Emmerich betont[28], wie wir es oben dargelegt haben.

Utz Jeggle greift auf Erfahrungen zurück, die er mit seinem Freund Albert Ilien im Studium eines Dorfes am Neckar gemacht hat und stellt fest, "wie stark die Herkunft aus diesem Dorf in Lebensläufe hineinmischt".[29] Einmal ist damit die Tatsache verbunden, daß "wenig eigene Individualität durchkam" und zum anderen die schicksalhafte Verbundenheit mit der Kollektivgeschichte seines Dorfes. "Wer das Schicksal hatte, in diesem Dorf geboren zu sein, der war eingebunden in eine kollektive Geschichte, aus der sich keiner davonstehlen konnte."[30]

Identität in der industriellen Gesellschaft ist mehr an die sich differenzierende Gruppenidentität gebunden, die gemeinsame Deutungsmuster hat. "Zugleich wurde vielleicht, das ist jetzt Spekulation, in den Organisationen der Arbeiterbewegung das gefunden, jener elementare Halt, den die Bauern in ihren kleinen Äckerchen fanden. Das war die neue Heimat, sehr viel freizügiger und nicht an ein Territorium gefesselt, sondern sie in der Beziehung zwischen Schicksalsgenossen realisierend."[31] In der industriellen Gesellschaft wird das Verlassen der Heimat ein fast normales Schicksal. "Das 19.

Jahrhundert und die kapitalistische Industrialisierung haben bestehende Nahwelten, durch Arbeit geprägte Allianzverhältnisse zwischen Kultivatoren und Kultur aufgekündigt oder zerschlagen. Das war zuvor keine Heimat, dieser Armuts- und Arbeitszusammenhang des Dorfes und der hungrigen Leute, die dort mit Plackerei und Mühe ein armseliges Auskommen fanden, aber diese Welt bot einen klar umgrenzten Hort und nicht weniger klar begrenzten Halt zumindest jenen, die ein Stück von ihr besaßen."32

Auch Freud stellt einen persönlichen und kulturellen Zusammenhang im Kontext eigener biographischer Erfahrungen fest. "Was mich ans Judentum band, war - ich bin schuldig, es zu bekennen - nicht der Glaube, auch nicht der nationale Stolz, denn ich war immer ein Ungläubiger, bin ohne Religion erzogen worden, wenn auch nicht ohne Respekt von den 'ethisch' genannten Forderungen der menschlichen Kultur. Ein nationales Hochgefühl habe ich, wenn ich dazu neigte, zu unterdrücken mich bemüht, als unheilvoll und ungerecht, erschreckt durch die warnenden Beispiele der Völker, unter denen wir Juden leben. Aber es blieb genug anderes übrig, was die Anziehung des Judentums und der Juden unwiderstehlich machte, viele dunkle Gefühlsmächte, um so gewaltiger, je weniger sie sich in Worte erfassen ließen, ebenso wie die klare Bewußtheit der inneren Identität, die Heimlichkeit der gleichen seelischen Konstruktion. Und dazu kam bald die Einsicht, daß ich nur meiner jüdischen Natur die zwei Eigenschaften verdankte, die mir auf meinem schwierigen Lebensweg unerläßlich geworden waren. Weil ich Jude war, fand ich mich frei von vielen Vorurteilen, die andere im Gebrauch ihres Intellekts beschränkten, als Jude war ich dafür vorbereitet, in die Opposition zu gehen und auf das Einvernehmen mit der 'kompakten Majorität' zu verzichten."33

10. Aspekte der "Subjektivität"

10.1. Subjekt und "Subjektivität" in der Neuzeit

Das "bürgerliche Subjekt" ist als Gegenentwurf zum Persönlichkeitsbild des Mittelalters aufzufassen. Die mittelalterlichen Autoritäten verlangten die Unterordnung der Person und Akzeptanz ihres feudalistischen Weltbildes.
Das bürgerliche Subjekt wird vom "Ich" aus konzipiert.
Bei Descartes wird zwischen "res cogitans", das Ich-Bewußtsein, und "res extensa", die materielle Welt, unterschieden. Damit wird "Subjektivität" zu einem ichbezogenen Begriff.

"Das cartesianische Subjekt, seiner Macht bewußt, sah sich einer objektiven Welt gegenüber, die Berechnung, Eroberung und Beherrschung belohnte; jetzt ist das Subjekt selbst absurd geworden und seine Welt frei von Zweck und Hoffnung. Der cartesianische *res cogitans* wurde die *res extensa* entgegengesetzt, die auf das Wissen und Handeln der ersteren antwortete; jetzt existiert das Subjekt in einem eisernen Zirkel von Enttäuschung und Mißerfolg."[1]

I. Kant beschäftigt sich in der "Kritik der reinen Vernunft" mit den transzendental verstandenen Bedingungen möglicher Erfahrung. "Kant wies nach, daß Erkenntnis der Wirklichkeit weder allein aus Begriffen, noch allein aus den von den Sinnesorganen stammenden Empfindungen gewonnen werden kann, sondern nur dadurch, daß die aus den Sinnen stammende Mannigfaltigkeit unter Begriffe gebracht, in Begriffen organisiert wird, über die wir schon vor der Erfahrung ('a priori') verfügen. Daher ist Erkenntnis nur innerhalb der Grenzen möglicher Erfahrung, nicht als Metaphysik möglich. Und sie ist gebunden an die vorgängigen Begriffe; nach Kant sind dies die reinen Anschauungsformen Raum und Zeit sowie die Kategorien, wobei er eine vollständige Systematik von 12 Kategorien geben zu können glaubt."[2]

I. Kant liefert für die neuzeitliche Wissenschaft das philosophische Konzept, die Wirklichkeit wird aus der Erkenntnis des Menschen konstruiert.

Es liegt für Kant nahe, daß die Erziehung helfen soll, Subjektivität neu zu formulieren und umzusetzen. "Doch damit die kulturelle Hegemonie der Bourgeoisie entstehen kann, muß der einzelne aufgeklärt, d. h.: frei zur Herrschaft über sich selbst gelangen, über die eigene 'Natur'; im - hier also fortgeschrittenen - Königsberg ein Prozeß der (gewaltlosen) Konstituierung von Subjektivität."[3]

Daraus folgt die praktische Konsequenz: "Freiheit in der Ordnung, d. h. die entfaltete Hegemonie volkspädagogisch gedacht, setzt demnach nicht Dressur (d. h. den Erwerb von sittlichen Reflexen) voraus, sondern Denken, Reflexion, Erziehung muß aufgeklärte Anleitung zur Selbstprüfung in allen praktischen Fragen sein."[4]

An Fichtes Freiheitsbegriff wird die subjektive Akzentuierung besonders deutlich. Er bemerkt zu seiner Wissenschaftslehre, dem "System der Freiheit", daß dieses "in den Jahren, da (die Franzosen) mit äußerster Kraft die politische Freiheit erkämpften, durch inneren Kampf mit sich selbst (entstanden)" ist.[5]

"Nach Fichte muß jedes Denken notwendig vor allen inhaltlichen Annahmen mit dem Schritt der Setzung des eigenen 'Ich' beginnen: ... Fichte formuliert mit der Ich-Dialektik eine Figur, die später mit soziologischem Akzent bei G. H. Mead (als Verhältnis von 'I' und 'me') und anderen Identitätstheoretikern wiederkehrt."[6]

G. W. F. Hegel baut den Begriff Subjektivität in sein geschichtsphilosophisches Konzept ein: "'Subjektivität' sei die 'welthistorische Gestalt der Freiheit'", zugleich aber "'Macht der Entzweiung'".[7]

G. W. F. Hegel geht von der philosophischen Voraussetzung aus: "Daß das Allgemeine (Abstrakte) der Wissenschaft vorausgeht."[8] In seiner Religionsphilosophie versucht G. W. F. Hegel nach K. H. Anton "Begriff und Vorstellung, endliche und absolute Subjektivität - am Material christlich-religiöser Themata zusammenzufügen".[9] K. H. Anton führt weiter aus, um die endliche und absolute Subjektivität klarer zu fassen: "Die endliche Subjektivität beschreibt die Welt nur unter Aspekten der Endlichkeit, ihre Wahrheit manifestiert sich aber erst als Moment der einen Bewegung der göttlichen Idee. Der Widerspruch zwischen endlicher und absoluter Subjektivität verbirgt sich in der Struktur endlicher Subjektivität selbst. Hegel thematisiert diese nun eigens, und zwar so, daß er wieder nachdrücklich auf die Differenz von Begriffs- und Vorstellungslogik hinweist."[10]

K. Anton kritisiert an Hegel, daß er sich "aus der Verantwortung für die aporetische Sinnsituation des konkreten Menschen" heraushält. "In gewisser Weise stiehlt sich Hegel damit aus der Verantwortung für die aporetische Sinnsituation des konkreten Menschen, denn er verzichtet für sein Modell des Christentums darauf, daß es Weltbildaufgaben übernehmen könnte. Hegel hat Religion nicht destruiert; er hat sie im Begriff aufgehoben. Diese Aufhebung bezieht sich - nach unserer These - aber nur auf die Funktion der Religion als Weltbildsystem, an ihrem Inhalt hielt er, der sich zeitlebens als Lutheraner verstand, fest."[11]

Th. W. Adorno versucht, Hegel von einer "subjektiven Transzendentalphilosophie" her zu verstehen. "Bereits bei Kant bildet die geheime Kraftquelle die Idee, daß die in Subjekt und Objekt entzweite Welt, in der wir gleichsam als Gefangene unserer eigenen Konstitution nur mit Phänomena zu tun haben, nicht das Letzte sei. Dem fügt Hegel ein Unkantisches hinzu: daß wir, indem wir den Block, die Grenze begrifflich fassen, die der Subjektivität gesetzt ist; indem wir diese als 'bloße' Subjektivität durchschauen, bereits über die Grenze hinaus seien. Hegel, in sehr vielem Betracht ein zu sich selbst gekommener Kant, wird davon getrieben, daß Erkenntnis, wenn es das irgend gibt, der eigenen Idee nach die ganze sei; daß jedes einseitige Urteil durch seine bloße Form das Absolute meine und nicht ruhe, bis es im Absoluten aufgehoben ist. Der spekulative Idealismus verachtet nicht tollkühn die Grenze der Möglichkeit von Erkenntnis, sondern sucht nach Worten dafür, daß eigentlich jeder Erkenntnis, die eine ist, die Anweisung auf Wahrheit schlechthin innewohnt; daß Erkenntnis, um überhaupt eine und keine bloße Verdoppelung des Subjekts zu sein, mehr sei als bloß subjektiv, Objektivität gleich der objektiven Vernunft des Platon, deren Erbschaft mit der subjektiven Transzendentalphilosophie bei Hegel chemisch sich durchdringt."[12]

S. Kierkegaard wendet sich gegen den Ansatz der Hegelschen Philosophie, weil hier die Reflexion des absoluten Geistes im Vordergrund steht. Dem stellt Kierkegaard die Auffassung entgegen, daß der Mensch selbst das Zentrale ist.

Das philosophische System Hegels wird durch Kierkegaard einer Kritik unterzogen. H. G. Heimbrock schreibt: "Das Dasein hingegen ist System einzig für Gott, für den Menschen dagegen Leben in der Unabgeschlossenheit der Existenz."[13]

Religion ist nach Kierkegaard verknüpft mit "Subjektivität": "Christentum ist Geist, Geist ist Innerlichkeit, Innerlichkeit ist Subjektivität, Subjektivität ist ihrem Wesen nach die Leidenschaft, in ihrem Maximum unendliche persönlich-interessierte Leidenschaft für die eigne weite Seligkeit."[14]

In der Erkenntnis der Sünde sieht Kierkegaard den Zugang zur Subjektivität. "In der Schrift 'Die Krankheit zum Tode' behandelt Kierkegaard ausführlich die Wege und Abwege des Menschen, er selbst zu sein. Dabei liegt, christlich gesprochen, der Zugang zur Subjektivität in der Erkenntnis der *Sünde*. ... Die Sünde ist Markierung der qualitativen Differenz zwischen Gott und Mensch. Der Glaube, der durch die Anerkennung der Sünde hindurchgegangen ist, verhilft dem Menschen erst zur wahren Subjektivität."[15]

Kierkegaards Ansatz der christlichen Subjektivität will Glauben und Existenz miteinander verbinden. In seiner Kritik wendet er sich gegen philosophische und theologische Zeitgenossen, die als Wahrheitspostulat das 'Objektive' für sich beanspruchen.

Der Geschichte der Kirche mißt er keine Bedeutung bei. Ein Resultat der Geschichte, wie das dänische Staatskirchentum, mit verfestigten Haltungen und Lebensformen, scheint ihm nicht erstrebenswert und wird zum Zielpunkt seiner Kritik.

Kierkegaards Ansatz einer christlichen Subjektivität stößt an eine Grenze, wo er das Subjekt nicht mit seiner konkreten Geschichte verbinden kann. Er meint, fast zweitausend Jahre Christentumsgeschichte überspringen und doch eine Gleichzeitigkeit des Bewußtseins mit dem Christusgeschehen herstellen zu können. "Wie bekannt, ist nämlich das Christentum das einzige geschichtliche Phänomen, das ungeachtet des Geschichtlichen, ja gerade durch das Geschichtliche, für den einzelnen Ausgangspunkt für sein ewiges Bewußtsein hat seien wollen."[16]

H. G. Heimbrock bemerkt zu Kierkegaards "Konstitution christlicher Subjektivität": "Christ-werden, Selbst-werden wird zugespitzt auf die Kategorie der Entscheidung als Realisierung der ethischen Existenz des Menschen. Indem aber dabei der einzelne radikal auf seine Innerlichkeit vor Gott verwiesen wird, droht die Subjektivität des empirischen Glaubenden zu einem Abstraktum jenseits allen Weltbezugs auszutrocknen."[17]

Für Kierkegaard ist Erkenntnis ein "selbstreflexiver Prozeß" (H. G. Heimbrock).

Kierkegaards Verdienst liegt in dem Versuch, Theologie mit der Existenz des Glaubenden zu verbinden. Kierkegaards Bedeutung liegt zudem in der Akzentuierung christlicher Praxis, in der Erfahrung, daß Leben und Erkenntnis zusammengehören.

Für unsere Arbeit ist es auch bedeutsam, daß Kierkegaards Ansatz der Subjektivität eine lebensgeschichtliche Dimension hat.. Er schreibt: "Der existierende subjektive Denker ist ... beständig ein werdender."[18]

Subjektivität wird als zu empfangendes Gut und als Aufgabe begriffen: "Wenn das Christentum auch annimmt, die Subjektivität sei, als Möglichkeit der Aneignung, die Möglichkeit, dieses Gut zu empfangen, so nimmt es doch nicht an, daß die Subjektivität ohne weiteres fix und fertig sei."[19]

Die Frage nach dem "Bewußtsein" des Menschen, besonders des Proletariers, war eine zentrale Fragestellung von K. Marx. "Bewußtsein ist bei Marx an Individuen gebunden. ... Marx gebraucht den Begriff des Bewußtseins im Sinne von bewußtem Sein, das durch den Kopf endlicher Menschen geht."[20]

Für G. Lukács stellt sich dieser Zusammenhang so dar: "... wie in jeder unmittelbar-abstrakten Gegebenheitsform des Seins sind hier Bourgeoisie und Proletariat wiederum unmittelbar einander ähnlich gestellt. Aber auch hier zeigt es sich, daß während die Bourgeoisie durch ihre Klassenlage in ihrer Unmittelbarkeit festgehalten wird, wird das Proletariat durch die - ihm spezifische - Dialektik seiner Klassenlage darüber hinausgetrieben."[21]

Doch aus dieser Erfahrung des einzelnen Proletariers entwickelt Lukács seine Theorie vom Klassenbewußtsein: Subjekt der historischen Veränderung des Gesamtproletariats zu sein. Der Partei wird bei der Ausbildung des Klassenbewußtseins die entscheidende Rolle zuerkannt.

Nach Marx bildet sich das Bewußtsein aus dem Bewußtsein der ökonomischen Lage. "Das Bewußtsein kann nie etwas anderes sein als das bewußte Sein und das Sein der Menschen ist ihr wirklicher Lebensprozeß."[22]

Diese Form 'materialistischer Widerspiegelungstheorie' ist als mechanistisch einzustufen. Das Subjekt reflektiert demnach auf die äußeren gesellschaftlichen Zusammenhänge. Doch die psychologische Komponente der Subjektivität kommt nicht zur Geltung.

Zusammenfassend läßt sich feststellen: die durch R. Descartes eingeleitete moderne Sicht der Wissenschaft und die damit verbundene Aufspaltung in Subjekt und Objekt wird neuerdings hinterfragt. Es ist verständlich, daß sich der Wissenschaftler zu Beginn der Neuzeit gegen nicht-rationale Deutungen der Wirklichkeit zur Wehr setzen mußte. Hierin liegt der Erfolg, aber auch die Begrenzung dieser Methode wissenschaftlicher Denkweise.

Durch ethnologische Studien ist C. Lévi-Strauss zum Beispiel zur nachstehenden Erkenntnis gekommen: "Ich meine, daß sich die Größe und Überlegenheit der wissenschaftlichen Erklärung nicht nur in den praktischen und geistigen Errungenschaften der Wissenschaft zeigt, sondern auch in der zunehmend beobachtbaren Tatsache, daß es der Wissenschaft über die Erklärung ihrer eigenen Gültigkeit hinaus möglich wird, auch das zu erklären, was in gewissem Maße bereits im mythologischen Denken gültig war. Es ist wichtig, daß wir für diesen qualitativen Aspekt mehr und mehr Interesse entwickeln, und daß die Wissenschaft, die vom 17. bis zum 19. Jahrhundert eine rein quantitative Ausrichtung hatte, auch die qualitativen Aspekte der Wirklichkeit mit einzubeziehen beginnt. Dies wird uns ganz sicher dazu befähigen, einen großen Teil dessen, was im mythologischen Denken enthalten ist und was wir bisher als bedeutungslos und widersinnig abzutun geneigt waren, zu verstehen. Eine solche Einstellung wird uns zu der Einsicht verhelfen, daß zwischen Leben und Denken nicht jene absolute Kluft besteht, die der philosophische Dualismus des 17. Jahrhunderts als gegeben hinstellte."[23]

10.2. Subjekt und Subjektivität in der soziologischen Forschung

In der soziologischen Forschung ist die Bedeutung des "subjektiven Faktors" im gesellschaftlichen Zusammenhang in den letzten Jahren, wie wir es beschrieben haben, neu erkannt worden.

Die traditionelle Vorstellung beinhaltete, daß der Sozialisand ein passendes Objekt ist. Doch alle neueren Ansätze der Sozialisation stimmen - wie bereits dargestellt - darin überein, daß ein Kind sich durch die Auseinandersetzung mit der Umwelt entwickelt. "Darüber hinaus ist die Person als Steuerungsinstanz selber an der Wahl ihrer Lebensverhältnisse beteiligt (und versucht sich diese nach den eigenen Präferenzen umzugestalten)."[24]

Wenn man Sozialisation als einen Prozeß der Anpassung an die vorhandenen gesellschaftlichen Norm- und Wertesysteme versteht, kommt das, was das Subjekt dabei zu leisten hat, nicht ausreichend zur Geltung: z. B. Widersprüche der Kinder gegen Eltern, Lehrer u. a. Autoritäten, die Beschreibung und die Frage der erwünschten bzw. nicht erwünschten Integration des zu Sozialisierenden in die Gesellschaft.

In der konkreten Auseinandersetzung des die Situation verarbeitenden Individuums mit seiner Realität - verstanden als ständige Interaktion - vollzieht sich die Sozialisation des Individuums. Durch das Ausbalancieren von Erwartungen, die die Gesellschaft an das Individuum stellt, und den eigenen Bedürfnissen versucht das Individuum, seine Identität herzustellen.

L. Krappmann nennt diese Identität balancierende Identität.[25] Wichtig an dem von Krappmann eingeführten Begriff ist, daß das Individuum ständig versuchen muß, zwischen der Sozialität und seiner Individualität einen Ausgleich zu finden.

Inwiefern die "Handlungen anderer" mit dem "Ich"[26] zusammenhängen wird von G. H. Mead dargelegt. "Insofern nun der Einzelne in sich die Haltungen der anderen auslöst, entwickelt sich eine organisierte Gruppe von Reaktionen. Und nur dank der Fähigkeit des Einzelnen, diese Haltungen der anderen einzunehmen, soweit sie organisierbar sind, wird er sich seiner Identität bewußt".[27] G. H. Mead will seine Auffassungen in einem größeren Kontext verstanden wissen. "Besonders betonen möchte ich dabei, daß der gesellschaftliche Prozeß zeitlich und logisch vor dem unbewußten Individuum besteht, das sich in ihm entwickelt."[28]

Bedeutend an der Differenzierung von "I" und "me" durch G. H. Mead ist die Tatsache, daß er dem Individuum eine Eigenleistung zuspricht.

M. Kohli schreibt zu diesem Zusammenhang: "In interaktionistischen Ansätzen wird das Hauptgewicht auf das Zusammenfügen der lebensgeschichtlichen Erfahrungen zu einem sinnhaften Gesamtmuster (etwa unter dem Begriff 'Identität') und dessen ständige Neukonstruktion entsprechend der aktuellen Handlungssituation gelegt (z. B. Strauss 1968)."[29]

In der Auseinandersetzung um die Frage, welchen Beitrag der "symbolische Interaktionismus" für die Pädagogik leisten kann, wird auch die Bedeutung des biographischen Aspektes von M. Brumlik erörtert. Durch die Beschäftigung mit L. Krappmann kommt er zu der Schlußfolgerung: "Eben diese subjektiv-biographische Interpretation, also die Organisation von Perspektiven, ist eine unerläßliche Bedingung für die Existenz von Situationen - ohne sie würden sie nicht zustande, bzw. sofort zum Erliegen kommen, da ohne sie dem Individuum wie auch seinen Partnern sowohl Interesse als auch Anhalts- und Strukturierungsgesichtspunkte fehlten."[30]

J. Habermas verknüpft Subjekt und Gesellschaft in einer Theorie "des kommunikativen Handelns" zwischen den Gliedern einer Gesellschaft. Habermas hat ein sozialwissenschaftliches Interesse an der Psychoanalyse geltend gemacht. Er sieht in der Psychoanalyse ein exemplarisches Modell, das durch die Logik der Selbstreflexion strukturiert ist. Hier wurden verlorengegangene Erfahrungen wieder angeeignet, und dies ermöglicht nach Habermas "Selbsterkenntnis des Patienten durch die Auflösung der verdinglichten Gehalte seiner Lebensgeschichte im Akt der Selbstreflexion".[31] Dieser Ansatz subjektiver Emanzipation ist die Voraussetzung der kommunikativen Kompetenz, wo die reflexiv-sprachliche Ebene des Individuums eine soziale Dimension erhält.

Habermas grenzt sich in seinen Überlegungen von dem Subjekt-Objekt-Verhältnis der Marxschen politischen Ökonomie und solcher Theorien ab, die das Subjekt ohne Objektbezug bestimmen wollen. "Wenn das aneignende Subjekt im Nicht-Ich nicht ausschließlich auf ein vom Ich Produziertes, sondern immer auch auf ein Stück kontingenter Natur trifft, dann deckt sich der Akt des Aneignens nicht mehr mit dem reflexiven Einholen des vorlaufenden Subjektes selber."[32]

L. Hack wendet kritisch gegen Habermas ein: "Kommunikation/Sprache als zentrales Medium der gesellschaftlichen Vermittlung anzunehmen, heißt: am Unmittelbaren ansetzen, die Bedeutung der objektivierten gesellschaftlichen Strukturen von vornherein eliminieren, in denen sich Handlungen realer Menschen vermitteln."33

Nach A. Lorenzer gewinnt das Kind eigenständige Subjektivität im Wechselspiel der Mutter-Kind-Dyade: "Der entscheidende Fortschritt der sinnlich-symbolischen Interaktionsformen gegenüber den vorsymbolischen Interaktionsformen besteht also darin, daß die Stufe der spielerischen Verfügung über die Abbildung von Situationen qua Lebensentwürfen erreicht wird. Die sinnlich-symbolischen Interaktionsformen sind die erste Schicht dieser Subjektivität. Sie sind die Basisschicht der Subjektivität, die Grundlage von Identität und Autonomie und insofern die *Schaltstelle* der Persönlichkeitsbildung überhaupt."34

H.-G. Trescher weist in diesem Zusammenhang auf die Bedeutung der Sprache hin: "Erst über die sinnlich angeeignete Sprache kann die sozialisatorische Interaktion Subjektivität hervorbringen."35 A. Lorenzer führt weiter aus: "Das Kind erfährt den Aufbau von zwei Wirklichkeiten, die real miteinander verwoben sind. Zu dem in seiner Komplexität sinnvoll aufgebauten System der sensomotorischen Reaktionsweisen tritt das sinnvolle System der Sprache. Das aber heißt vor allem, zum alten einsozialisierten Verhaltenssystem kommt nun ein anderes System von Handlungsanweisungen hinzu. Die Sprache selbst ist ja nicht unabhängig von der sinnlichen Praxis der Menschen entstanden. Sie enthält deshalb in sich einen Korpus von Praxiserfahrungen, das heißt von *Praxisentwürfen* und von Praxisdeutungen. ... Im geglückten Falle verbindet und entfaltet sich die sensomotorische Welterfahrung des Kindes mit der Sprache eingelagerten überindividuellen Welterfahrung des Kollektivs."36

H.-G. Trescher untersucht in Anlehnung an A. Lorenzer, wie sich "Subjektivität" durch Einigungsschritte, ausgehend von der Mutter-Kind-Dyade, lebensgeschichtlich aufbaut. Sein Interesse besteht darin, den Aufbau beziehungsweise den Verlust symbolischer Interaktionsformen im Prozeß der Sozialisation zu beschreiben. "In der gelingenden Mutter-Kind-Beziehung impliziert die Versöhnung in den Einigungsprozessen und die aus ihnen erwachsenden symbolischen Interaktionsformen eine konkrete Utopie eines potentiell herrschaftsfreien und sinnlichen Dialogs gleichgeltender und gleichwertiger Subjekte. Die symbolischen Interaktionsformen sind deshalb als Entwürfe konkreter Utopie zu bezeichnen, weil sie als Hoffnung und Versprechen möglichen zukünftigen Lebens, 'kraft der das Subjekt in einer Fata Morgana die Reifung seiner Macht vorwegnimmt' ..., immer auch auf erwachsene Individuen verweisen. ... Im Bereich reduziert-zeichenhafter Interaktionsformen hingegen wird dieses sinnliche Versprechen auf tendenziell dinghafte Beziehungen eingeebnet. Herrschaft fließt hier als Erfahrungsverstümmelung in die Befriedigung selbst ein. Nicht extreme Versagungen haben die zentrale Bedeutung in diesem Entwicklungsverlauf, sondern die verdinglichenden und einschränkenden, verstümmelnden Einigungen auf bestimmte Interaktionsformen der Befriedigung und Versagung."[37]

Auch L. Hack versucht, Subjektivität ähnlich zu fassen. Er kommt zu der Erkenntnis, daß diese nicht durch objektive Begebenheiten, sondern durch intrinsische Motivation der Person entsteht. "... die finale Perspektive des Handelns wird in die antizipatorisch-zukunftsorientierte Subjektivität der Individuen hineingenommen."[38]

10.3. Subjekt und Subjektivität - der historische Aspekt

Arbeiten, die sich um eine Theorie der Sozialisation bemühen, müssen die individuelle Lebensgeschichte als Bildung der Persönlichkeit und die Vergesellschaftung des Subjekts im Rahmen seiner Lebenswelt und die Elemente der Gesamtkultur und Gesellschaft im historischen Wandel umfassen.[39]

Neuere Ansätze in Soziologie, Psychologie und Erziehungswissenschaft versuchen, das Verhältnis von Individuum und Gesellschaft im Rahmen eines historischen Gesamtprozesses zu beschreiben. U. Herrmann faßt dieses Anliegen so zusammen: "Die historische Notwendigkeit und Möglichkeit der Reflexion auf Sozialisation und Bildung der Persönlichkeit, der Person *als Subjekt*, wird 'materialistisch' - das heißt real- und ideengeschichtlich - in der Analyse des im Bewußtsein der Subjekte zusammenfallenden Widerspruchs von Lebenslage und Verwirklichungsanspruch als Triebkraft des gesamtgesellschaftlichen Prozesses - dort zu zeigen sein, wo der Mensch als selbstverantwortliches Subjekt als der Träger des geschichtlich-gesellschaftlichen Prozesses verstanden wird, eines Prozesses hin auf *Fortschritt*, womit dem Menschen zugleich die ganze Last der Geschichte auferlegt wird."[40]

Die methodische Verknüpfung von Individuum und Gesellschaft als ein wechselseitiges Verhältnis und in einem Prozeß des Werdens verstanden, bedeutet für eine Erforschung des Subjektbegriffs, "daß für die Rückübersetzung von Geschichte in *Geschehen* das werdende und handelnde Subjekt Bezugspunkt einer nicht nur strukturellen, sondern auch genetischen Gesellschaftstheorie wird. In der Verknüpfung von so verstandener Individual- und Gesellschaftsgeschichte von genetischem Standpunkt aus ergibt sich die Aufgabe und das Programm einer Historischen Sozialisationsforschung."[41]

Ph. Ariès beschreibt in der "Geschichte der Kindheit" (München/Wien 1975), wie sich Kindheit erst im Laufe der historischen Entwicklung herausgebildet hat. Während das Mittelalter das Kind als "kleinen Erwachsenen" sieht, ergibt sich durch die Herausbildung der Kleinfamilie (beginnend im 15. Jahrhundert bis zum 17./18. Jahrhundert) eine neue Sichtweise des Kindes. Kindheit wird jetzt als eigenständige Phase von den Erwachsenen akzeptiert und den Kindern dadurch ein Schonraum ermöglicht. Wichtig an den Thesen von Ph. Ariès für unseren Zusammenhang ist, daß er "Kindheit" unter sich wandelnden historisch-sozialen Bedingungen analysiert.

Auch N. Elias stellt fest, daß "bei einer Theoriebildung, die sich auf Menschen bezieht", der "Prozeßcharakter" mitgedacht werden muß, "... daß sich Begriffe, wie 'Individuum' und 'Gesellschaft' nicht auf zwei getrennt existierende Objekte, sondern auf verschiedene, aber untrennbare Aspekte der gleichen Menschen beziehen, ... daß Menschen überhaupt normalerweise in einem strukturierten Wandel begriffen sind."[42]

Die Arbeit von P. Rabe ("Der sozialdemokratische Charakter") zeigt zum Beispiel an einem Arbeiterviertel, wie Sozialisation über Generationen verlaufen ist. M. Kohli bemerkt: "Auch einige neue deutsche Arbeiten (zum Beispiel Rabe 1978) bzw. Forschungsvorhaben (z. B. Fuchs 1979) zur Geschichte von sozialen Bewegungen und Organisationen können als Untersuchungen kohortenspezifischer Sozialisationsprozesse gelesen werden."[43]

Nach Lévi-Strauss sieht M. Foucault die Geschichte nicht als eine zeitliche Abfolge, sondern als ein Strukturganzes. Diese Struktur wird von vier oder fünf großen Konfigurationen bestimmt, und jede rechtfertigt die andere nach dem Prinzip der logischen Eigenkonsistenz.[44]

C. Lévi-Strauss unterscheidet zwischen dem Geschichtsverständnis einfacher und komplexer Gesellschaften. "Alle Gesellschaften sind an die Geschichte gebunden, aber die unsrigen haben sich freiwillig und bewußt an sie gebunden und versuchen, aus der Geschichte den Motor des eigenen Fortschritts und der eigenen Veränderung zu machen; während andere Gesellschaften, wie die von den Ethnologen untersuchten, die sicherlich ebenso in der Geschichte angesiedelt sind wie alle anderen und eine ebenso lange Vergangenheit haben, der Geschichte gegenüber dennoch nicht die gleiche Einstellung haben. Sie übernehmen sie nicht, sondern versuchen vielmehr so zu tun, als ob die Geschichte nicht existierte, obwohl sie existiert."[45]

Für den Historismus sind erzählte Geschichten besonders wichtig. Ihnen kommt ein exemplarischer Charakter zu. "Was aus Geschichten herauskommt, ist nicht das, was einer wollte, was natürlich nicht ausschließt, daß innerhalb von Geschichten Handelnde tun, was sie wollen. Evident ist diese Struktur bei Personen. Wer und was jeweils einer ist, ist er geworden, und dazu trug bei, was er tat und unterließ. Aber niemand kann sich in seiner Identität als das Produkt seines Willens zur Produktion dieses Produkts denken. Wir sind Referenzsubjekt, aber nicht Handlungssubjekt unserer Lebensgeschichte."[46]

O. Ewert hat gezeigt, daß die sozio-kulturellen Normen und die damit zusammenhängenden Gefühlslagen durch den historischen Wandel Veränderungen unterworfen sind. "Wohnort, Größe des Wohnraums, Einkommen und Art der Entlohnung, Berufstätigkeit der Eltern, Arbeitsdauer, Zufriedenheit am Arbeitsplatz, Kinderzahl, Verhältnis von Jungen und Mädchen, Enge oder Weite des Verwandten- und Freundschaftsnetzes, Zugang zu Massenmedia, Alters- und Krankenfürsorge, Heiratsalter und Aufklärung über Antikonzeptionsmittel u.a.m. gehen in das komplexe Geflecht der Voraussetzungen ein, unter denen ganz bestimmte Erziehungsstile verwirklicht werden. Da alle diese Faktoren grundsätzlich einem historischen Wandel unterliegen können, ja sich teilweise innerhalb sehr kurzer Zeit tatsächlich intensiv gewandelt haben, erscheint es unsinnig, zeitgeschichtliche Entwicklung an einem beliebigen Punkt begrifflich einfrieren zu lassen und von 'der' Mentalität des Arbeiters oder Mittelständlers zu sprechen und der nur für ihn spezifischen Art, seine Kinder zu erziehen. Immerhin ähnelt der Erziehungsstil der (amerikanischen) Arbeiterbevölkerung von heute dem Erziehungsstil des Mittelstandes vor einer Generation, und auch die deutsche Nachkriegszeit hat einen besonders auffälligen und raschen Wandel der Erziehungsstile gezeigt ..."[47]

Auch A. W. Gouldner beschreibt, wie sich die Normen - in diesem Falle der Mittelklasse des 18. Jahrhunderts - verändern konnten. "Mit dem wachsenden Einfluß der Mittelklasse im 18. Jahrhundert kam Nützlichkeit als ein beherrschender sozialer Standard auf. Worauf es hier ankommt ist, den Utilitarismus nicht als technische Philosophie, sondern als Teil der typischen Alltagskultur der Mittelklasse zu sehen."[48]

10.3.1. Das Subjekt und der historische Aspekt bei den Vertretern der sogenannten Frankfurter Schule

Erich Fromm schrieb 1938 zu seiner Studie von 1929/30 "Arbeiter und Angestellte am Vorabend des Dritten Reiches, eine sozialpsychologische Untersuchung": "Die vorliegende Studie wurde als ein erster Versuch durchgeführt, die sozialen und psychologischen Einstellungen von zwei großen Gruppen der deutschen Bevölkerung, nämlich der Arbeiter und Angestellten, zu erforschen. Erkenntnisleitend für dieses Unternehmen war die Überzeugung, daß die Ausarbeitung einer Theorie der gesellschaftlichen Entwicklung von einer allgemeinen Zunahme empirischen Wissens entscheidend abhängt, wobei vor allem Daten über gruppenspezifische individuelle Einstellungen und Persönlichkeitsstrukturen von Bedeutung sind."[49]

"Wilhelm Reich versucht u. a. am Beispiel einer katholischen Arbeiterfrau, die während der Wirtschaftskrise Zentrum wählt, den Zusammenhang von Sexualscheu, Angst, Denkhemmung und politischer Orientierung zu belegen."[50]

W. Reich sieht in der Familie den Ort, der die psychische Struktur entscheidend beeinflußt, indem die Sexualentwicklung die eigentlichen Interessen des Individuums verdeckt, und zum anderen sieht er im Alltagsleben den entscheidenden Faktor für Veränderung bzw. Stillstand.

Das Verhältnis von Individuum und Gesellschaft, für das sich die sogenannte Frankfurter Schule (Institut für Sozialforschung) zu Beginn ihrer Arbeit interessierte, resultierte aus der Fragestellung nach dem Zusammenhang der gesellschaftlichen Entwicklung und den damit verbundenen Persönlichkeitsstrukturen.

Der Studie "Autorität und Familie" (1936) von M. Horkheimer u. a. liegt die Fragestellung zugrunde, wie es möglich war, daß die Arbeiter und Angestellten von der Ideologie des Nationalsozialismus - obwohl dieser tendenziell gegen ihre eigenen Interessen war - psychisch berührt wurden.

Die historische Entwicklung nach 1929 machte immer deutlicher, daß bei steigender Verelendung weiter Teile der Bevölkerung diese nicht nach links, sondern nach rechts tendierten.

Die Untersuchungen zum Verhältnis von "Autorität und Familie"[51] zeigen sehr deutlich, daß der historische Funktionswandel der Familie im Prozeß der Sozialisation ausschlaggebend für das Verhalten vieler Menschen in dieser historischen Situation gewesen ist. Die Studie von Horkheimer bezog sich auf die Ergebnisse von 3.000 verschickten und 586 zurückgekommenen Fragebogen.

Im "Allgemeinen Teil" der Studien zeigt Horkheimer am indischen Kastensystem und chinesischen Ahnenkult, daß Vorstellungen und Verhalten beibehalten werden können, auch wenn sich die ökonomischen Bedingungen verändern.

"Für Hegel war die Familie die zentrale moralische Institution gewesen, auf der die Gemeinschaft letztlich beruhe. Marx hatte die Familie, so wie sie ihm in der Gesellschaft, die er untersuchte, konkret begegnete, natürlich völlig anders beurteilt. Die bürgerliche Familie, so hatte er im "Kommunistischen Manifest" geschrieben, sei ein Monument der Entfremdung. Im Unterschied zu Hegel meinte er, daß eine bürgerliche Gesellschaft, welche egoistische, vom Tauschwert beherrschte Motivationen förderte, auch in die Familie eingedrungen war und ihre 'ethische' Seite deformiert hatte. Die Realität der bürgerlichen Familie, so Marx, sei ihr Warencharakter; die der proletatischen Familie ihre Auflösung, ihr Verfall durch Ausbeutung von außen."[52]

Horkheimer begründete das Ergebnis seiner Studie so: "Weil das Handeln numerisch bedeutender sozialer Schichten nicht nur durch die Erkenntnis, sondern durch eine das Bewußtsein verfälschende Triebmotorik bestimmt ist."[53]

"Das Wort 'Triebmotorik', wie Horkheimer es verwendet, verweist auf gewisse natürliche Bedingungen der Subjektivität, die - so z. B. nach Erich Fromm 1932 - "zum Unterbau des gesellschaftlichen Prozesses gehören", verweist auf Sexualität, auf den Triebapparat *als Natur*, die freilich immer schon und nur in einer gesellschaftlich bestimmten Form erscheint."[54]

Die historische Erfahrung der Weimarer Republik zeigt deutlich, daß bei fortschreitender Verelendung die Betroffenen diese Situation nicht durch die Aufhebung des Bestehenden verändern, wie es die marxistische Theorie annahm. W. Reich bemerkt zum Verhältnis von Nationalsozialismus und Masse, daß "ein Führer ... nur Erfolge haben kann, wenn seine persönliche Anschauung, seine Ideologie oder sein Programm an die durchschnittliche (psychische) Struktur einer breiten Schicht von Massenindividuen anklingt."[55]

Daraus folgt, daß das Weiterbestehen von gesellschaftlichen Strukturen, die eigentlich überholt sind, nur aufrechterhalten werden kann durch Bedingungen, die aus der subjektiven Beschaffenheit erklärt werden müssen. "Die wirtschaftliche Situation reiche bis in die feinsten Verästelungen ihres Seelenlebens hinein, unter ihrem Einfluß bildeten sich im Individuum 'zwangsläufig die die Menschen bestimmenden Mächte' aus, kapital-, herrschaftskonforme Mächte, die unbewußt sind und wirken - dem rationalen Diskurs, der Aufklärung, der Agitation entzogen."[56]

M. Horkheimer formuliert das Verhältnis von Geschichte und Psychoanalyse als eine Auseinandersetzung "um die Frage nach dem Zusammenhang zwischen dem wirtschaftlichen Leben der Gesellschaft, der psychischen Entwicklung der Individuen und den Veränderungen auf den Kulturgebieten im engeren Sinn, zu denen nicht nur die sogenannten geistigen Gehalte der Wissenschaft, Kunst und Religion gehören, sondern auch Recht, Sitte, Mode, öffentliche Meinung, Sport, Vergnügungsreisen, Lebensstil usf."[57]

H.-G. Trescher beschreibt das Forschungsinteresse der kritischen Theorie am autoritären Charakter: "Es geht zunächst nicht um die klinische Erfassung von Struktur, Genese und Symptomatologie, sondern um die sozialpsychologische Bestimmung der Grundrichtung vorherrschender Charakterzüge. In anderen Worten, um die Bestimmung einer dominanten Aktions- und Reaktionstypologie des menschlichen Denkens, Handelns und Fühlens hier und heute. Das heißt, der Begriff 'Charakter' im sozialpsychologischen Bezugsrahmen entspricht nicht dem psychoanalytischen Charakterbegriff, der am Besonderen festhält, sondern weist auf die Bereiche hin, in denen die Individuen sich einander annähern oder gleich werden, wo subjektive Besonderheit ihre Geltung verliert."[58]

Als Aufgabe für die historische Sozialisationsforschung ergibt sich: "... die Theorie muß erkennen, was Ökonomie, Kultur und Psyche vermittelt. Ja, der Theoretiker des geschichtlichen Handelns muß die Einwirkung unbewußt-seelischer Konstellationen auf die Individuen und ihre Gruppen nicht nur in Rechnung setzen, ungewohnt genug, sondern im Kontext der Gesellschaftstheorie begreifen - gerade bei unbewußten Prozessen und Strukturen handelt es sich natürlich in hohem Maße um 'komplizierende Zwischenglieder'."[59]

10.3.2. Das Subjekt und der historische Aspekt bei L. Sève

Die Subjekttheorie von Sève will "Wissenschaft vom wirklichen Leben der Individuen" sein. "Davon ausgehend, hat die Wissenschaft von der Biographie, wie wir sie verstehen, im wesentlichen die Strukturen, die Widersprüche, die Dialektik des persönlichen Lebens zu erfassen..."[60] Aus der Verankerung der 'Individualität' im Gesellschaftlichen folgt, daß sie "historisches Produkt" ist.[61] Sève zieht daraus den Schluß: "Folglich ist es unmöglich, eine Wissenschaft von den Individuen auf eine andere Grundlage zu stellen als auf die Wissenschaft von der Geschichte. Doch ebenso unmöglich wäre eine Grundlegung der Wissenschaft von der Geschichte, die nicht auch die Theorie der geschichtlichen Produktion der Individuen begründete. Denn die geschichtliche Produktion der Individuen ist nicht gewissermaßen zufälliges Nebenprodukt der Geschichte. Sie gehört ihr in vielerlei Art als wesentliches Moment an."[62]

Im Rahmen der ökonomischen Wissenschaft soll eine "Theorie der historischen Formen der Individualität" geschaffen werden: "Formen der Bedürfnisse, der produktiven Tätigkeit, der Konsumtion in ihrer gesellschaftlichen Bestimmtheit, von den gesellschaftlichen Verhältnissen implizierte Individualitätsformen wie zum Beispiel der Schatzbildner, der freie Arbeiter, der Kapitalist; den gesellschaftlichen Verhältnissen entsprechende Formen der allgemeinen Widersprüche der individuellen Existenz."[63]

Sève sieht die Persönlichkeit gekennzeichnet durch das "einmalige System von Entwicklungsnotwendigkeiten".[64] "Die einzig vorstellbaren allgemeinen Entwicklungsgesetze der Persönlichkeit sind dialektische Gesetze als Aussagen über die allgemeinen Bestimmungsformen, durch die sich die konkrete Entwicklungsnotwendigkeit in einer einmaligen Persönlichkeit begreifen läßt. Diese Gesetze sind also selbst historisch bedingt, wie die Topologie der Persönlichkeit, der sie entsprechen."[65]

Es wird von Sève der Zusammenhang zwischen den gesellschaftlichen Verhältnissen und der Persönlichkeit in der Weise hergestellt, daß die historischen Individualitätsformen eine bestimmte Notwendigkeit der Entwicklung mit einem festgelegten Zeitplan für die Persönlichkeit bedeuten. "Die notwendige Übereinstimmung von Zeitplan und Fähigkeiten definiert die *inneren psychologischen Entwicklungserfordernisse* des Individuums. Aber diese Abstimmung von Zeitplan und Fähigkeiten, die wiederum deren weitere Entwicklung bedingt, kann weitgehend nur durch Vermittlung der bestehenden gesellschaftlichen Verhältnisse realisiert werden. Hier gerät das innere psychologische Gesetz der notwendigen Übereinstimmung von Fähigkeiten und Zeitplan in Konflikt mit dem psychosozialen Gesetz der Bestimmung der persönlichen Lebensprozesse durch die gesellschaftlichen Individualitätsformen, das heißt durch die gesellschaftlichen Verhältnisse. Da diese in letzter Instanz die Gesamttopologie der Persönlichkeit souverän bestimmen, *gerät der wirkliche Zeitplan schließlich in Konflikt mit den inneren psychologischen Entwicklungsnotwendigkeiten*, was dann unzählige Konsequenzen hat. Hier ist der Kern der tiefsten Dynamik der Persönlichkeiten, einer zugleich gesellschaftlich determinierten und konkret-individuellen Dynamik. Mühelos läßt sich absehen, wieviel biographische Probleme im Licht dieses Begriffsguts bearbeitet werden könnten."[66]

10.3.3. "Subjektivität" und der historische Aspekt in der politischen Psychologie

Die politische Psychologie will die Trennung von Individuum und Gesellschaft in verschiedenen Wissenschaftbereichen überwinden und daran erinnern, "daß sie den Individuen verpflichtet" ist.[67] Durch die Aufarbeitung von Geschichte soll "Subjektivität" als zentrale Fragestellung soziologischen Denkens thematisiert werden. "Historisch muß das Thema angegangen werden, um den sozialen Identitätsverlust des Individuums als Änderung von Subjektivität des Individuums transparent werden zu lassen und damit die gesellschaftlich vorgegebenen 'points of no return' in diesem Prozeß als scheinbare zu entlarven."[68]

O. Rammstedt zeigt, wie sich "Subjektivität" zur Zeit der großen Depression Ende des 19. Jahrhunderts im Bürgertum ausbreitete. "Der Fortschrittsoptimismus, der integraler Bestandteil des Verständnisses von Gesellschaft war, wich einer Krisensensibilität."[69] Die Bedrohung der Existenz durch wirtschaftliche Entwicklungen wurde zu einer kollektiven Erfahrung. Der Schock auf die Krisenentwicklung löste eigentlich die große Depression aus und ließ sie auch länger anhalten. Die psycho-soziale Identität wurde in den bürgerlichen Kreisen zum Problem. Hier setzen auch die psychoanalytischen Erfahrungen und Arbeiten von S. Freud an.

"Zur Flucht in die Privatsphäre kommt es innerhalb bürgerlicher Kreise dann, wenn in Krisen andere soziale Gruppierungen getroffen werden, und diese Flucht in die Privatsphäre baut sich ihre eigene Metaöffentlichkeit. Die Betonung von Freundschaften und Privatclubs transzendiert das rein Private ebenso wie die sinnhaften Überhöhungen der Individualität."[70]

W. Emmerich schreibt: "Das Zeitalter des Imperialismus schließlich, das auch von großen Teilen des Bürgertums zunehmend als Herrschaft anonymer, sinnlich nicht faßbarer 'Verhältnisse' erfahren wird, führt eine fortschreitende Isolierung der bürgerlichen Individuen herbei, für die frühere Formen bürgerlicher Öffentlichkeit und Geselligkeit nicht mehr vollziehbar sind. Radikaler Subjektivismus und Individualismus in Literatur und Kunst sind die Folge."[71]

Die politische Psychologie setzt am Erleben, am Leiden des Individuums in der Gesellschaft an. "Nur im Erleben stoßen Gesellschaft und Individuum aufeinander. ... Mit der Verdinglichung der Gesellschaft wurde die Kluft zum Individuum unüberbrückbar. Das Wechselverhältnis geriet in Vergessenheit. ... Um jenes Verhältnis wieder transparent werden zu lassen, bedarf es vorerst einer Konzentration auf das *Subjekt*. Es ist bis in seine Beziehung zu seiner eigenen Natur sozial vermittelt; daher muß es psychologisch angesprochen und zugleich als politisch gefaßt werden. ... Das Individuum ist ein produziertes, dem nicht mehr als Knecht der Herr gegenübersteht, sondern eine interaktionistischen Mechanismen unzugängliche Gesellschaftsstruktur, der er nur Objekt geworden ist."[72]

Bereits Th. W. Adorno hatte das Verhältnis von Individuum und Gesellschaft in ähnlicher Weise bestimmt. "Die Menschheit, deren Geschicklichkeit und Kenntnis mit der Arbeitsteilung sich differenziert, wird zugleich auf anthropologisch primitivere Stufen zurückgezwungen, denn die Dauer der Herrschaft bedingt bei technischer Erleichterung des Daseins die Fixierung der Instinkte durch stärkere Unterdrückung."[73]

Die politische Psychologie will "Leiden als sozial produziert"[74] fassen und damit die Auffassung von der individuellen Entstehung von Leid überwinden.

10.4. Der historische Aspekt von Subjektivität und die Arbeiterautobiographie

In seinem Aufsatz "Erzählte Lebensgeschichte von Arbeitern" zeigt H. P. Bahrdt, "daß der Weg von der unterbäuerlichen Existenz auf dem Lande zur modernen Industriearbeiterexistenz vielfach sich nicht in einem einmaligen Orts- und Berufswechsel vollzog, sondern längere Zeit in Anspruch nahm und über verschiedene 'Zwischenstufen' führte. Diese kennzeichneten dann die individuellen Biographien ..."[75]

Bahrdt weist zunächst darauf hin, daß in der Frühzeit der Industrialisierung Wanderungsbewegungen innerhalb der unterbäuerlichen Schicht stattgefunden haben, und daß nicht Gemeinschaften, wie etwa zur Zeit der Völkerwanderung, sondern einzelne, höchstens Kleinfamilien ihre Heimat verlassen haben. In der Regel haben meist jüngere Leute solch einen Entschluß gefaßt. Der Weg zur Seßhaftigkeit konnte über einige Stationen führen - etwa die Arbeit in ländlichen Zucker- und Schnapsfabriken, im Straßen- und Eisenbahnbau - bevor man sich an einem Industrieort fest ansiedeln konnte. "Es liegt deshalb nahe, daß die im 'Vorfeld' der großen Industrie tätigen Lohnarbeiter entweder versuchten, aus diesem Übergangsdasein herauszukommen und 'richtige' Industriearbeiter zu werden, oder aber eine dauerhafte 'Mischexistenz' zu begründen versuchten, d. h. den ländlichen Kleinbesitz nicht aufgaben, ihre Kleinstelle weiter bewirtschafteten oder von den Familienangehörigen bewirtschaften ließen."[76]

Die Arbeiterschaft setzte sich am Anfang der industriellen Entwicklung aus mehreren unterschiedlichen Gruppen zusammen. Neben den richtigen Industriearbeitern, besonders in Städten und Ballungsräumen, gab es viele Arbeiter, die mit der Landwirtschaft verbunden waren. Neben der Arbeit wurde die Landwirtschaft weitergeführt, besonders in West- und Südwestdeutschland in Hessen und der Pfalz.[77] "Für die zuletzt genannten Gruppen läßt sich sicherlich behaupten, daß der Zwang zum völligen Heraustreten aus den hergebrachten sozialen Bindungen sich langsamer und unvollständiger vollzog. Sie traten gewissermaßen mit 'Rückversicherung', subjektiv möglicherweise mit Vorbehalten in ein industrielles Lohnarbeiter-Dasein ein."[78]

Die Industrialisierung als "objektiver Rahmen" ermöglicht also "Freisetzung von Individualität", verbunden mit Chancen und Möglichkeiten für die sich neubildende Subjektivität, aber eben auch Gefahren für das Subjekt, wie wir es bei der Beschreibung der Identitätskrise des jugendlichen Arbeiters gesehen haben.

Die unteren Schichten erfahren die Loslösung von den feudalen Bedingungen zunächst als Befreiung von einem Druck, der Jahrhunderte bestanden hatte. In feudalistischen Lebensverhältnissen war das Leben und der Lebenslauf geregelt. Es blieb den Angehörigen gar nichts anderes übrig, als sich in ihr Schicksal einzufügen. Die persönliche Unterwerfung verhinderte "Subjektivität" oder schränkte sie zumindest ein. Anderseits bot die patriarchalische Fürsorgepflicht Schutz. Mit dem Gewinn der persönlichen Freiheit durch die Stein-Hardenbergschen Reformen war jetzt die Möglichkeit gegeben, ohne Einschränkungen zu heiraten und den Ort zu wählen, wo man leben wollte. Die damit verbundene Mobilität ist ein nicht zu unterschätzendes sozialhistorisches Faktum und bildet eine wichtige Voraussetzung der Industrialisierung. "Subjektivität" hat demnach "auch" etwas mit Mobilität zu tun. Durch das Verlassen der dörflichen Gemeinschaft ist das Individuum auf sich selbst gestellt. Neue Erfahrungen bestätigen oder hinterfragen ein bisheriges Denken. Der Integrationsdruck, der von der dörflichen Gemeinschaft ausging, ist nun nicht mehr da. Subjektivität war in der dörflich-ländlichen Gemeinschaft noch sehr stark vom Kollektiv abhängig. Hier wurden Erwartungen definiert, und sie bestimmten die Rollen, die von den Individuen auszuüben waren.

Die Arbeiterautobiographie ähnelt der religiösen Autobiographie im dualistischen Verständnis der subjektiven Entwicklung. Beide kennen das "einst und jetzt" und krisenhafte Verläufe der eigenen Lebensgeschichte.

Die Bedrohung der Identität und die Wiederherstellung derselben im kollektiven Zusammenhang motivieren den Arbeiterautobiographen zur Abfassung seiner Lebensgeschichte.

J. A. Schülein beschreibt den Übergang von der vorindustriellen zur industriellen Gesellschaft und was dieser für die Identität bedeutet: "... der Rückgriff auf Traditionen - auch biographischer Art - ..." wird schwerer. "Nichts funktioniert, weil es immer so war, keine Norm gilt, weil sie immer galt."[79]

Subjektivität ist demnach durch die Industrialisierung eine Größe geworden, die auch stark von gesellschaftlichen Prozessen abhängig ist. "Zwänge" auf der einen und "Freisetzungseffekte" auf der anderen Seite sind die Folge. "Die Entstehung der bürgerlichen Gesellschaft bedeutet überhaupt erst die Möglichkeit, Lebenssituationen von einem naturhaften biologischen Rhythmus abzukoppeln, sie als individuelles Schicksal zu begreifen, Entwicklungen in Gestalt von Biographien faßbar werden zu lassen. Die sozialen Ursachen dafür sind zumindest im 19. Jahrhundert das massenhafte Verlassen von Herkunfts-Milieus, sind Freisetzungseffekte, ist jene Mobilität als Orts-, Arbeitsplatz-, Berufswechsel etc."[80]

Der gesellschaftliche Wandel, das soll noch einmal betont werden, führt bei den Bürgern wie bei den Proletariern mindestens zeitweise zur "Individualisierung der Lebenswege".[81] Die moderne Autobiographie dürfte hier ihre wesentliche soziologische Ursache haben.

Ohne Zweifel sind es die grundlegenden Veränderungen des Alltagslebens, die vom Übergang von der vorindustriellen zur industriellen Gesellschaft die "Subjektivität" bestimmen. "Es ist der Bereich der täglichen Routine, der der Subjektivität entgegenzutreten scheint. ... Und mit dem Alltag ist als konstituierendes Moment die Arbeit angesprochen..."[82]

"Subjektivität" wird bei den Arbeiterautobiographen nicht ausschließlich in den Bereich individueller Konstitutionsprozesse "verlegt", sondern hat eine soziale Dimension. Gegen Solidarität, wie sie in Selbsterfahrungsgruppen praktiziert wird, gerichtet, sagt L. Hack: "Solidarität ist *schöpferisch, tatkräftig, nach außen gerichtet*, wenn man es so nennen will: *'expansionistisch'*, jedenfalls *kämpferisch*."[83]

H. P. Bahrdt bemerkt: "Wenn ein großer Teil der heutigen Arbeiterschaft nicht in ein fragloses Arbeiterdasein hineingeboren wurde, sondern den Prozeß, durch den man zu einem Arbeiter wird, noch einmal am eigenen Leib erfahren hat, wenn also die Entstehung von Arbeiterschaft sich nicht nur einmal in der Geschichte abgespielt hat, sondern sich immer neu in den Biographien einzelner Arbeiter vollzieht, so ist der Gedanke wohl nicht abwegig, daß die Rekapitulation der jeweils eigenen Lebensgeschichte auch zur Rekapitulation der Geschichte des Kollektivs auffordern könnte."[84]

J. P. Sartre schreibt zur Bedeutung der "Gruppe" für den einzelnen: "Nur unter genau bestimmten historischen Umständen äußerster Gefährdung kann dagegen die Gruppe entstehen als eine Option für den Menschen, als Ablehnung dessen, was ihn zu Boden drückt, als das, was alle, insofern sie jetzt nicht mehr füreinander Andere, sondern Gleiche sind, dem Zustand serieller Entfremdung und Ohnmacht abgewinnen können. Die Aufhebung der Entfremdung durch die gemeinsame und souveräne Praxis der zu einer Gruppe fusionierenden Individuen erscheint als der besondere Augenblick (eines Aufstands oder einer Revolution zum Beispiel), in dem das Schicksal aller und die Geschichte wirklich an der Freiheit der bürgerlichen Individuen hängt und in dem die Möglichkeit des Reiches des Menschlichen (der aktiven und uneingeschränkten Praxis) sich als der mögliche Sinn der Geschichte manifestiert. Die Kritik beschreibt die Wandlungen der Gruppe von ihrer Fusion im Treueid (bei dem jeder zum Weg aller zu allen und alle zum Weg eines jeden zu sich selbst werden), der 'vermittelten Wechselseitigkeit', der sich in gemeinsamen Unternehmen niederschlagenden Freiheit, bis zu ihrer Organisation, ihrer Institutionalisierung, ihrem Rückfall ins Praktisch-Inerte."[85]

G. Bollenbeck legte 1976 seine Dissertation "Zur Theorie und Geschichte der frühen Arbeiterlebenserinnerungen" vor. Von besonderem Interesse ist ihm der Zusammenhang von Arbeiterbewußtsein und Lebensweise. G. Bollenbeck knüpft an die Überlegungen des marxistischen Arbeitsbegriffes von L. Sève an, wenn er ausführt: "Kennzeichnend für die Arbeiterlebenserinnerungen ist ein Lebenslauf, der von der kapitalistischen Lohnarbeit bestimmt und vom Standpunkt des Arbeiters niedergeschrieben ist."[86]

Doch G. Bollenbecks Arbeit führt die Überlegungen von L. Sève nicht weiter. Beide Wissenschaftler versuchen, das Subjekt von einem sozialhistorischen Kontext her zu interpretieren, aber eine Anerkennung der Eigendynamik subjektiv-psychischer Prozesse findet man bei ihnen nicht.

Gegen die mit Anspruch von Objektivität auftretende Geschichtsschreibung formuliert Goethe: "Über Geschichte kann niemand urteilen, als wer an sich selbst Geschichte erlebt hat."[87]

Zwischen Autobiographie, persönlicher Entwicklung und Historisch-Gesellschaftlichem lassen sich folgende Zusammenhänge herstellen: eine Autobiographie wird geschrieben, wenn der Verfasser sein Leben als erfolgreiche Entwicklung meistens im Sinne einer beruflichen Karriere versteht. Allerdings kann auch eine Motivation angenommen werden, die gegenläufig ist. Wenn das Subjekt sich nicht im Rahmen seiner gesellschaftlichen Möglichkeiten emanzipieren kann, ist es geneigt, die persönliche Entwicklung zu thematisieren, entweder als Wunsch, Idealität, Resignation, beziehungsweise Leiden.

Die sozialen Bedingungen im 19. Jahrhundert schaffen aber überhaupt erst die Voraussetzungen dafür, daß Lebensschicksale in den unteren Schichten individuell erfahren werden, zum Beispiel: Existenzkrisen, Verlust des Grund und Bodens und durch das Verlassen des Herkunftsmilieus. Andererseits kommt das Gefühl auf, sich aus den durch die ländliche Produktionsweise ergebenden wirtschaftlichen und sozialen Zwängen befreien zu können. Die Untersuchungen von M. Weber zeigen dies sehr deutlich.[88]

Im Wechsel von nur wenigen Generationen ist der Übergang von der agrarischen zur industriellen Gesellschaft vollzogen worden. Generationszusammenhang und Klassenlage als "Lagerungsphänomen" - beide sind nicht wählbar - man wird in sie hineingeboren. "Die Klassenlage wird bestimmt durch die ökonomische und marktmäßige Struktur der Gesellschaft, die 'Generationslagerung ist fundiert durch das Vorhandensein des biologischen Rhythmus menschlichen Daseins: durch die Fakten des Lebens und des Todes, durch das Faktum der begrenzten Lebensdauer und durch das Faktum des Alterns. Durch die Zugehörigkeit zu einer Generation, zu ein und demselben 'Geburtenjahrgang' ist man im historischen Strome des gesellschaftlichen Geschehens vereinzelt gelagert'."[89]

M. Kohli schreibt über den Zusammenhang von sozialem Wandel und Veränderungen im Lebenslauf: "Von den Schwierigkeiten in Folge des 'raschen Wandels' zu sprechen, ist alltäglich. Aufgrund des technologischen Fortschritts entstehen neue Anforderungen am Arbeitsplatz. Die früher geltenden Wertmuster ... werden obsolet, die Verhaltenserwartungen ... verändern sich. ... Die Auswirkungen solcher kürzerfristigen historischen Veränderungen werden mit dem Konzept der Kohorte (bzw. Generation) thematisiert. Unter Kohorte wird eine Gruppe von Individuen verstanden, die im selben Zeitraum geboren werden (oder einen Übergang im Lebenslauf abschließen, z. B. Berufseintritt). Die gleichzeitig lebenden Kohorten unterscheiden sich nach dem Alter und nach ihren früher gemachten (sozialisationsrelevant gewordenen) Erfahrungen. Historische Ereignisse bedeuten für sie nicht dasselbe: Sie erleben sie an unterschiedlichen Punkten des Lebenslaufs und auf der Grundlage unterschiedlicher früherer Erfahrungen."[90]

Aus dem Gesagten wird deutlich: "Der Lebenslauf und damit der lebenslange Sozialisationsprozeß ist von historischen Bedingungen abhängig."[91]

Durch die Industrialisierung werden die Phasen des Sozialisationsprozesses mit neuen Entwicklungsaufgaben in Verbindung gebracht. Im Fortgang der Lebensgeschichte wird der einzelne mit den historischen Veränderungen der Sozialisierung konfrontiert. Die äußeren Bedingungen, die sein Leben beeinflussen, haben auch Veränderungen der Subjektivität zur Folge.

Durch die Industrialisierung werden nun die Phasen des Lebenslaufs nicht mehr primär durch natürliche Abläufe bestimmt, sondern durch die Erfordernisse der neuen wirtschaftlichen und sozialen Gegebenheiten.

11. Religion und Biographie

11.1. Der Begriff "Religion"

Unser Interesse richtet sich in dieser Arbeit nicht darauf, "Religion" von systematisch-theologischen Topoi aus zu beschreiben. Es geht vielmehr um die Frage, welche Funktion die Religion im Leben der Arbeiter zu Beginn der Industrialisierung hatte und welche Erfahrungen und Erwartungen sie damit verbanden.

Die Frage nach der Funktion der Religion hält H. Gollwitzer wissenschaftlich für relevant und leistungsfähig. Er sagt über die funktionale Begriffsbestimmung: "Sie hält sich an das faktische Vorkommen von Religion in der vergangenen und gegenwärtigen Welt und fragt nach dem, was Religion für ihre Anhänger und für die Gesellschaft leistet, - nach den anthropologischen Motivationen, die in der Religion ihren Ausdruck finden, - nach der Bedeutung der Religionen für den Zusammenhalt, für die Sozial- und Kulturgestalt einer Gesellschaft, - nach ihrer Benützbarkeit für die Legitimation der gesellschaftlichen Ordnung, schließlich nach Dominanz und Schwund von Religion im gesellschaftlichen Leben."[1]

Die zentrale Frage ist also, welcher Funktionswandel stattgefunden hat, wie Religion in der traditionell-agrarisch bestimmten Gesellschaft verankert war und wie sich die Industrialisierung auf das Verhältnis von Subjektivität und Gesellschaft ausgewirkt hat. Im Mittelpunkt des Interesses soll die Religion als 'Orientierungsleistung' für das Leben des einzelnen in der Gruppe stehen. Da die Interpretation von Arbeiterautobiographien den Ausgangspunkt dieser Arbeit bildet, geht es primär darum, Religion aus der Perspektive des Unterschichtsangehörigen zu verstehen.

H. Gollwitzer macht auf die Schwierigkeiten aufmerksam, die sich ergeben, wenn man den Religionsbegriff definieren will. "Diese Infragestellung eines einheitlichen Religionsbegriffs von einem theologischen Standpunkt aus bezweifelt also die Antithese von Religion und Säkularisation, rückt diese beiden entgegengestellten Größen zusammen als einander nicht nur bedrängend, sondern ebenso begünstigend. Sie macht uns verständlich und läßt es uns nicht als bedauerlich erscheinen, daß ein universell anwendbarer Religionsbegriff *nicht* gebildet werden kann. Es ist offenbar aus grundsätzlicherem Befund, als viele heutige Religionssoziologen bisher anerkennen, nicht möglich, eine Definition von Religion zu gewinnen, die zugleich alle mit diesem Wort bezeichneten Erscheinungen umfaßt *und* auch deren eigentliche Intentionen. Entweder einer Definition gelingt ersteres, dann ist sie zu eng, oder sie strebt nach letzterem, dann wird sie zu weit und damit untauglich zum *definire*, zum Abgrenzen der Religion von anderen Haltungen und Handlungen im menschlichen Leben."[2]

Religion ist wie Kunst oder die Sprache eine Orientierungsleistung, bevor sie von der Wissenschaft der Analyse und einer Systematisierung unterzogen wird.[3]

Als Arbeitshypothese bietet sich auf dem Hintergrund der beschriebenen Problemlage die Definiton von Goldschmidt an. "Hängt Religion mit so tiefreichenden und konstanten Bedürfnissen und Notwendigkeiten der Menschen, individuell wie sozial, zusammen, und hat man 'überall da von Erscheinungen religiösen Charakters' zu sprechen, 'wo das Verständnis der Wirklichkeit im ganzen thematisiert wird, auch wenn das nicht unter Berufung auf Gott oder Götter geschieht, dann wird man, so lange es eine Menschheit auf Erden gibt, immer mit Religion zu tun haben. Dann haben wir 'in jeder Gesellschaft und jederzeit Religion zu erwarten' (Goldschmidt)."[4]

11.2 Der Zusammenhang von Religion und Subjektivität bei Karl Marx

Es soll im Zusammenhang mit der Fragestellung, welche Funktion die Religion im historischen Wandel für das Individuum und die Gesellschaft hat, kurz auf die Religionskritik von Marx und Feuerbach eingegangen werden, weil wir von ihr für das Verständnis von Religion einiges Wichtiges ableiten können.

Marxens erkenntnisleitendes Interesse besteht darin, die Funktion der Religion von der Gesellschaft her zu interpretieren. Mit dieser Fragestellung geht er über L. Feuerbach hinaus, der Religion als "anthropologische Konstante" versteht.

Feuerbach ordnet "Religion" dem psychologischen Bereich zu. Der Mensch kompensiert, indem er seine Bedürfnisse auf Gott projiziert. Diese Projektion ist als Selbstentfremdung aufzufassen: "Was er selbst nicht ist, aber zu sein wünscht, das stellt er sich in seinen Göttern als seiend vor, ein Gott ist der in der Phantasie befriedigte Glückseligkeitstrieb des Menschen."[5]

Marx nimmt den Gedanken der Selbstentfremdung in seinen "Thesen über Feuerbach"[6] auf, und fragt danach, wie die gesellschaftlichen Bedingungen beschaffen sein müssen, in denen Religion das Wesen des Menschen entfremdet. Marx wendet sich gegen Feuerbach, der von einem allgemeinen Begriff von "Mensch-Sein" ausgeht, ohne die gesellschaftlichen Strukturen zu bedenken, in denen der jeweilige Mensch lebt. Marx stellt dem entgegen, daß menschliches Wesen kein im einzelnen Individuum innewohnendes Abstraktum ist.

Marx konstatiert, "... daß nicht die Kritik, sondern die Revolution die treibende Kraft der Geschichte auch der Religion, Philosophie und sonstigen Theorie ist. Sie zeigt, daß die Geschichte nicht damit endigt, sich ins Selbstbewußtsein als Geist vom Geist aufzulösen..."[7]

"Religion" ist dem "Überbau" zuzuordnen und deshalb nur aus der Funktion für die Gesellschaft zu verstehen. "Die Gesamtheit dieser Produktionsverhältnisse bildet die ökonomische Struktur der Gesellschaft, die reale Basis, worauf sich ein juristischer und politischer Überbau erhebt und welcher bestimmte gesellschaftliche Bewußtseinsformen entsprechen. Die Produktionsweise des materiellen Lebens bedingt den sozialen, politischen und geistigen Lebensprozeß überhaupt."[8]

In den "Thesen über Feuerbach" schreibt K. Marx: "Feuerbach sieht daher nicht, daß das 'religiöse Gemüt' selbst ein gesellschaftliches Produkt ist und daß das abstrakte Individuum, das er analysiert, einer bestimmten Gesellschaftsform angehört."[9]

Marx konstruiert einen Zusammenhang vom "Fetischcharakter der Ware" in der kapitalistischen Gesellschaft und einer bestimmten Religionsform. Die über den Markt miteinander verbundenen individualisierten Warenproduzenten finden im "Christentum mit seinem Kultus des abstrakten Menschen, namentlich in seiner bürgerlichen Entwicklung, dem Protestantismus, Deismus, usw., die entsprechendste Religionsform."[10]

Der "Funktionsbegriff" von "Religion" bei Marx ermöglicht eine gesellschaftliche und historische Sichtweise, arbeitet aber zugleich hypothetisch. Einzelne Untersuchungen im streng soziologischen Sinn werden nicht gemacht, um die Hypothesen zu stützen. Marxens Fragestellung und Überlegung können gleichwohl als Beginn einer Religionssoziologie verstanden werden, die nach der Funktion von "Religion" in der Gesellschaft fragt.

Marx konstatiert, daß die Religion ein "verkehrtes Bewußtsein" erzeugt. Die religiösen Normen sind jedoch in ihrer jeweiligen Funktion ambivalent. Einerseits liefern sie, wie man es bei den Autobiographen sehen kann, Kriterien, mit denen man die eigenen Erfahrungen dem ethischen Werturteil unterziehen kann, andererseits können sie Bestehendes legitimieren.

Die gesellschaftliche Funktion der Religion wird auch unter historisch-materialistichem Gesichtspunkt von Marx und Engels beschrieben. Ihre These kann man dahin zusammenfassen, daß alle gesellschaftlichen Verhältnisse, alle Theorien, religiöse, juristische, literarische usw., nur zu begreifen sind, wenn die materiellen Lebensbedingungen der jeweiligen Epoche zugrundegelegt werden. Sie zeigen, wie "Religion" in ihrer historisch-institutionellen Form der jeweiligen gesellschaftlichen Entwicklungsstufe entspricht. Daraus ziehen Marx/Engels die Schlußfolgerung: Wenn die gesellschaftliche Entfremdung aufgehoben ist, wird auch die religiöse Entfremdung des Menschen aufgehoben sein.

Marx gesteht der Religion lediglich die Aufgabe und Funktion zu, der Bourgeoisie zu dienen. "Die sozialen Prinzipien des Christentums haben jetzt achtzehnhundert Jahre Zeit gehabt, sich zu entwickeln, und bedürfen keiner ferneren Entwicklung durch preußische Konsistorialräte."[11]

Die Ausführungen des Verhältnisses von Subjektivität und Religion bei Marx haben einen wichtigen Stellenwert in Marx' Überlegungen, da Kirche und Religion für ihn das Bewußtsein des Proletariats immer noch beeinflussen, insgesamt ist die Religionskritik im Marxschen Gesamtwerk sekundär.

11.3. Der Zusammenhang von Religion und Subjektivität bei E. Durkheim

E. Durkheim greift die Frage nach der Funktion der Religion für die Gesellschaft wieder auf. In seinem Werk "Le suicide" von 1897 faßt er die Bedeutung der Religion im Gegensatz zu Karl Marx positiv für die Gesamtgesellschaft: in ihrer Integrationsfunktion kommt der Religion die Aufgabe zu, die Identität der Gesamtgesellschaft und ihrer Mitglieder zu sichern.

Lévi-Strauss bemerkt zum Zusammenhang von Religion und Gesellschaft: "Die Ethnologie kennt keine einzige Gesellschaft ohne religiöse Dimension. Seit Descartes nehmen wir eine völlige Trennung zwischen rationaler Erkenntnis und Glauben vor, aber in jenen Gesellschaften gibt es so etwas nicht. Die Religion durchdringt alle Aspekte des gesellschaftlichen Lebens und umgekehrt."[12]

Auch in heutigen ethnologischen Ansätzen wird die zentrale Funktion der Religion betont.

E. Durkheims religionssoziologische Untersuchungen bezogen sich damals auf die unterschiedlichsten Gesellschaften, und er kam zu dem Ergebnis, daß Religion überall vorhanden ist und eben eine systemstabilisierende Funktion einnimmt. "In der Religion gibt es also etwas Ewiges, das das Schicksal hat, alle Einzelsymbole zu überleben, mit denen sich das religiöse Denken nach und nach bekleidet hat. Es gibt keine Gesellschaft, die nicht das Bedürfnis fühlte, die Kollektivgefühle und die Kollektivideen in regelmäßigen Abständen zum Leben zu erwecken und zu festigen."[13]

An einer anderen Stelle schreibt Durkheim: "Wir haben gezeigt, wie die religiöse Kraft, die den Klan beseelt, indem sie sich im Bewußtsein eines jeden einzelnen verkörpert, sich vereinzelt. So bilden sich sekundäre heilige Wesen. Jedes Individuum hat die seinen, die nach seinem Bild gemacht, die an sein intimes Leben gebunden, die mit seinem Schicksal verbunden sind: Die Seele nämlich, das individuelle Totem, den Schutzahnen usw. Diese Wesen sind das Objekt der Riten, die der Gläubige allein feiern kann, außerhalb jeder Gruppierung. Also eine erste Form des Individualkults. Natürlich ist das noch ein sehr unentwickelter Kult, aber auch die individuelle Persönlichkeit ist noch sehr wenig ausgeprägt."[14]

Weiter führt Durkheim aus: "Aber von dem Augenblick an, als man erkannt hatte, daß über dem Individuum die Gesellschaft steht und daß sie kein nominales und vernunfterdachtes Wesen ist, sondern ein System von handelnden Kräften, wurde eine neue Art möglich, den Menschen zu erklären. Um ihm seine wesentlichen Attribute zu erhalten, braucht man ihn jetzt nicht mehr außerhalb der Erfahrung anzusiedeln."[15]

Nach E. Durkheim besteht die Funktion der Religion primär darin, daß sie die Gemeinschaft in ihrer Kontinuität absichert. Ausprägung von Individualität gibt es nur bei Akzeptanz dieses Grundsatzes, und Formen der Selbstverwirklichung sind nur in diesem Rahmen möglich. "Vor allem gilt Durkheim ja jede beliebige Wertordnung, Religion, Moral gleichermaßen verpflichtend; außerhalb des Sozialen gibt es keine Moral, und der wahre Gehalt jeder Religion oder Ethik ist letztlich nur ihre Bestimmung, Modus der Vergesellschaftung zu sein. ... Denn daß Sozialordnung und Identität, Selbstverwirklichung und herrschende Moralität, ja: letzten Endes (Kultur-)Staat und Person so wie bei Durkheim miteinander verstrickt sind, derart, daß außerhalb der je vorgegebenen Werte-Ordnung und Integration keine 'Person' (oder Selbstverwirklichung) mehr lebensfähig wäre, macht die Anerkennung der Hegemonie fast unangreifbar und den "gesellschaftlichen Wandel" bestenfalls zum Austausch von Moralen oder herrschenden Eliten."[16]

11.4. "Subjektivität" nach J. Moltmann

K. Barths Ausgangspunkt der theologischen Überlegungen in seinem Gesamtentwurf ist nicht etwa die Subjektivität des Menschen, sondern die Gottes. Im "deux dixit" hat sich Gott selbst offenbart.[17]

R. Bultmann dagegen geht vom Subjekt aus: "Die Offenbarung vermittelt kein weltanschauliches Wissen, sondern sie redet an. Daß der Mensch in ihr sich selbst verstehen lernt, bedeutet, daß er je sein Jetzt, den Augenblick, als einen durch die Verkündigung qualifizierten verstehen lernt. Denn das Sein im Augenblick ist sein eigentliches Sein."[18]

Der Mensch ist nach J. Moltmann darauf angelegt, nach sich selbst zu fragen. Die Existenz- und Gottesfrage sind aufeinander bezogen: "Alle Aussagen über die Gottesbeziehung der Person werden nur durch ihr Gegenteil, die Weltbeziehung, definierbar. Der Mensch unterscheidet dann ständig sein Weltsein von seinem eigenen Selbstsein und macht so die Welt zur Welt in der Säkularisierung und sich zur reinen personalen Empfängnis aus Gott. Dieser Vorgang, die eigene Subjektivität aus der unendlichen Reflexion aus allen Weltbezügen heraus zu gewinnen, ist neuzeitlich."[19]

J. Moltmann geht aber über R. Bultmann hinaus. Selbstbewußtsein und Identität hängen auch mit dem Verhältnis zur Geschichte und Gesellschaft zusammen. "Nur in der Entäußerung in die Welt erfährt der Mensch sich selbst. Ohne Objektivierung ist keine Selbsterfahrung möglich. Immer ist das menschliche Selbstverständnis gesellschaftlich, sachlich und geschichtlich vermittelt. Ein unmittelbares Selbstbewußtsein und eine undialektische Identität mit sich selbst ist dem Menschen nicht möglich, das zeigt gerade noch die dialektische Entgegensetzung von Welt und Selbst bei Bultmann."[20]

11.5. Der Zusammenhang von Geschichte, Subjektivität und Religion bei M. Weber

M. Webers Gedanken kreisen um die Fragestellung: wie hängt eine Wirtschafts- und Sozialstruktur in ihrer Genese zusammen mit dem Verhaltens- und Sinnpotential der Kaufleute, die den Prozeß der bürgerlichen Gesellschaft mit in Gang gesetzt haben. Webers Fragestellung, welcher Zusammenhang zwischen der wirtschaftlichen Entwicklung zum Kapitalismus und der historisch gewordenen Persönlichkeitsstruktur der Kaufleute besteht, ist für unsere Arbeit relevant, weil er den Anteil der religiösen Sozialisation einer Gruppe im historischen Wandel zu interpretieren versucht.

Max Webers Forschungsinteresse läßt sich noch genauer präzisieren: wie kann man die dialektische Struktur des Subjekts fassen, das sozialisiert wird, aber gleichzeitig selbständig ist und selbständig bleibt Diese Fragestellung richtet sich gegen Gedanken von Karl Marx, der das Subjekt als ein von gesellschaftlich-materiellen Gesetzen abhängiges Wesen definiert.

Weber will in seiner Konzeption einer "verstehenden" Soziologie das gesellschaftliche Handeln des Menschen deutend erklären. Er fragt danach, welche Bedeutung der Religion in bezug auf das konkrete Handeln des Individuums in der Gesellschaft zukommt.

Webers erkenntnisleitendes Interesse richtet sich dabei auf die geschichtliche Entwicklung des abendländischen Kulturkreises. Er fragt danach, welche "Gesinnung" ("Geist") die Entwicklung des Kapitalismus gefördert hat. Die Genese des Kapitalismus ist nur faßbar "im historischen Individuum" als einem "Komplex von Zusammenhängen in der geschichtlichen Wirklichkeit."[21]

Durch Phänomenologie und Vergleich kommt er zu der Beobachtung, daß in protestantischen Gebieten im Vergleich zu katholischen die Bevölkerung der jeweiligen Gebiete ein unterschiedliches Wirtschaftsethos hat.

Die historische Rekonstruktion führt ihn zu einer Gesinnung, die in religiösen Ideen zu Beginn seiner Entstehung im ausgehenden Mittelalter zu finden sind. Dieser "Geist" hat sich bei bedeutenden gesellschaftlichen Gruppen herausgebildet, bevor die Gesetze des Kapitalismus Wirklichkeit wurden. Weber behauptet, daß in protestantischen, speziell calvinistischen Glaubensidealen ein Ethos sichtbar wird, das sich von allen bisher dagewesenen Wirtschaftsethiken unterscheidet. Die Forderung nach Askese wird für das Alltagsleben des Christen erhoben. Benjamin Franklins Tugendkatalog zeigt so die reinste Form einer systematischen Lebensführung, der sich der einzelne selbst unterwerfen soll. Die Zweckhaftigkeit wird zum entscheidenden Kriterium erhoben.[22]

Die Prädistinationslehre Calvins lehrt die Gratifikation der Gnadenwahl des einzelnen durch Gott im Jenseits. Dadurch ist der einzelne, wie Weber es beschreibt, in seiner weltlichen Existenz auf sich selbst gestellt. Aber in der Berufsarbeit hat er die Möglichkeit, Gott und dem Nächsten zu dienen.[23]

Weber will mit seinen Untersuchungen hier nicht etwa den Zusammenhang konstruieren, als habe die religiöse Gesinnung den Kapitalismus hervorgebracht. Es geht ihm darum zu zeigen, daß eine Ethik mit ihren Ideen das Subjekt mit einer Motivation ausstatten kann, die es besser in ein Wirtschaftsgefüge einfügt, als das bei einer anderen Ethik der Fall ist.

Nach Weber unterscheidet sich das Ziel der Erlösung bei den weniger privilegierten Schichten und den Intellektuellen. Während die ersten als Motivation die Überwindung von äußerer Not haben, wollen die Intellektuellen eine Überwindung von "innerer Not". "Je mehr der Intellektualismus den Glauben an die Magie zurückdrängt, und so die Vorgänge der Welt 'entzaubert' werden, ihren magischen Sinngehalt verlieren, nur noch 'sind' und 'geschehen', aber nichts mehr 'bedeuten', desto 'dringlicher erwächst die Forderung an die Welt und 'Lebensführung' je als Ganzes, daß sie bedeutungshaft und 'sinnvoll' geordnet seien."[24]

Lorenzer bemerkt zu unserem Zusammenhang: "Es kommt zu einer Umwertung zugunsten der rational-sprachsymbolisch organisierten Praxis und Weltdeutung. Im Calvinismus ist dies unmittelbar verknüpft mit einem das Denken und Handeln prägenden Zwang zur Systematisierung der Lebensentwürfe, festgemacht an der Prädestinationslehre mit ihrer rigiden, starren Ordnung des Glaubens als einem strikt durchrationalisierten System der Weltdeutungen. Stellt die 'sola-fide'-Lehre des Luthertums mit der Betonung des Wortes und der Predigt das diskursive Symbolsystem in den Mittelpunkt der Weltordnung, so identifiziert der Calvinismus noch radikaler die Lebensordnung mit der sprachlich-systematischen Organisation der Lebensentwürfe. Beide religiösen Systeme zielen also darauf, den persönlichkeitsbildenden Erziehungsprozeß in den Individuen bis zur Entfaltung einer 'selbständigen' Subjektivität in der Verfügung über die Sprachformeln voranzutreiben, damit in Richtung auf Selbstverfügung, Selbstbeherrschung und ein planvolles Wollen nach außen wie nach innen."[25]

Zusammenfassend läßt sich sagen: bei den Kaufleuten konnte sich Identität und die damit verbundene Gesinnung und das Verhalten über einen längeren Zeitraum, in mehreren Generationen, herausbilden. Wir haben gesehen, daß religiöse Inhalte nach Weber die Ethik beeinflussen und sie wiederum das Alltagshandeln. "Rationalität" als Grundprinzip der Wirtschaftsgesinnung und die damit verbundene "innerweltliche Askese" waren eine - so kann man sagen - große Kompensationsleistung der Kaufleute. Rationalität war aber auch notwendig, denn sie entspricht der grundlegenden Notwendigkeit des Gewinns. Sparen ist erforderlich, um notfalls schlechte Geschäfte "auffangen" zu können. Die traditionsverhafteten Denkmuster dagegen basieren auf einer feudalistischen Gesinnung. Man konnte das verzehren, was die Ernte hervorgebracht hat, da im nächsten Jahr wieder eine neue Ernte zu erwarten war.

Das Prinzip der Rationalität im Kapitalismus, das eine künstliche methodische Lebensführung verlangt, erforderte nicht nur eine Neuorientierung der Kaufleute in einer sich entwickelnden bürgerlichen Gesellschaft, sondern auch ein Umlernen der Unterschichtsangehörigen im Prozeß des Werdens der Industriegesellschaft. Die Unterschichtsangehörigen mußten - so kann man sagen - zum "Kapitalismus erzogen" werden. Die bisherige Lebensweise, die sich durch das Arbeiten und Leben auf dem Lande und damit am natürlichen Ablauf des Tages, orientierte, erfährt einschneidende Veränderungen: In dem Moment, wo durch die Industrialisierung und die damit verbundene Fabrikarbeit immer mehr Unterschichtsangehörige mit den sozialen und wirtschaftlichen Auswirkungen dieses neuen Prozesses konfrontiert werden.

Die Zeit des Merkantilismus im 18. Jahrhundert kann als Vorläufer angesehen werden, wo eine veränderte Wirtschaftsweise neue Sozialisationsbedingungen in Teilen der Unterschicht erforderlich machte. In diesem Zusammenhang gehören die Überlegungen der Philantropen um Salzmann, Campe, Rochow und Basedow. Sie zielen mit ihrer neuen Haltung der "Industriösität" auf eine rational-systematische Lebensführung bei den Unterschichtsangehörigen ab.[26] Hier wird der theoretische Zusammenhang von religiöser Sozialisation und Rationalisierung der Lebensentwürfe besonders deutlich. Diesen Zusammenhang kann man noch genauer in den Konzeptionen der sogenannten "Industrieschulen" verfolgen.[27]

Subjektivität hat nach Weber, so soll abschließend festgehalten werden, auch eine historische und gesellschaftliche Dimension, insofern das Individuum unausweichlich in die bestehende Gesellschaft eingebunden ist. "Die heutige kapitalistische Wirtschaftsordnung ist ein ungeheurer Kosmos, in den der Einzelne hineingeboren wird und der für ihn, wenigstens als Einzelnen, als faktisch unabänderliches Gehäuse gegeben ist, in dem er zu leben hat. Er zwingt dem Einzelnen, so weit er in den Zusammenhang des Marktes verflochten ist, die Normen seines wirtschaftlichen Handelns auf, der Fabrikant, welcher diesen Normen dauernd entgegenhandelt, wird ökonomisch ebenso unfehlbar eliminiert, wie der Arbeiter, der sich ihnen nicht anpassen kann oder will, als Arbeitsloser auf die Straße gesetzt wird."[28]

Das Folgeproblem eines auf Rationalität zielenden Verhaltens ist eine Subjektivität, die an ein formal-instrumentelles Handeln gebunden ist und dabei die affektgebundene Seite vernachlässigt.

11.6. Der Zusammenhang von "Alltagswelt" und Religion

Wir haben ausgeführt, daß die Alltagswelt der historische Ort ist, von dem aus die subjektiven Entwicklungen zu verstehen sind. Auch religiöse Einstellungen sind von der sozialen Wirklichkeit abhängig, wenngleich sie nicht in dieser Wirklichkeit aufgehen können und müssen. "Aus der Sicht von Religion als Aspekt der Konstruktion von Wirklichkeit und aus den Hinweisen auf die entsprechend historisch-gesellschaftliche Bedingtheit der Weisen religiöser Erfahrung und ihren korrespondierenden Verhaltensformen, Symbolen und Einstellungen folgt die Erkenntnis, daß gesellschaftliche Veränderungen und neue Interaktions- und Kooperationsformen veränderte 'Weltansichten' hervorrufen."[29]

Im Rückgriff auf religiöse Ausdrucksformen wie "Regentanz, Jagdzauber, Erntedank- und Fruchtbarkeitsriten" behauptet G. Czell, daß diese "bereits ausgeformte Antworten auf der Suche nach der Bewältigung der Probleme der Lebenswelt" darstellen.[30] "Religion ist so ursprünglicher, untrennbarer Bestandteil alltagsweltlicher Praxis und der sie konstituierenden Interaktions-prozesse."[31]

Die alltägliche Arbeitswelt, so haben es die Ausführungen über die Identitätskrise des jugendlichen Arbeiters gezeigt, erscheint als der 'Archetyp' von Wirklichkeitserfahrung schlechthin. Daraus folgt eine unterschiedliche Verteilung des Wissens in den verschiedenen Schichten. Kunst, Wissenschaft und Religion, dies ist eine Erkenntnis wissenssoziologischer Arbeit, vermitteln sich über die gesellschaftliche Arbeit und sind demnach als "Sinnprovinzen" einzustufen.

Das Interesse von P. Berger und Th. Luckmann richtet sich darauf zu beschreiben, welche Funktion der Religion bei der Herausbildung menschlicher Identität - wie wir es schon beschrieben haben - unter Berücksichtigung gesellschaftlicher Strukturen zukommt. Beide gehen davon aus, daß sich "Religion", dies soll noch bemerkt werden, auch außerhalb der Kirche findet.

Berger/Luckmann behaupten, daß Religion ein grundlegender anthropologischer Faktor ist, der in Geschichte, Kultur und Gesellschaft relevant ist. In bezug auf ihren wissenssoziologischen Ansatz stellen sie fest, daß die Religion früher und jetzt entscheidend dazu beigetragen hat, Ideen hervorzubringen. Die Wissenssoziologie wird von Berger/Luckmann aber auch kritisch rezipiert. "Wissen" läßt sich nicht auf "Ideen" und "Ideologie" beschränken. "Wissen" ist primär im "Alltagsbewußtsein" aufgehoben.

Das "Alltagswissen" konstruiert "Wirklichkeit". Diese These basiert auf der Behauptung von A. Schütz, wie wir es bereits dargestellt haben, daß der "sinnhafte Aufbau der Welt" durch das Alltagswissen erfolgt. "Die Wirklichkeit der Alltagswelt wird als Wirklichkeit hingenommen. ... Obgleich ich in der Lage bin, ihre Wirklichkeit auch in Frage zu stellen, muß ich solche Zweifel doch abwehren, um in meiner Routinewelt existieren zu können. Dieses Ausschaltung des Zweifels ist so zweifelsfrei, daß ich, wenn ich den Zweifel einmal brauche - bei theoretischen und religiösen Fragen zum Beispiel, eine echte Grenze überschreiten muß."[32]

Religion als "Wissen" ist im Sozialisierungsprozeß des Individuums verankert. Externalisierung, Objektivierung und Internalisierung beschreiben Entstehen und Funktion von Religion als Wissenssystem. Der Mensch ist wegen seiner biologischen Konstitution darauf angewiesen, eine objektive Welt hervorzubringen (Objektivierung), an der sich sein kollektives Handeln ausrichten kann (Externalisierung). Die durch Objektivierung geschaffene Kultur muß vom einzelnen internalisiert werden, damit sie einen subjektiven Sinn erhält. "Religiosität wird so bestimmt als durch das Problem der persönlichen Daseinsführung existenznotwendig gewordene Konstituierung subjektbezogener Sinnkomplexe."[33]

Der Mensch ist insofern ein "religiöses Wesen", weil er zu transzendieren vermag. Die hier verwendete Terminologie ist nicht theologisch zu verstehen, sie ist soziologisch gemeint: Sozialisierung als Internalisierung der Außenwelt durch das Subjekt. Die Religion stellt dem einzelnen den heiligen Kosmos als Verpflichtung hin und bietet Entlastung in Grenzsituationen. Religion als anthropologische Grundkonstante beschreibt so eine allgemeine Funktion, nicht aber eine spezifische Form von Religion. "In einfachen Gesellschaften ist diese Sicht der Weltansicht, der 'heilige Kosmos', im Prinzip allen Mitgliedern gleich zugänglich. Auf jeden Fall ist sie für alle gleich relevant als Hilfe bei der Interpretation der Wirklichkeit und der Bewältigung von Krisen."[34]

In neueren Arbeiten haben Berger und Luckmann die neuzeitliche Religionsform des Christentums noch näher analysiert.[35] Die Säkularisierung hat demzufolge einen Differenzierungsprozeß in Gang gesetzt, der die Gesellschaft segmentiert hat. Religion hat dabei ihre allgemeine Bedeutung eingebüßt und ist zur kirchlichen Spezialform herabgesunken.

Der einzelne kann sich jetzt nicht mehr an einer allgemeingültigen Form von Religion orientieren, mehrere Sinnsysteme bieten sich ihm an. Das hat entscheidende Auswirkungen auf das Verhältnis von Subjektivität und Religion: Die Biographie des Individuums wird so zu einer entscheidenden Konstante. Die objektivierte Außenwelt ist nun kein festgefügtes System mehr, das für alle Glieder der Gesellschaft gültig ist.

Die Privatisierung von Religion ist die notwendige gesellschaftliche Folge der Säkularisierung. In der archaischen Gesellschaft war die "Religion" noch ein selbständiger Faktor. Erst in der "Hochkultur" gliedert sich die Gesellschaft in eine Vielzahl von Teilbereichen auf. Diesem Differenzierungsprozeß ist die Religion auch unterworfen. Legitimation wird zur Hauptaufgabe der kirchlichen Institutionen mit dem Ziel, die christliche Weltanschauung unter komplexen gesellschaftlichen Strukturen aufrecht zu erhalten.

"Religiöse Sozialisation ist nicht mehr Beteiligung an der alltagsweltlichen Konstruktion von Bedeutungszusammenhängen und Weltansichten; sie erschöpft sich in der Übernahme von längst festgelegten und ausgearbeiteten speziellen Konstrukten. ... Der Geltungsbereich der kirchlich organisierten Religion schrumpfte mit, denn die von ihr verwalteten traditionellen Lebensbedeutungen verloren an Bedeutung für den Alltag der Bevölkerung in industriellen Gesellschaften. ... Religion aber, die wie hier in ihrer tradierten sozialen Form biographiefern wird und ihre sinnintegrierende Funktion für das Handeln im Alltag verloren hat, hat nach Luckmann eigentlich aufgehört, 'Religion' zu sein. ... Eine Abnahme der Plausibilität kirchlich definierter Religion impliziert deshalb nicht notwendig das Verschwinden von Religiosität überhaupt."36

11.7. Der gesellschaftlich-soziale Wandel im Verhältnis zur Religion

In der vorindustriellen Gesellschaft beinhaltete, wie gesagt, die religiöse Praxis und Weltdeutung transzendierende Momente. Das Tischgebet vor dem kargen Mahl z.B. weist über eine Notsituation beziehungsweise die als Einschränkung erlebte Existenz hinaus.

Ch.. Bürger schreibt: "Man muß sich klarmachen, daß die Ablösung von traditionsverbürgten Leitbildern und Weltdeutungen nicht reibungslos erfolgt, sondern einen überaus schmerzhaften Ablösungsprozeß darstellt, der in dem Maße als subjektive Krise erlebt wird, wie diese dem Individuum auch affektive Geborgenheit, eine sichere Identitätsgrundlage bedeutet hatten. Die epochale Erfahrung der Zerrissenheit läßt daher zugleich ein tiefes Bedürfnis nach Versöhnung, nach Totalität entstehen. Die historische neue Frage lautet: Wie ist Lebenspraxis als sinnhafte erfahrbar in einer auf abstrakte Rationalität gegründeten Gesellschaftsverfassung?"37

In der agrarisch orientierten Lebenswelt hat die Religion die Funktion, eine Ordnung zu stiften, etwa durch Zeitabläufe (Wochenrhythmus mit Sonntag, Jahreszeiten im Kirchenjahr). Außerdem läßt die religiöse Praxis "Sinnlichkeit" zu, wie Feiern und das Erlebnis des Gefühls von Gemeinschaft.

Identität ist in der agrarisch strukturierten Gesellschaft abhängig von patriarchalischer Macht. Der Vater ist derjenige, der Traditionen, Wissen und das Erbe weitergibt. "In dieser Gesellschaft hat die Tradition eine eindeutige Funktion. Gemeinsam mit der Machtstruktur bringt sie Zusammenhang in das Zusammenleben."38

Der Unterschichtsangehörige erlebt "Religion" eben im Zusammenhang mit der Ausübung von patriarchalischer Macht. So kontrollieren zum Beispiel die Gutsbesitzer direkt oder indirekt den Kirchgang. Gutsbesitzer und Bauern haben einen besonderen, herausgestellten Platz in der Kirche. Die Anstellung der Pfarrer hing in dieser Zeit auch von der Übereinstimmung mit den Bauern und Gutsbesitzern ab.

Religion ist in die Lebensform der Gruppe eingebettet und hilft dem einzelnen durch rites de passage, sich der persönlichen und sozialen Identität zu vergewissern. H. Faber stellt fest: "Wichtig ist auch, daß die Formen, in denen die Tradition und insbesondere die Religion weitergegeben werden, die gesellschaftliche Identität mitbestimmen. So ist in dieser Gesellschaft die Bestätigung der Kirchenmitgliedschaft gleichzeitig der Eintritt in die Welt der Erwachsenen."39

In der agrarisch bestimmten Gesellschaft kannte man keine Subjektivität im heutigen Sinne, da die Lebens- und Produktionsweise von der Gruppe her bestimmt wird. "Die traditionelle Gesellschaft ist dadurch gekennzeichnet, daß in ihr die Probleme des Zusammenlebens, der individuellen Entwicklung und der Legitimation von Herrschaft durch die unumschränkte, nicht in Frage zu stellende Geltung religiöser Weltbilder geregelt werden; die 'kulturelle Geltung intersubjektiv geteilter Traditionen' gewährleistet die Überlegenheit des institutionellen Rahmens gegenüber den Produktivkräften. In den religiösen Weltbildern werden Probleme der Interaktion verarbeitet; sie geben Antwort auf zentrale Probleme der Menschheit: Glück, Gerechtigkeit, Freiheit, aber auch Angst, Gewalt und Unterdrückung, Elend und Tod."[40]

Die Lebensgeschichte des Individuums wird durch ein religiöses Schema gegliedert, das an der Entwicklung des Menschen angelegt ist (Geburt = Taufe und Konfirmation = Initiation in die Erwachsenenwelt, Heirat = Trauung und Tod = kirchliche Bestattung).

Bei der Integration und Strukturierung von Subjektivitätspotentialen des Individuums in traditionellen Gesellschaften spielt die religiöse Sozialisation, wie wir es beschrieben haben, eine zentrale Rolle. Die Lebensgeschichte eines Menschen in der agrarisch strukturierten Gesellschaft vor der Industrialisierung war so fest eingebettet in die bäuerliche Lebenswelt: das Kind erlebte die Denk- und Handlungsweisen der Eltern in Übereinstimmung mit der sozialen Gruppe, die es fest umgab. Um die Wirklichkeit zu verstehen, wurde das Kind im Sozialisationsprozeß in festgelegte Deutungsmuster eingefügt. Die Fragen sind - auch wenn man zweifelt - grundsätzlich beantwortet. Der Katechismus sagt, was gut und böse ist, warum man leidet und wie man mit dem Tod fertig wird. Das Auswendiglernen der Katechismussprüche soll in schwierigen Lebenslagen Handlungsmöglichkeiten und -normen anbieten. In Grenzsituationen, wo Angst, Hoffnungslosigkeit entsteht, stellt die religiöse Sozialisation ein Instrumentarium von Hilfen zur Verfügung, neben Bibel und Gesangbuch zur versöhnlichen Erbauung auch Seelsorge und Predigt des Geistlichen und - wie bemerkt - die festgelegten Riten, die der Entlastung dienen.[41]

H. Aschwanden schreibt über die Karanga, die größte Gruppe der Shona sprechenden Afrikaner im ehemaligen Rhodesien, über den Zusammenhang von Individuum, Gruppe und Religion in einer vorindustrialen Gesellschaft: "Die Person ist, was unsere Studie hinreichend deutlich machte, für die Karanga als erstes ein Gemeinschaftswesen. Sie tragen dem Individualismus Rechnung, aber ordnen ihn in seinem Streben weitgehend dem Bedürfnis der Gemeinschaft unter. Die Individuation im Sinne eines Reifungsprozesses des Selbst gibt es nur - sinnvollerweise - innerhalb eines Gemeinschaftsgefüges; ... Ein Individuum wird man nur, wenn das Ego ganz in der Gemeinschaft aufgeht und wenn man die Aufgabe, die einem Blut (Ahnen) und Fruchtbarkeit stellen, erfüllt. Ein Neugeborenes hat alle Merkmale des Menschen; es besitzt einen Körper und die von Gott gegebene Seele, aber ein Ich wird ihm erst zuteil, wenn dieser Mensch selbst Kinder gezeugt hat und sein Name so weitergetragen wird. Die Person hat sich zu entwickeln, und zwar in einem weit gesteckten Zyklus. Diese Entwicklung beginnt schon vor der leiblichen

Existenz, nämlich im Blut und in der Fruchtbarkeit der Vorfahren; nach dem irdischen Leben geht sie weiter in die Welt der Totengeister."[42]

Zusammenfassend halten wir fest: "Subjektivität" ist auf dieser Stufe der gesellschaftlichen Entwicklung in erster Linie ein Gefühl der Zusammengehörigkeit, das über religiöse Symbole und kollektive Praxis vermittelt ist.

U. Jeggle beschreibt die Erfahrung von Macht und Abhängigkeit der Angehörigen einer Dorfgemeinschaft. "So ist der Raum im doppelten Sinn besessen, zum einen von den Bebauern, zum anderen von einer im Grunde fremden Macht, die aber den Anschein, daß ihr alles gehöre, aufgrund der Liaison mit kirchlichen und göttlichen Instanzen glaubhaft machen kann. Wer das nicht glaubt, bekommt Schlimmes zu spüren; insofern ist regionale Zugehörigkeit auch eine Machtfrage."[43]

Die Erfahrung, daß die Herrschaft über Grund und Boden auch Herrschaft über Menschen beinhaltet, konnte der Dorfbewohner häufig auch dann machen, wenn ein paar Äcker aus kirchlicher Erbpacht ihm entzogen werden sollten und damit möglicherweise seine existenzielle Grundlage gefährdet oder eingeschränkt wurde.[44]

Der Aufsatz von U. Jeggle zeigt sehr eindrücklich den Zusammenhang von religiöser Sozialisation in Lebensgeschichten mit der geographisch-kulturellen Bezugsgröße. "Also die Zugehörigkeit (in unserem Dorf-Beispiel) zum Hause Österreich, das hieß eben in der Reformation katholisch bleiben, das hieß, andere Schulgesetze haben, andere Moralvorstellungen entwickeln als im kaum sechs Kilometer entfernten erzevangelischen Altwürttemberg."[45]

Der 'einfache Mann' konnte materielle Not und Entbehrung im dörflichen Lebenszusammenhang kompensieren durch das Lesen von religiösem Schrifttum und Büchern, wenn er dazu Zeit hatte oder überhaupt in der Lage war.

Der historisch-gesellschaftliche Wandel hat tiefgreifende Auswirkungen auf das Verhältnis von Individuum und Gesellschaft gehabt. Zwei Beispiele sollen das veranschaulichen. M. Thielpappe sagt: "Unsere gesellschaftliche Wirklichkeit ist - wie Richter konstatiert, in eine 'materielle Realität', die von Politik und Wirtschaft gelenkt wird und einen 'sozialen und kulturellen Schutzraum', der eigenen Gesetzen folgt, gespalten. In der politisch-ökonomischen herrscht das Machtprinzip, während es in der psychologischen Szene um 'Sinnerfüllung' geht, und religiöse, soziale, ethische und ästhetische Werte abseits von der großen Weltbühne existieren. Kirche, Kunst und Caritas dienen gewissermaßen als 'Schonraum der Innerlichkeit', einer psychischen Welt, die nach mehrheitlichen Vorstellungen der Mensch 'wie einen Kasten' in sich trägt."[46]

H. Faber schreibt über "Religion" in der Industriegesellschaft: "Auf dem Gebiet der Religion liegt der Schwerpunkt auf der persönlichen Überzeugung. Sie wird jedoch in dieser Gesellschaft mehr und mehr als etwas Zufälliges und rein Persönliches angesehen. Wohl existiert die Religion noch in einem bestimmten Rahmen in ihren überlieferten Formen, aber auch da wird sie immer kritischer betrachtet."[47]

Die Privatisierung der Religion war als notwendige gesellschaftliche Folge der Säkularisierung herausgestellt worden. Erst in der Gegenüberstellung von Alltagsleben und kosmischer Dimension wird Religion etwas Fremdes. Das Heilige wird dem Alltäglichen übergeordnet. Der einzelne ist in seiner Daseinsdeutung von übergeordneten Normen abhängig. Ein weiterer Schritt der Differenzierung ist die Institutionalisierung der Religion, die durch den berufenen Spezialisten erfolgt. Religion als ein spezielles institutionelles Gebilde schält sich erst in der Hochkultur heraus. Das hat entscheidende Auswirkungen, wie dargestellt, auf das Verhältnis von Individuum und Religion in der industriellen Gesellschaft. Die Biographie des Menschen wird so zu einer entscheidenden Größe. Die 'objektivierte' Außenwelt ist nun kein erratischer Block mehr, der dem einzelnen gegenübersteht und für alle Gesellschaftmitglieder gültig ist.

Die Erfahrungen in der Welt der Industrie rufen eine Spaltung im Subjekt hervor, eine Spaltung von Verstand und Sinnlichkeit. Da der Motor der gesellschaftlichen Innovation jetzt die Wirtschaft und die Technik und die damit verbundene rationale Planbarkeit sind, wird dem Verstand jetzt die größere Bedeutung beigemessen.

Die neuen Entwicklungen bestimmen die Subjektivität, d. h. die vorfindlichen Formen des individuellen Denkens und Handelns. "Im Begriff der 'Charaktermaske' werden die Zwänge erfaßt, die die ökonomischen Grundgesetzlichkeiten des historischen Systems 'Kapitalismus' auf das Handeln, Denken und Fühlen von Individuen ausüben."[48]

Rationalität und Instrumentalität sind die Begriffe, die die sich historisch wandelnde Subjektivität bei den Arbeiterautobiographen kennzeichnen. Die Industriegesellschaft bringt als erstrebenswert solche Produkte hervor, die nützlich sind und die man relativ leicht erwerben kann. Hier liegt der Erfolg bei der Durchsetzung 'des industriellen Systems' in breiten Schichten der Bevölkerung. Das traditionsverhaftete Denken der vorindustriellen Gesellschaft und die damit verbundenen Normen werden relativiert. Das langlebige Produkt, das Pflege und Bewahren notwendig macht, wird durch ein pragmatisch-utilitaristisches Denken ersetzt. "Die industrielle Gesellschaft ist die totale Gesellschaft. ... Aber den Menschen zum Bedürfniswesen zu reduzieren, ihm Bedürfnisse als seine Interessen vorzugaukeln, heißt, ihn abhängig zu machen von einer Außenwelt, die ihm zum einzigen Inneren geworden ist."[49]

Ähnlich sehen Th. W. Adorno und M. Horkheimer ("Dialektik der Aufklärung") diesen Zusammenhang: "Seit je hat Aufklärung im umfassendsten Sinn fortschreitenden Denkens das Ziel verfolgt, von den Menschen die Furcht zu nehmen und sie als Herren einzusetzen. Aber die vollends aufgeklärte Erde strahlt im Zeichen triumphalen Unheils. Das Programm der Aufklärung war die Entzauberung der Welt. Sie wollte die Mythen auflösen und Einbildung durch Wissen stürzen."50

H. Marcuse formuliert - gegen S. Freuds religionskritischen Ansatz - ("Die Zukunft einer Illusion"): "Wo die Religion weiterhin das kompromißlose Streben nach Frieden und Glück bewahrt, haben ihre 'Illusionen' noch einen höheren Wahrheitsgehalt als die Wissenschaft, die an der Ausschaltung dieser Ziele arbeitet. Der verdrängte und umgeformte Inhalt der Religion kann nicht dadurch befreit werden, daß man ihn der wissenschaftlichen Haltung ausliefert."51

A. Lorenzer bemerkt zu den Thesen von H. Marcuse: "Er hat ... gezeigt, daß die Ablösung der religiös-mythischen Welterklärung einen hohen Preis kostete: Im Zuge der rationalen Lösung der 'Welträtsel' wurden die *Grundrätsel der Lebensorientierung* 'die im Mythos aufbewahrten 'Lebenserwartungen' der *'wissenschaftlichen Haltung'* anvertraut. In dem Maße, wie die soziale Wirklichkeit als objektive gesellschaftliche Struktur gesehen und die wissenschaftliche Methode zu einer Analyse der gesellschaftlichen Objektivität geschärft wurde, geriet die *andere* Seite des Objekt-Subjekt-Verhältnisses, die in den religiösen Mythen mitenthalten war, weiter ins Halbdunkel: die Subjektproblematik und die Problematik der sinnlichen Wünsche in ihrer Gegensätzlichkeit zu den Normen rationaler-'rationalistischer' Lebensführung."52

Lorenzer stellt fest: "Kurz, die Reformation war ein Wendepunkt der Umgewichtung im Verhältnis von Sinnlichkeit und Bewußtsein innerhalb des Systems der religiösen Symbole."53

11.8. Der Zusammenhang von Alltagswelt, Geschichte und Subjektivität in Beziehung zu "Biographie und Religion"

Im Mittelalter sind Texte mit biographischen Formen selten, "Heiligenlegenden" bzw. "Heiligenviten" kommen dagegen häufig vor.54

Für die mittelalterliche Literatur, die weitgehend von der Epik bestimmt ist, ist nicht das jeweilige subjektive Leben des Helden maßgebend. Es erscheint unter funktionalen Gesichtspunkten, etwa der Didaktik oder der Paränese. Die Abenteuer etwa des Erec und Iwein und die damit verbundenen Versuchungen und Bewährungen können als Entwicklung von Identität im funktionalen Sinne verstanden werden.

In der Mittelalter-Forschung (J. Bumke, G. Kaiser, E. Köhler) ist in der letzten Zeit der Versuch gemacht worden, einen Zusammenhang zwischen einem Streben des niederen Rittertums nach Identität und der höfischen Epik herzustellen. Die Suche nach Identität in dieser Schicht scheint den sozialen Funktionsverlust widerzuspiegeln.55 Die Beschäftigung mit mittelalterlicher Epik könnte den "Identifikationswünschen" des Publikums entsprechen, da hier möglicherweise "vorbewußte Bedürfnisse nach einem Lebensvollzug außerhalb der Verhaltensnormen" thematisiert werden.[56]

"Heiligenlegenden waren, so forderte es zumindest die Theologie, Vorgabe zur 'imitatio' des Heiligen (interpretiert nicht als 'Nachahmung', sondern als Nachfolge); sie wirkten aber auch (diesen Sachverhalt suchte die Theologie zu verdrängen) als Voraussetzung für eine (populär-?) religiöse magische Praxis, in der Sünder übernatürliche Hilfe zur Lösung schwieriger Lebenslagen herbeizuzitieren suchten ... Erst das göttliche Zeichen nach dem Tod (oder im Todeskampf) und die durch die Kraft des Heiligen bewirkten Wunder geben der Vita des Heiligen einen narrativen Zielpunkt, durch den sie offenbar eine biographische Struktur verleiht, die von den im sozialen Wissen gegebenen Lebensläufen abweicht: ihre Phasen sind einander nach dem Prinzip wachsender Tugendverwirklichung zugeordnet."[57]

H. U. Gumbrecht liest und interpretiert die "Heiligenlegenden" nicht "wie neuzeitliche Biographien als narrative Entfaltung 'persönlicher Identität'."[58] Denn es "setzt jene Geschichte, welche die Identität des Heiligen konstituiert, erst mit der 'zweiten Geburt' ein."[59]

H. U. Gumbrecht, der besonders Texte der spanischen und französischen Literatur zugrundelegt, untersucht solche, die Lebensläufe zum Inhalt haben. In diesen Texten sieht er "sprachliche Konkretisationen von komplexen Elementen aus den Wissensvorräten vergangener Gesellschaften".[60]

Unter dem Begriff "Lebenslauf" werden als Oberbegriff institutionalisierte, aus gesellschaftlichen "Wissensvorräten" strukturierte Lebensläufe verstanden, gleichermaßen auch vom Individuum ausgehende Erfahrungen und Handlungen.

"Die Grenzwerte des Textschemata-Spektrums wollen wir 'vita' und 'moderne Autobiographie' nennen. Viten benutzen Wissen über institutionalisierte Lebensläufe als Grundstruktur und sind deshalb dem Leser in der Abfolge ihrer Phasen schon vor Beginn der Lektüre weitgehend vorhersehbar. Moderne Autobiographien hingegen eröffnen den Rezipienten einen doppelten Prozeß der Erfahrungsbildung: da ihre narrativen Strukturen nicht auf institutionalisierte Lebensläufe reduzierbar sind, müssen sie in einem Erfahrungsprozeß des Lesers Schritt für Schritt konstituiert werden."[61]

H. U. Gumbrecht sieht einen Strukturzusammenhang, "der die Gattung 'Autobiographie' bis heute charakterisiert: eine anfängliche Diskrepanz zwischen Weltsicht des Erzähler-Ichs (das auf eine Geschichte zurückblickt) und des Protagonisten-Ichs wird im Zuge der skizzierten Entwicklung aufgehoben. Anders formuliert: die Geschichte des Protagonisten-Ichs kann die Weltsicht des Erzähler-Ichs plausibel machen."[62]

H. U. Gumbrecht sieht es als legitimiert an, "Lebensläufe in literarischen Texten stets als Symptome für den Stellenwert von Lebensläufen in vergangenen Alltagswelten" verstehen und auslegen zu können. Denn: "sie fungieren jedenfalls als Repräsentationen und Stimuli imaginärer Bewußtseinsinhalte, welche ihrerseits - etwa: als Kompensation, als Sublimierung, als Variierung etc. - aus historischen Alltagswelten und (besonders) deren Defizienzen entstehen."[63]

Der hier kurz skizzierte Ansatz H. U. Gumbrechts ist die Weiterführung eines Literaturbegriffes von Franz Koppe und Wolfgang Iser.[64] Iser sieht in der Semantik fiktionaler Texte im Gegensatz zu pragmatischen Texten - die der Alltagssituation zugehören - "'Repräsentationen' (in bezug auf den Autor) und als 'Stimuli' (in bezug auf den Rezipienten) vorkonzeptueller Imaginationen."[65]

H. U. Gumbrecht sieht seine Überlegungen zur Pragmatik und Semantik im Zusammenhang eines sich wandelnden Selbstverständnisses von Literatur als Teildisziplin einer Sozialgeschichte, die ihre Aufgabe in der Rekonstruktion vergangener Alltagswelten sieht.[66]

"Die erste Selbstbeichte großen Stils in der Weltliteratur sind Augustins Konfessionen."[67]

Von seiner Bekehrung als dem zentralen Ereignis seiner persönlichen Geschichte konzipiert Augustin seine Autobiographie. Sein dualistisches Menschen- und Weltbild läßt die Zeit vor der Bekehrung als Weg der Finsternis erscheinen, die Zeit nach der Bekehrung dagegen als Weg des Lichtes. Autobiographisches Schreiben wendet sich auf dieser Stufe an den göttlichen Urheber.

"Die Vorbedingung für eine freiere, seelisch gehaltvolle Selbstdarstellung wurde erst durch die Mystik geschaffen. Sie verlieh ihren Vertretern den Mut, inneres Geschehen unmittelbar und ohne Einkleidung in äußere Begebenheiten darzustellen. Sie schulte die Persönlichkeit zur Erfassung und Schätzung ihres Eigenwerts heran. Sie weckte in ihren Kreisen das Ich-Gefühl, ohne das selbstbiographische Aufzeichnungen undenkbar sind."[68]

"Subjektivität" im Mittelalter orientiert sich an einer höheren kosmologischen Ordnung. Erst, als das Subjekt sich selbst krisenhaft erlebt, ändert sich die Orientierung. So "erfährt es sich in der frühen Neuzeit mehr und mehr selbst als eine Instanz der Sinngebung."[69]

Der von H. U. Gumbrecht beschriebene Sachverhalt einer sich historisch und sozial wandelnden Subjektivität kann nicht auf den eigentlichen Adel und die unteren Volksschichten bezogen werden, sondern auf Schichten, die die soziale Integration anstrebten, den niederen Adel und das Bürgertum. "Mittelalterliche Kosmologie und frühneuzeitliche Subjektivität erscheinen so als Anfang und Ende des historischen Prozesses, in dessen Zentrum das Spätmittelalter steht. ... Eben in dieser 'chaotischen' Übergangsphase wuchs Texten mit Lebenslauf-Struktur eine spezifische Funktion zu."[70]

In literarischen Texten der Neuzeit wird dann deutlich, wie "Subjektivität" sich prozeßhaft aus den Handlungen des Subjekts konstituiert. "Neue Formen biographischer Narrationen in der frühen Neuzeit, welche sich nicht mehr auf schematisierte Lebensläufe aus verschiedenen Bereichen gesellschaftlicher Wissensvorräte reduzieren lassen, das war die These des vorausgehenden Abschnitts, sind Symptom für ein Bedürfnis nach Einbeziehung des Subjekts als einer Instanz der Sinnbildung, und Symptom für einen grundlegenden Wandel des 'Sinnbildungsstils'."[71]

H. R. Picard beschreibt, wie die Offenbarungsreligionen eine Gott-Mensch-Beziehung herstellen, in der sich der einzelne seiner Identität versichert weiß, die durch Gott als Person garantiert ist. Die Situation des Menschen in der Neuzeit hat sich aber weiter verändert und differenziert. "Die Offenbarungsreligionen haben Geister und Götter aus der Umwelt vertrieben. Die Abhängigkeit ist dabei auf einen Gott, von dem gelehrt wird, daß er jeden einzelnen sieht, verlagert worden. Auch in solcher Sinnweltstruktur ist die Selbstauffassung des einzelnen deshalb intakt, weil das Auge Gottes versichernde Identität dem verleiht, der sich von ihm angeschaut glaubt."[72]

Picard schreibt weiter: "Der Entzug eines Identität garantierenden göttlichen Auges, an das der menschliche Geist viele Jahrhunderte hindurch gewöhnt war, muß eine umso vollkommenere menschliche Einsamkeit zur Folge haben. Wo die Umwelt entgeistert und entgöttert wird, wo die Transzendenz entpersönlicht und schließlich leer ist, kann sich das Bewußtsein des einzelnen nur noch im Bewußtsein des Mitmenschen spiegeln."[73]

Die Selbstthematisierung des Subjekts erfolgt jetzt nicht mehr religiös, und dadurch verändert sich die Bedeutung der Autobiographie. "Der einzelne, der die transzendentale Einsamkeit erfährt, begreift zugleich, daß sie nur im mitmenschlichen Bewußtsein gemildert werden kann. Er muß folglich das Bewußtsein des anderen suchen, muß in es eindringen, denn nur in ihm findet er einen Spiegel. Nur unter den Augen des anderen kann Identitätserfahrung aufkommen."[74]

H. R. Picard fährt fort: "Damit geht der ursprünglich einsame Autobiograph in den Kreis der wissenssoziologischen gegenseitigen Verkettung ein. Der Autobiograph gestaltet seine Identität vor den Augen der anderen, wodurch er der wird, dessen Werden er beobachtet. Nicht vor einem identitätsversichernden Blick aus der Transzendenz, aber vor den Blicken der Mitmenschen gestaltet er in der Autobiographie ein Medium, das das Gesehen-Werden sichert und das als solches mithilft, ein fundamentales Bedürfnis nach Dasein und Unvergänglichkeit zu stillen."[75]

11.9. Das Verhältnis des gesellschaftlich-sozialen Wandels, religiöser Sozialisation und autobiographischer Reflexion

Zunächst wurde der einzelne aus dem gewachsenen Lebenszusammenhang - wie wir es schon beschrieben haben -, in dem Leben und Arbeit noch eine Einheit bildeten, herausgelöst. Die Familie, Schule und Fabrik bilden nun unterschiedliche soziale "Welten".

Der Unterschichtsangehörige wurde zu Beginn der Industrialisierung und auch noch in der Übergangsphase ohne Vorbereitungszeit mit dem Fabriksystem konfrontiert, während sich Rationalität bei den Kaufleuten, wie wir es gesehen haben, in einem langen kulturellen Lernprozeß herausbilden konnte.

Die soziale Notlage und die religiöse Sozialisation wurden von den Arbeiterautobiographen in ihrer Kindheit als Widerspruch erfahren. Sie haben eine Kindheit erlebt, die auf einem Weltbild beruhte, das ihnen als statisches erschien. Doch die vermittelten Normen und Werte wurden durch erste Erfahrungen des Kindes das erste Mal, man könnte sagen: vorbewußt, hinterfragt, aber in ihren Grundlagen nicht eigentlich erschüttert. So gab es in den meisten Familien wenig zu essen, während die Reichen keine Not erleiden mußten. Das äußerst kärgliche Mahl, das häufig nicht ausreichte, den Magen zu füllen, hat die Kinder oft dazu geführt, Zweifel an der Gerechtigkeit und Liebe eines höheren Wesens aufkommen zu lassen. Auch die täglichen Erfahrungen in der Schule, daß es Kindern besserer Leute eben auch besser ging und sie zudem in der Behandlung durch Lehrer und Pfarrer bevorzugt wurden, setzten eine langsamen Denkprozeß in Gang.

E. Dittrich und J. Dittrich-Jacobi nennen drei "verschiedene Stufen von Lernprozessen", die aus der Retrospektive der autobiographischen Reflexion bei den Arbeiterautobiographen deutlich sind: 1. Die Lebensverhältnisse, die durch Armut, Krankheit und Hunger gekennzeichnet sind und die die Kindheit bestimmen: "Im Zentrum stehen die diese Charakterstrukturen konstituierenden Lebensverhältnisse, die die Kindheit in unterschiedlichem Ausmaß beeinflussen."[76] 2. Die Erweiterung des sozialen Rahmens durch Eintritt in das Schulleben: "... den Erwerb soziokultureller Wertmuster, die das Selbst- und Weltverständnis ausdifferenzieren und die sehr deutlich Klassenlernprozesse in dem Sinne darstellen, als hier für den weiteren Lebensweg entscheidende Erfahrungen, insbesondere über soziale Abhängigkeiten, über den sozialen Gegner und über Widerstandsmöglichkeiten kollektiver wie individueller Art gesammelt werden."[77] 3. Die Konfrontation und Auseinandersetzung mit dem Fabrikleben: "In dieser Phase kommt es häufig zur Reformulierung des Selbstverständnisses."[78]

Der beschriebene Funktionsverlust des Vaters im gesellschaftlichen Wandel hin zur Industriegesellschaft hat einschneidende Veränderungen für die religiöse Sozialisation des Heranwachsenden zur Folge. Die zentrale Stellung des Vaters in der Familie der vorindustriellen Gesellschaft wurde durch seine besondere Sozialisationsfunktion bestimmt. Autorität und Gehorsam werden durch religiöse Normen und Werte - so wurde es deutlich - abgesichert und bilden ein Band zwischen Individuum und Gesellschaft. Da diese Werte und Normen eng mit den vorherrschenden religiösen zusammenhingen, fiel dem Vater auch die Rolle zu, sie durch Vorbild und Verhalten an die Kinder weiterzugeben. Die Rolle des Vaters und seine Funktionen waren in der vorindustriellen Gesellschaft klar umgrenzt. Niemand wagte es, die Rolle des Vaters und die damit verbundene Macht in Frage zu stellen. Wie sich der Vater selbst dem hierarchischen Prinzip unterwirft, so erwartet er das gleiche auch von seiner Familie.

Der Funktionsverlust des Vaters durch die Industrialisierung konnte nicht ohne Folgen für die religiöse Sozialisation bleiben. Während die Mutter mehr durch ihr Leben im häuslichen Bereich noch Elemente des traditionalistischen Weltbildes repräsentiert, muß dem Kind der Vater ambivalent erscheinen.

G. Bleibtreu-Ehrenberg schreibt über das Verhältnis von Religion und Sozialisation in der archaischen Gesellschaft: "Natürlich sind Naturmenschen nicht die 'edlen Wilden', als die die Aufklärung und der frühe Evolutionismus sie (ganz bewußt idealisierend) gelegentlich sahen; Egoismus, Neid, Herrschsucht und ähnliche unschöne Eigenschaften eignen ihnen nicht weniger als uns, weshalb es Unfug ist, sie uns heute als nachahmenswerte Beispiele hinzustellen. Fest steht aber das Faktum, daß *einige* zu den Naturvölkern zu rechnende Stämme *einige* für das Zusammenleben generell relevante Probleme unendlich lange vor uns erkannt haben und sich mit den ihnen denkbaren Mitteln um Abhilfe sorgten. Eines dieser Probleme ist der Kernpunkt dieses Buches und läßt sich in die einfache Frage zusammenfassen: Was muß geschehen, damit die jungen Leute reibungslos in die Welt der Erwachsenen hineinwachsen? Und sie lösten dies Problem mittels der ihnen zur Verfügung stehenden Erfahrungen aus anderen Problemfeldern, nämlich durch *Teilen* und *Abgeben* - Methoden, die sich für das Überleben der Urhorden, aus der alle Stämme des Menschengeschlechts einmal bestanden haben, als so überaus geeignet und probat erwiesen hatten."[79]

Am Beispiel Schleiermachers wird die Bedeutung von Sozialisation und Identität für den Jugendlichen sichtbar. "Der freie Raum jugendlicher Gesellungen, Experimente, Widersprüche und Engagements gehört damit zur pädagogischen Verantwortung, deren besondere Form zum ersten Mal in den Formulierungen Schleiermachers hervortrat: die heranwachsende Generation sei nicht nur auf die Erhaltung des bestehenden Guten, sondern auf seine Verbesserung, das heißt den gesellschaftlichen Fortschritt, vorzubereiten."[80]

H. Kentler spricht in diesem Zusammenhang vom "Mutationspotential, das eine jede Jugend für ihre Gesellschaft darstellt".[81]

Auch M. Affolderbach weist auf den Zusammenhang von Religion und Sinnkonstitution im Jugendalter hin: "Wir werden gefragt, warum Jugendliche zunehmend gleichgültig werden gegenüber den Problemen ihrer Umwelt, weshalb sie sich abwenden von Kirche und Gesellschaft. Als Jugendliche sind wir oft ratlos im Blick auf den Sinn und die Perspektive unseres Lebens. Die Ausbildungs- und Arbeitsplatzsituation macht uns unsicher. Wir sind ohnmächtig - oft schon im persönlichen Bereich und erst recht gegenüber den vielen politischen, sozialen und wirtschaftlichen Problemen, die uns täglich begegnen. Leistung, Fortschritt und Wohlstand sind uns fragwürdige Maßstäbe, wenn sie fortschreitende Entfremdung zwischen Menschen und fortschreitende Zerstörung der Umwelt bedeuten. Das einzige, was uns in einer fertigen und mehr und mehr zugebauten Welt noch formbar und veränderbar erscheint, ist unser eigenes Selbst."[82]

11.10. Der Zusammenhang von Symbol, Sinn und Subjektivität

C. Lévi-Strauss stellt sein Verständnis von Subjektivität dem von P. Ricoeur in einem Gespräch gegenüber. "Weil wir ... Gefangene der Subjektivität sind, können wir nicht gleichzeitig versuchen, die Dinge von innen und von außen zu verstehen; von innen können wir aber nur verstehen, wenn wir darin geboren, wenn wir tatsächlich darin sind. Der Versuch, eine - wenn ich so sagen darf - besondere Innerlichkeit in eine allgemeine Innerlichkeit zu übertragen, erscheint mir von vornherein fraglich."[83]

C. Lévi-Strauss fährt fort: "Es gibt keine Wahl insofern, als jene phonologische Revolution, die Sie mehrfach erwähnen, in der Entdeckung besteht, daß der Sinn stets aus der Kombination von Elementen resultiert, die selber nicht sinnvoll sind. Was Sie also suchen - und ich glaube Ihnen da nichts zu unterstellen, denn Sie sagen und fordern es sogar -, das ist ein Sinn des Sinnes, ein Sinn hinter dem Sinn; in meiner Perspektive ist der Sinn dagegen nie ein ursprüngliches Phänomen: der Sinn ist immer auf etwas zurückzuführen."[84]

Lautmann bemerkt zu Lévi-Strauss: "So verstehe ich das große Interesse, das Sie - wie auch die moderne französische psychoanalytische Schule aus den gleichen Gründen - der Linguistik entgegenbringen; so zeigt uns etwa das Gesetz von Zinff, daß wir, wenn wir sprechen und glauben, frei zu sprechen, tatsächlich von Strukturen beherrscht sind, die dem Eindringen des Sinnes in unser eigenes Denken vorausgehen."[85]

P. Ricoeur hält Lévi-Strauss entgegen: "... der Sinn ist zunächst das, was das Bewußtsein belehrt; die Sprache ist vor allem Vehikel des zu verstehenden Sinnes, und dieses Sinnpotential ist nicht reduzierbar auf mein Bewußtsein. ... aber wenn ich von der anderen Seite des Strukturalismus spreche, bezeichne ich damit nicht unbedingt einen Subjektivismus des Sinnes, sondern eine Dimension des Sinnes, die ebenfalls objektiv ist, jedoch von einer Objektivität, die nur für das Bewußtsein sichtbar wird, das den Sinn versteht."[86]

Für P. Ricoeur ist der Mythos Ausdruck dafür, daß Sinn in seiner Totalität angestrebt ist."[87]

M. van Esbroeck beschreibt, wie Ricoeur die Möglichkeiten und Grenzen der Symbolinterpretation einschätzt: "Das Symbol wirft nach seiner Auffassung in seiner ganzen Schärfe das zutiefst doppeldeutige Problem des sprachlichen Ausdrucks auf, der fähig ist, sowohl das Zurückgehen auf die Archäologie des Subjekts wie auch das Fortschreiten des Bewußtseins zu einem Jenseits zu artikulieren, dagegen unfähig ist, sich selbst als Bezugszentrum für andere sprachliche Ausdrücke anzubieten. An dieser Stelle ist schließlich das hermeneutischen Problem aufgeworfen."[88]

A. Lorenzer greift die Gedanken von E. Cassirer und Susanne K. Langer[89] über den Symbolbegriff auf. Er stimmt mit beiden darin überein, daß "Symbolisierung" eine zentrale Tätigkeit des Menschen ist.

Doch Lorenzer differenziert: "Symbole sind also nicht nur die diskursiv geordneten Zeichen der Sprache *und* die präsentativen Symbole der Kunst, sondern *alle* Produkte menschlicher Praxis, insofern sie 'Bedeutungen' vermitteln."[90]

Ritual und Mythos zeigen nach Langer beispielhaft die Funktion von Symbolen. Lorenzer bemerkt hierzu: "In beiden Symbolgruppen bündelt sich die Lebensorientierung. Der Mythos ist der Versuch, die Grundlagen der Identität in Bilder zu fassen, also über die Grenzen der rational-diskursiven Erkenntnismöglichkeit hinauszugehen. ...Im Ritual wird Identität in 'Lebenssymbolen' dargestellt, und zwar nicht vage intellektuell, sondern sinnlich, unmittelbar leiblich. ... Ritual und Mythos markieren am Punkt des Individuums die Stelle, an der sich die beiden großen Bewegungen der Symbolbildung fundamental kreuzen: die Linie von unbewußter Sinnlichkeit zum Bewußtsein und die Spannung zwischen Individualität und Kollektivität..."[91]

A. Lorenzer stellt fest: "Symbolbildung bewegt sich stets zwischen zwei Spannungspolen: Symbol als Ausdruck und Indiz von Herrschaftsnormen sowie Symbol als Teil einer Kultur, die zugleich *Widerstand* gegen die Unterwerfung unter diese Normen ist ...[92] So könnte man die "Wanderschaft" der Arbeiterautobiographen als ein Symbol des Unterwegs-Seins auf dem Wege zur Identität bezeichnen.

Religion wird von Lorenzer als sinnlich-symbolisches Wechselspiel verstanden: "Diese 'nicht in klare Worte' faßbaren, weil unterhalb von Sprache und Selbstverständnis angesiedelten 'Gefühlsmächte', diese 'Heimlichkeit der gleichen seelischen Konstruktion', die ein 'starkes Gefühl von Zusammengehörigkeit' erzeugt, wird - das ist meine These - vornehmlich vom sinnlich-symbolischen Wechselspiel organisiert. Als 'religiöses' Spiel zwischen der Poesie der Mythen, des Rituals und der kultischen Gegenstände begründet es die nicht-ideologische, nicht-rationalistische Besonderheit der 'jüdischen Konfession'."[93]

Am Beispiel der hier zitierten jüdischen Konfession zeigt Lorenzer, "wie die individuelle Identität und die Zugehörigkeit zu einem Kulturkollektiv in der 'seelischen Konstruktion' verankert werden, genauer, aus welchem Wechselspiel diese 'seelische Konstruktion' hervorgeht: nicht in erster Linie aus dem Zusammenwirken von Glaubenslehre und Nationalbewußtsein (was immer das sein mag), sondern aus den Bildern und gegenständlichen Bedeutungeträgern - in den genannten Fällen vorwiegend religiösen Bedeutungsträgern -, den sinnlich-greifbaren Symbolen. ... Oder sollen wir annehmen, der Ire, der Pole hätten ihre 'Standfestigkeit' aus den dogmatischen Differenzen zu Anglikanern und Orthodoxen gezogen, ja, sie seien sich der theologischen Unterschiede jemals überhaupt nennenswert bewußt gewesen?"[94]

M. Weber will in seinem Konzept "soziales Handeln deutend verstehen und dadurch in seinem Ablauf und seinen Wirkungen ursächlich erklären".[95]

A. Schütz versucht mit Hilfe seiner phänomenologischen Methode, die subjektive Seite der Sinnproblematik gegenüber M. Weber herauszustellen: "*Sinn ist ... die Bezeichnung einer bestimmten Blickrichtung auf ein eigenes Erlebnis*, welches wir, im Dauerablauf schlicht dahinlebend, als wohlumgrenztes nur in einem reflexiven Akt aus allen anderen Erlebnissen 'herausheben' können. Sinn bezeichnet also eine besondere Attitüde des Ich zum Ablauf seiner Dauer."96

J. A. Schülein bemerkt zur Theorie von A. Schütz: "Daß auch sein Modell nicht direkt aufgegriffen wurde, könnte neben dem sicher auch hier ungünstigen Erscheinungsdatum seiner Arbeit (1932) damit zusammenhängen. Dafür spricht nicht zuletzt, daß seine 'Erben' (wie Berger und Luckmann) ihm in dieser Beziehung auch nicht folgen, sondern eher versuchen, die Konstitutionsanalyse einzubinden in die Logik objektiver Faktizität sozialer Prozesse, also gewissermaßen Weber und Durkheim miteinander zu vermitteln."97

J. Habermas sieht im "herrschaftsfreien Diskurs" die Voraussetzung für das kommunikative Handeln, und Sinn ergibt sich durch die aufeinander bezogenen Erwartungshaltungen und die Möglichkeit, Bedeutungen miteinander zu teilen.98

Für wissenschaftliche Untersuchungen ergeben sich nach J. A. Schülein folgende Fragestellungen: "... wie die psychischen und sozialen Strukturen und Imperative entstehen, von denen dieser Bedarf ausgeht: Wie werden Triebimpulse zu bestimmten Identitäten formiert, wie werden Handlungen zu bestimmten Institutionen verfestigt? ... Zentral ist dabei die Frage, welcher Sinn den Subjekten gesellschaftlich zur Verfügung gestellt wird bzw. welchen sie unter ihren Lebensbedingungen selbst herstellen können, wie dieser Sinn verteilt wird bzw. sich verteilt."99

J. A. Schülein zeigt nun am Beispiel der Jugendsekten in den Industriegesellschaften, daß "Sinn" prozeßhaft zu verstehen ist und in die biographische und soziale Geschichte eingebunden ist. "Sinn (ist) immer Moment historischen Geschehens, also nicht voraussetzungslos und selbstverständlich funktionierend, sondern abhängig von dem Verhältnis von Problemkonstellationen und zugänglichen Bewältigungstechniken. Sinn ist so eingebunden in biographische und soziale Prozesse (und damit in seine eigene Geschichte). Sie legen fest, was er für Entfaltungsmöglichkeiten und Grenzen hat. Dabei muß noch unterschieden werden zwischen subjektivem und sozialem Sinn. Subjektiver Sinn leistet sowohl die praktische als auch die symbolische (beides ist als Einheit zu sehen) Integration von psychischem Prozeß und Situation, sozialer Sinn die Integration von Subjekten und sozialer Struktur. Gemeinsam ist beiden die Reflexivität von Sinn, daß er seine eigenen Bedingungen bestimmt und verändert."100

Aus dem oben Gesagten ergibt sich, daß die Lebensgeschichte in ihrem phasenhaften Verlauf durch das Individuum mit Sinn versehen werden muß. Das ist in einfachen Gesellschaften mit überschaubaren Strukturen notwendig, aber noch viel mehr in einer komplexen Gesellschaft wie dem industriellen System. "Die symbolische Sinnwelt reguliert auch die Abfolge verschiedener Phasen des Einzellebens. In primitiven Gesellschaften geben die Riten der Lebensübergänge dieser nomischen Funktion auf urtümliche Weise Ausdruck. Die Periodisierung des Lebenslaufes wird für jedes Stadium im Hinblick auf das Ganze des menschlichen Lebens symbolisiert. Kind, Jüngling, Mann und so weiter - jede Phase wird als eine Seinsweise in der symbolischen Sinnwelt legitimiert, meistens in der Art einer bestimmten Beziehung zur Welt der Götter. Daß solche Symbolisierung die Gefühle der Sicherheit und Zugehörigkeit fördert, ist allzu offensichtlich, als daß wir darauf eingehen müßten. Ein Fehler wäre es jedoch, dabei nur an primitive Gesellschaften zu denken. Eine moderne psychologische Entwicklungstheorie der Persönlichkeit kann dieselbe Wirkung tun. In beiden Fällen kann die Person ihren Übergang von einer Lebensphase zur anderen als eine Sequenz auffassen, die 'in der Natur der Dinge' oder in ihrer eigenen 'Natur' angelegt ist. Das heißt: der Mensch kann sich vergewissern, daß er 'wirklich' beziehungsweise 'richtig' lebt. Die Wirklichkeit und Richtigkeit seiner Lebensvorstellung erhält so ihre Legitimation von der höchsten Ebene der Allgemeingültigkeit. Schaut er zurück auf vergangene Zeiten seines Lebens, so wird ihm dessen Gang in diesem Sinne verständlich. Blickt er voraus in die eigene Zukunft, so kann er sein Leben als Entfaltung in einer Sinnwelt auffassen, deren endliche Koordinaten bekannt sind."[101]

An dieser Stelle soll noch einmal der Bedeutung wegen auf Überlegungen von A. Lorenzer zurückgegriffen werden. A. Lorenzer zeigt interpretierend an einer Studie von Anne Parsons[102], wie die religiöse Symbolik bei der Bildung der jugendlichen Identität in einem sozio-kulturellen Kontext - hier des katholischen Neapel - in Dienst genommen wird, um die Kollektivität aufrecht erhalten zu können. "So besuchen Jungen nur so lange sie klein sind in Gesellschaft der Frauen der Familien die Messe. Erreichen sie die Pubertät, sorgen die Gleichaltrigen oder auch die männlichen Familienmitglieder durch gezielte Sticheleien dafür, daß sie schließlich der Kirche fernbleiben. ... Die spöttische Kritik an der Kirche ist zentraler Bestandteil der Interaktion in Gleichaltrigengruppen, die sich meist nach der Zeit der Pubertät bilden."[103]

Lorenzer interpretiert diesen von A. Parsons dargestellten Sachverhalt so: "Die 'Indienstnahme' der religiösen Symbole für die subjektstiftende Ablösung *und* Bewahrung der ödipal stark aufgeladenen Matrix enthalten ein wichtiges Moment: In der religiösen Symbolik kann der enggezogene familiale Rahmen überwunden werden. Die religiöse Symbolik ist *Kollektivbesitz*, überfamilial - wie die 'Gruppe der Altersgleichen'. Sie ergänzt deren familienübersteigende Rolle und verankert die 'Verselbständigung mit anderen' in der Grundstruktur der Persönlichkeit."[104]

Als Arbeitshypothese folgert Lorenzer aus der Analyse des neapolitanischen Madonnenkultus: "Der veränderte Umgang mit dem Mythos und den

Bildern schafft unterhalb der Sprache und der Normen eine *Widerstandsschicht gegen die ideologisch-normativen Deutungen und Handlungsanweisungen.*"105

Auch E. Alexander meint, ähnlich wie A. Lorenzer, daß neuere Entwicklungen im religiösen Leben der katholischen Kirche auf eine Ent-Sinnlichung hinauslaufen, die es ihr schwermachen, an ihrer "Kindheitsreligion" festzuhalten. In diesem Zusammenhang spricht sie davon, daß der katholischen Kirche die "Intimsphäre" verlorengehe.[106]

Hier wird deutlich, wie eng religiös-sinnliche Momente von Tradition mit der Lebensgeschichte zusammenhängen. Religiöse Erfahrungen und Gefühle der Kindheit als positiv erlebt, können beim Erwachsenen nicht ohne weiteres reaktiviert werden, weil die religiöse Praxis im Kultus mehr auf eine Rationalisierung hinausläuft. Die moderne Architektur zum Beispiel, die einem rational-funktionalistischen Weltverständnis in ihrer Darstellung entsprechen soll und die auch weitgehend von der katholischen Kirche übernommen wurde, läßt ein Gefühl der Geborgenheit schwerer entstehen als dies früher möglich gewesen ist, wie E. Alexander es in ihrem Rundfunkvortrag beschreibt.

Hier ist auch die Motivation zu suchen, warum sich viele christliche Gläubige gegen Veränderungen im Kultus der Kirche zur Wehr setzen. Denn bestimmte religiöse Traditionen nehmen im Gefühlsleben einen wichtigen Platz ein und sichern Identität lebensgeschichtlich ab.

Die Ausführungen haben deutlich gemacht, daß Symbole in ihrer biographischen Verknüpfung "Sinn" bekommen. So lösen sich die Arbeiterautobiographen von zum Teil hergebrachten tradierten religiösen Symbolen durch Umformung, Reduktion oder Eliminierung. Reduktion und Eliminierung stehen hier für Verlust der Partizipation an Mythos und Ritual des Kollektivs. "Die Zerstörung der Schicht der sinnlichen Symbole der Religion war bei solcher Sachlage unerläßlich. Die totale 'Rationalisierung' verlangt zur Sicherung des Anspruchs auf unbegrenzte Welterklärung die Zurückdrängung des Einspruchs sinnlich-emotionaler Persönlichkeitsanteile. Und die Irrationalisierung des Rationalen - die 'Verweltanschaulichung' - setzt eine Aufweichung der Subjektivität voraus, indem die grundlegende Schicht sinnlich-symbolischer Interaktionsformen geschwächt wird."[107]

Im Prozeß der Emanzipation der Arbeiterautobiographen werden die Symbole religiöser Erfahrung von ihnen und ihren Leidensgenossen entschlüsselt. Die Erfahrung auf der Wanderschaft zeigt dem Arbeiterautobiographen zum Beispiel ritualisierte Formen religiöser Praxis bei der Bevölkerung. Diese Formen korrespondieren mit einem starren System von Erwartungen und Verhalten gegenüber Fremden. Der Arbeiterautobiograph vermißt Menschlichkeit und Verständnis, die er in seiner Situation der Vereinzelung besonders braucht. Diese Erfahrungen scheint er zu parallelisieren mit der in Formen erstarrten religiösen Praxis, wie sie häufig in der Kindheit erlebt wurde. Insofern kann auch die Wanderschaft als Versuch einer Bearbeitung religiöser Erfahrung und der damit verbundenen Symbolsysteme verstanden werden.

12. Zusammenfassung

Die Auseinandersetzung mit der religiösen Sozialisation hat gezeigt, daß diese nur eine spezielle Problematik im Zusammenhang einer allgemeinen Identitätsproblematik ist.
In welcher Weise Selbstreflexion, Sinnsuche und Biographie zusammenhängen, wurde durch die Analyse der Identitätskrise im Jugendalter und der Charakterisierung der sich daraus ergebenden Entwicklung gezeigt.

Im Vergleich zwischen archaischen und modernen Gesellschaften wurde deutlich, was Identität bedeutet. In archaischen Gesellschaften wird Identität von der Gruppe her bestimmt. Festgelegte Normen und Riten bestimmen den Lebenslauf des einzelnen. Die Industriegesellschaft dagegen ermöglicht "Freiheit", verpflichtet den einzelnen aber, sich der Rationalität, Funktionalisierung und Differenzierung zu stellen.

Während archaische Gesellschaften ihre Krisen kollektiv zu lösen versuchen, muß in der modernen Gesellschaft der einzelne auch in der Lage sein, Krisen, Umbrüche und Innovationen des industriellen Systems zu verarbeiten. Hier ist es besonders das Jugendalter, das die Selbstreflexion ausbildet, um existentielle Krisen meistern zu können. Selbstreflexionen aufgrund von Identitätskrisen bewirken oft, daß ein Ich-Ideal gesucht wird.

Eine neue Orientierung an Normen und Werten von Teilkulturen, wie der Arbeiterbewegung, setzt eine Phase der Individualisierung voraus. Arbeiterbewußtsein erscheint so nicht als unmittelbarer Reflex auf gesellschaftliche Strukturen oder durch eine politische Sozialisation hergestellt, sondern als ein dialektischer Bewußtwerdungsprozeß, in dem subjektive und objektive Faktoren zusammenspielen. Identitätskrisen in der modernen Gesellschaft können Gefährdungen hervorrufen, aber auch neue Kräfte und Möglichkeiten freisetzen, die ein Selbstverständnis auf einer neuen kulturellen Grundlage suchen und zur Darstellung bringen.

Identität entsteht demnach in einem prozeßhaften, selbstreflexiven Verlauf in einer Wechselwirkung von äußeren (sozialen und historischen) und inneren (psychologischen) Faktoren. Identität ist demnach als eine Leistung des "Ich" anzusehen. Aber nur in dem Sinn, daß das Ich vorgefundene, gesellschaftlich-kulturelle Gegebenheiten, die zu Erfahrungen geronnen sind, in Beziehung zur eigenen Person setzt, Grenzen und Gefährdungen wahrnimmt (häufig unbewußt oder intuitiv), besonders aber Möglichkeiten, Handlungsspielräume und Chancen reflektiert. Identität, das zeigen besonders Krisen, erfordert, daß Sinn wieder neu hergestellt werden muß.

Durch die Entwicklung zur Industriegesellschaft ist die Bedeutung der religiösen Dimension zurückgegangen. Das Fabrikleben wird manchmal als "Gefängnis" empfunden.

Der Unterschichtsangehörige wird durch die neue Wirtschafts- und Sozialverfassung zum "Wirtschaftssubjekt". Er ist nicht mehr an die feudalistischen "Fesseln" gebunden. Die Orts- und Arbeitsplatzwahl und damit die Mobilität schaffen eine neue Situation und sind als sozialgeschichtliches Faktum von großer Bedeutung.

Eine Sozialisation, die auf die Einhaltung von Normen aus ist und eine sittliche, ja religiöse Persönlichkeit intendiert, wird durch neue Erfahrungen fragwürdig.

Erste Zweifel durch konkrete Erfahrungen im Alltag zerstören den religiösen Zusammenhang aber nicht. Hinzu kommt, daß die Väter in der Regel ihre neuen Erfahrungen der Fabrikarbeit nicht aktiv in den Erziehungsprozeß einbringen. Erst eigene neue Erfahrungen, die der Heranwachsende mit der Arbeitswelt macht, führen zur Konfrontation mit einer neuen, sozialen Realität, in der die religiös geprägten Normen der Kindheit keine Entsprechung finden. Diese Tatsache setzt einen Prozeß der subjektiven Auseinandersetzung und Veränderung in Gang.

Diesem neuen Lernprozeß stehen die verinnerlichten Normen gefühlsmäßig im Wege. Es sind dies die in Elternhaus, Schule und Kirche vermittelten Denk- und Verhaltensmuster.

Religion wird dem Kind zunächst aus der Perspektive der Eltern und des kulturellen schulischen Milieus heraus vermittelt. Diese Tatsache prägt die Einstellung des Kindes und entscheidet über dessen Orientierung.

Das muß zwangsläufig dahin führen, daß das bisherige Leben als "heile Welt" und das Fabrikleben als die eigentliche Realität empfunden werden. Das hat eine Krise der bisherigen Identität zur Folge, weil die gelernten und verinnerlichten Normen als Denk- und Handlungsmuster nicht mehr relevant sind. Eine normativ ausgerichtete Erziehung bietet in psychologisch schwierigen Situationen - wie Erfahrung von Ohnmacht, Vereinzelung und Isolation - keine emotionale Hilfestellung an. Hinzu kommt, daß die verinnerlichten Normen emotional als "status quo" erlebt werden.

Die in der Kindheit und Jugend durch konkrete Erfahrungen aufgekommenen Zweifel hatten erste Risse in der subjektiven Religiosität, aber keinen endgültigen Bruch zur Folge. Auffallend ist nun, daß in der Krise der Identität die religiöse Sozialisation als Problem besonders hervortritt. Die religiöse Sozialisation wird als größter psychologischer Gegensatz zu den neuen Erfahrungen empfunden. Das Gefühl der Verlassenheit kann dem Gefühl entsprechen, auch von Gott verlassen zu sein. Das Gefühl der Sinnlosigkeit zerbricht die Vorstellung, daß alles auf einen Sinn hin angelegt ist. Die religiös vermittelten Vorstellungen in Kindheit und Jugend können sich in der Alltagswelt des Heranwachsenden nicht behaupten. Die in der Kindheit vermittelten internalisierten Normen werden als "totes Gesetz" empfunden. Die Relevanz der vermittelten theologischen Inhalte wird durch neue Erfahrungen in Frage gestellt. Es fällt auf, daß bei der Auseinandersetzung mit der eigenen religiösen Sozialisation die theologischen Aussagen auf das konkrete Leben hin überprüft werden. Die Motive der Hilfe Gottes in der alltäglichen Lebenssituation und "Gott als Lenker und Leiter" der Geschichte zum Beispiel erscheinen dem einzelnen angesichts seiner notvollen Situation als fragwürdig.

Die Krise der Identität begünstigt einen Lernprozeß. Dieser setzt mit der regelmäßigen sozialdemokratischen Zeitungslektüre ein. Die Bedeutung der Lektüre der sozialdemokratischen Zeitungen darf für den jungen Arbeiter nicht unterschätzt werden. Die Informationen haben eine rational-politisierende Wirkung, primär aber wirken sie emotional und sensibilisierend. Der Leser fühlt sich verstanden und empfindet zunächst, bei den Sozialdemokraten richtig aufgehoben zu sein. Hier versteht man seine Lebenssituation und bietet persönliche Solidarität und gesellschaftliche Veränderungen als Perspektive an.

Eine weltanschauliche Auseinandersetzung setzt den Lernprozeß fort. Es wird versucht, die psychologischen Barrieren der religiösen Sozialisation durch ein neues Weltbild zu überwinden.

Die Broschüren und Bücher bieten ein Weltbild an, das auf naturwissenschaftlicher Grundlage beruht. Die Evolutionstheorie Darwins bildet den geistigen Hintergrund. Der Titel "Moses oder Darwin" von A. Dodel, eines der meist gelesenen Bücher der Arbeiter in der Wilhelminischen Ära, zeigt an, wem die neue Naturwissenschaft den Kampf ansagt. Der biblische Schöpfungsglaube, ein wesentlicher Bestandteil der religiösen Unterweisung in den Elementarschulen, soll wissenschaftlich-weltanschaulich entthront werden durch die Grundthese: nicht Gott hat die Welt in sechs Tagen erschaffen, sondern durch Entwicklung ist die Welt entstanden.

Nachdem es zur Differenzierung zwischen Kirche und Religion gekommen ist, setzt der Versuch ein, die sozialistischen Ideale, wie Gerechtigkeit und Gleichheit, mit den Ideen der Religion gleichzusetzen.

In dieser Phase kommt es zur Überlagerung der herrschenden Normen als verinnerlichter Normen mit den neuen Inhalten. Nicht alle "Brücken" zur Tradition werden abgebrochen.

Der endgültige Bruch passiert erst dann, wenn negative Erfahrungen mit religiösen Menschen - so auf der Wanderschaft - die Religion als sinnentleert, regelhaft und ihren eigenen Prinzipien, wie der Nächstenliebe, nicht gehorchend, endgültig in Frage stellen.

Einige Autoren behalten ein Gottesverständnis bei, das sich aber vom traditionell christlichen Gottesverständnis unterscheidet. Bromme z. B. sieht "Gott in der ewig zeugenden Kraft der Natur". Reimes umschreibt "Religion" mit einem "naturhaften Gefühl". Osterroth bemerkt: "Gott verlor ich nicht, er bekam nur andere Gesichtszüge".

Der subjektive Entwicklungsprozeß hat im allgemeinen folgenden Ablauf:
1. Ein Anstoß von außen durch die Arbeitssituation, Arbeitskollegen, Freunde, Geschwister oder Nachbarn.
2. Lektüre von sozialistischen Zeitungen, im allgemeinen sozialdemokratische Blätter.
3. Lektüre von Büchern, aber hauptsächlich Broschüren mit antikirchlichen, populär-naturwissenschaftlich-materialistischen Inhalten. Als Re-

sultat bildet sich eine subjektiv-distanzierte Haltung zur Kirche heraus oder es kommt zum inneren Bruch mit der Institution.
4. Ein Versuch der Harmonisierung setzt ein, zwischen den neugewonnenen sozialistischen Idealen und den Grundprinzipien der Religion auszugleichen.
5. Durch äußere Anlässe, Verhalten des Klerus gegenüber der Sozialdemokratie und den Freien Gewerkschaften, Verhalten der Leute oder der Frommen, kommt es zum endgültigen Bruch oder zur Reduktion der religiösen Vorstellungen auf ein allgemeines Grundprinzip von Religion.

Daß religiöse Sozialisation über lebensgeschichtliche Erfahrungen vermittelt ist und daß diese schichtabhängig erlebt werden, zeigen die Arbeiterautobiographien sehr deutlich. Aus der rekonstruierenden Sicht des Unterschichtskindes beschreibt der erwachsene Arbeiterautobiograph seine kindlichen Wahrnehmungen: Enttäuschung, Schmerz, bei manchem auch Haß, gehen aus diesen Erfahrungen hervor, wie deutlich wurde.

Da die in der Kindheit vermittelten Normen und Moralvorstellungen auch religiös verankert sind, wird hier eine Grundproblematik religiöser Sozialisation in der Industriegesellschaft deutlich: der Arbeitsalltag wird der neue Erfahrungs- und Lernraum für den Heranwachsenden. Es gibt keine vertrauten, gefühlmäßigen und natürlichen Blutsbande oder Verwandtschaftsbeziehungen in der Fabrik. Das solidarische Prinzip der familialen Sozialisation und die damit verbundene Identität werden dadurch in Frage gestellt. Einen anderen Sachverhalt können wir oft bei den Bergleuten im Ruhrgebiet feststellen. Interessant ist die Tatsache, daß sich die Traditionen und ein damit einhergehender konservativer Zug bei den Bergleuten halten konnten, weil diese in verwandtschaftlichen Gruppen ins "Revier" kamen und hier oft gemeinsam unter Tage arbeiteten.

Die beschriebene Identitätskrise des jugendlichen Arbeiters bedingt ein Infragestellen der eigenen religiösen Sozialisation insgesamt. Die in dieser Lebensphase hervorgerufene Vereinzelung ist bei den Arbeiterautobiographen jedoch meist nur ein Übergangsstadium gewesen. Diese Phase der Vereinzelung der Arbeiterautobiographen unterscheidet sich jedoch grundlegend von Vereinzelungs- und Rückzugstendenzen der bürgerlich-religiösen Intellektuellen, z. B. des Martin Luther, der ins Kloster ging, oder des Sören Kierkegaard, der sich ins Privatleben zurückzog. Durch die Erfahrungen der Entfremdung und Vereinzelung in der historischen Phase der beginnenden Industrialisierung entstand als Reaktion darauf: Sehnsucht nach Nähe, Gemeinschaft, Interaktion und das Gefühl der Solidarität, im Arbeitskollegen den Genossen, den 'Bruder' zu sehen.

Die krisenhaften Entwicklungen der eigenen Person führen zur Auseinandersetzung auf mehreren Ebenen. Sie implizieren aber auch Suche und Offensein. Die Auseinandersetzung mit der religiösen Sozialisation hat für den jugendlichen Arbeiter in dieser historischen Phase eine große Bedeutung gehabt. "Gerechtigkeit und Freiheit" - zunächst als religiöse Begriffe internalisiert und subjektiv krisenhaft erlebt -werden später auf die eigene Biographie und Lebensgeschichte des Erwachsenen als politische Zielvorstellung und Utopie bezogen.

Die mit der Fabrikarbeit verbundene Rationalität ist ambivalent. Auf der einen Seite befreit sie den einzelnen von rückständigen, die gesellschaftliche Entwicklung hemmenden Vorstellungen, auf der anderen Seite bedeutet diese Tatsache aber auch den Verlust von Mythen und Symbolen, die geschichtlich gewachsen sind und die dem einzelnen und dem Kollektiv auch Themen, Stoffe und Deutungsmuster zur Verfügung gestellt haben. Die neue, durch Rationalität gekennzeichnete Daseinsdeutung und die damit veränderte Subjektivität zeigen eine Tendenz an, die die Phantasie einebnet.

Religiöse Normen und Werte werden als internalisierter Druck empfunden, der den Wunsch nach Befreiung noch sensibler hervorbringt. Andererseits wird Religion auch mit in den Emanzipationsprozeß des Arbeiterautobiographen hineingenommen. So wird bei vielen von ihnen die neu verstandene politische Begrifflichkeit von Gerechtigkeit mit dem Jesus als Vorbild der Armen verbunden. Diese Identifikationsmöglichkeit ist als eigene Interpretationsleistung der Arbeiterautobiographen zu verstehen und kann nur sehr bedingt als Ausfluß herrschender kirchlicher Normen gedeutet werden.

Die Suche nach Identität wird häufig in der sich entwickelnden und aufkommenden Arbeiterbewegung gefunden. Die neue Orientierung an politischen Vorstellungen des Sozialismus scheint viele Antworten auf Fragen der Arbeiter abgedeckt zu haben, die nun nicht mehr religiös interpretiert werden. Insgesamt - und für unseren Zusammenhang bedeutend - ist die immer wieder beschriebene Erfahrung der Arbeiterautobiographen, daß Veränderung möglich ist. Die einzelnen können sich neu öffnen und Aktivitäten entwickeln, damit bekommen die Lebensgeschichten der Arbeiterautobiographen ein neues innovatives Potential.

Die Arbeiterbewegung stellte ihren Mitgliedern neue Deutungsmuster für ihr Verhältnis zu Kirche und Religion zur Verfügung. Die neuen Vorstellungen der Arbeiterbewegung sollen "alte", überkommene Inhalte ersetzen. Ein naturwissenschaftlich orientiertes Weltbild, das sich dem Entwicklungsgedanken verpflichtet weiß, löst das religiös-statische der vorindustriellen Gesellschaft ab. Das naturwissenschaftlich orientierte Weltbild steht für Fortschritt.

Ch. Darwin und seine Epigonen haben das Bewußtsein dafür geschaffen, daß der Mensch sich als Subjekt in einer Entwicklung verstehen konnte.

"Entwicklung" ist die neue Dimension der Arbeiterautobiographen, die auf die Gesellschaft, die eigene Person und die Geschichte bezogen wird.

Dieser Fortschrittsoptimismus bringt eine Fortschrittsideologie hervor, die die Arbeiterautobiographen kennzeichnet: der Mensch wird nun als Subjekt der Geschichte verstanden. Die Menschen werden die Handelnden, denen es gelingen wird, ihre "Befreiung" herbeizuführen.

Zukünftige Perspektiven werden auf eine noch offene Identität bezogen. Die Vorstellung von der Planbarkeit der eigenen Lebensgeschichte wird so eine bedeutende persönliche Ausgangslage des Menschen im Industriezeitalter.

Unsere Arbeit hat gezeigt, daß der optimistische Zug von den Möglichkeiten individueller und gesellschaftlicher Veränderungen im Rahmen einer sich im Aufschwung befindenden Arbeiterbewegung zu verstehen ist. Insofern sind unsere Texte auch Präsentationen einer Teilkultur und als solche historisch zu verstehen.

Die Beschreibung der persönlichen Wende im Alter des Heranwachsenden wird von den Autobiographen selbst als die entscheidende Phase ihrer Entwicklung angesehen. Die religiöse Sozialisation, die als hemmend empfunden wurde, wird durch eine politische Sozialisation verdrängt. Eine so existentiell subjektive Auseinandersetzung mit der religiösen Problematik läßt sich in späteren Lebensphasen in den Autobiographien nicht mehr ausmachen. Diese Beobachtung bedeutet für die Biographie der Arbeiter, daß im Alter des Heranwachsenden die zukünftige Einstellung des Erwachsenen zur Kirche und Religion ausgeprägt wurde.

Das Sozialisationskonzept des Staates und der Kirche orientierte sich an dem traditionell ausgeprägten Verständnis von Religion und nicht an einer lebenspraktischen Konkretion religiöser Inhalte. Staat und Kirche intendierten mit diesem Konzept die Vermittlung der in der ständisch orientierten Gesellschaft geltenden Normen. Durch die religiöse Sozialisation sollte die Integration des jungen Menschen in die Gesellschaft geleistet werden. Dieses Sozialisationskonzept erwies sich in dem Moment als problematisch, als der Heranwachsende mit einer sozialen Wirklichkeit konfrontiert wurde, in der die religiöse Vorstellungswelt keine Entsprechung mehr finden konnte.

Es wurde deutlich, daß die neue Subjektivität sich immer mehr von herkömmlichen religiösen Vorstellungen wegentwickelte.

Die neuen politischen Inhalte orientierten sich im Gegensatz zur religiösen Sozialisation an den gesellschaftlichen und politischen Problemen des Industriezeitalters. Durch die politische Sozialisation kommt es zu Identifikationen des einzelnen mit seiner gesellschaftlichen Lage. Außerdem werden neue Ideale angeboten, die Hoffnung auf Veränderung versprechen. In der hart empfundenen Arbeitssituation, verbunden mit der gleichzeitigen materiellen Not der Familie, nehmen die Ideale auch eine kompensatorische Funktion ein. Die politische Sozialisation verspricht eine neue Identität, weil sie sich an der konkreten Wirklichkeit orientiert. Die religiöse Sozialisation stößt deshalb bei den politisch orientierten Autobiographen an eine Grenze, da sie dem einzelnen keine an der Gegenwart und Zukunft ausgerichtete Identität anbietet.

Wenn Religion als konstruktives Element der Wirklichkeit den kindlichen Vorstellungen und Verhaltensweisen entsprach, diese aber den gesellschaftlichen Veränderungen nicht standhalten, beginnt die Suche des einzelnen nach einer neuen Identität. In diesem Prozeß kommt es nicht zum plötzlichen Bruch, sondern zu Überlagerungen alter und neuer Bewußtseinsinhalte.

Die Erfahrungen der Arbeiter wirken nicht auf die kirchliche Institution zurück, und deshalb kann kein neues religiöses Selbstverständnis ausgebildet werden. Der Arbeiter paßt sich an, tritt aus der Kirche aus oder sucht einen Kompromiß, indem er sich der Institution Kirche gegenüber distanziert verhält. Sein Verhältnis zur Religion wird als Sache des Subjekts verstanden (Religion als "Privatsache"). Tradierte, der Alltagssituation nicht entsprechende Deutungs- und Handlungsmuster führen zur Indifferenz oder zum Bruch mit der Kirche, können aber auch einen Bruch mit der subjektiven Religiosität insgesamt zur Folge haben. Indifferenz ist die Reaktionsweise, die am häufigsten bei den Arbeitern festgestellt werden konnte, wenn die Aufarbeitung der eigenen religiösen Sozialisation abgeschlossen ist.

Die Kirche als Institution scheint es nicht verstanden zu haben, daß die Erfahrungen der Arbeiter einer neuen Orientierung und Sinngebung bedurften.

Die Analyse der Autobiographien hat deutlich gemacht: wenn religiöse Sozialisation bei Arbeitern nicht antizipatorisch auf die persönliche und gesellschaftliche Entwicklung bezogen wird, kann sie kaum lebenspraktische Orientierung anbieten.

Die beschriebenen Leidenserfahrungen und der damit verbundene Kampf führen den Menschen über seinen Alltag hinaus und bringen - wie wir gesehen haben - "Transzendierungen" hervor. Der einzelne muß sich mit seinen Erfahrungen der eigenen Geschichte und damit auch der Sinnfrage stellen. Dies führt ihn zur Auseinandersetzung mit der Frage, welchen Stellenwert "Arbeit" für ihn hat. Zunächst bieten sich ihm private Lösungen an. In diesem Zusammenhang ist die Wanderschaft psychologisch einzuordnen. Sie verspricht ihm ein Ungebunden-Sein, ist mit Erwartungen und Hoffnungen verbunden und hat auch romantische Züge. Beim näheren Betrachten der Arbeiterautobiographien stellten wir fest, daß fast alle Fabrikarbeiter in dieser geschichtlichen Phase die Wanderschaft als einen subjektiven Ausweg gesucht haben.

Eskapismus als Sehnsucht nach dem ganz anderen führt durch Transzendierungen in eine neue Dimension "von Sinn".

Die Arbeiterautobiographien, so können wir jetzt formulieren, sind historische Zeugnisse der modernen Identitätskrise, die durch die neue Wirtschafts- und Sozialverfassung der Industriegesellschaft hervorgebracht werden.

Die beschriebene existentielle Grundsituation der Verunsicherung und Vereinzelung, durch die Fabrikarbeit hervorgerufen, bringt einen Leidensdruck hervor und führt zur Infragestellung des bisher Erlebten und Gefühlten. Erst durch die Identitätskrise im Jugendalter wird "Religion", so läßt sich wohl sagen, in einem lebensgeschichtlichen Vollzug zum "subjektiven Faktor". Während Religion in der vorindustriellen Gesellschaft, wie beschrieben, primär durch kollektive Deutungen besetzt war, sind Deutungen subjektiv notwendig.

Die Analyse der Arbeiterautobiographien hat deutlich gemacht, daß biographische (Re-) Konstruktion ein Versuch ist, sich innerhalb einer Kultur, deren Normen und Werte den geschichtlichen Veränderungen und den damit verbundenen Erfahrungen nicht standhalten können, zu orientieren und ein neues Selbstverständnis zu formulieren.

Biographie kann man als einen selbstreflexiven Denkprozeß bezeichnen, in dem das Zeitmoment konstitutiv ist. Erlebnisse in der Gegenwart werden unter dem Aspekt der Vergangenheit und Zukunft gedeutet. Die Erlebnisse werden je nach ihrer Relevanz in der Erinnerung aufgehoben und in einen Zusammenhang von Bedeutungen eingefügt, die als Ganzes eben die Lebensgeschichte ausmachen. Die Autobiographie ist die Form, die das Thema "Identität" verborgen oder offen zur Sprache bringt.

Historische Entwicklungen, wie das Aufkommen des Bürgertums und der neuen Schicht der Fabrikarbeiter, ermöglichen und erfordern neue Lebensentwürfe..

Das Verhältnis von subjektiven und objektiven Entwicklungen und Bedingungen ist nicht kausal, sondern dialektisch zu verstehen. So war das Verlassen der Heimat und die damit verbundene Mobilität erst durch die Industrialisierung möglich geworden, und die für die Industrialisierung notwendige Mobilität und Flexibilität war nur durchsetzbar, weil mit den historischen Entwicklungen neue Erwartungen, Hoffnungen und Lebensentwürfe verbunden wurden.

Normen und Werte, die sozio-kulturell geprägt sind, werden durch neue Erfahrungen und schichtspezifische Lernprozesse hinterfragt und differenziert.

Die historische Entwicklung hat durch die Trennung von Produktion und Sozialisation die krisenhaften Entwicklungen im Jugendalter verstärkt. Eine Tendenz zur Individualisierung ist hier greifbar.

Der einzelne wird gezwungen, sich neu zu orientieren. Das in der Kindheit vermittelte Weltbild kann den neuen Normen und Werten nicht standhalten.

Es ist deutlich geworden, daß die Lebensgeschichte als Lerngeschichte zu verstehen ist. Aus der Retrospektive in der Form von Selbstreflexivität wird der Verlauf der Lebensgeschichte als Lerngeschichte nachgezeichnet. Die Arbeiterautobiographen zeichnen zunächst ihre Entwicklung aus der individuellen Perspektive nach und verknüpfen dann ihre individuelle Geschichte mit der Geschichte von Gleichgesinnten.

Die Arbeiter, die sich der Arbeiterbewegung zuordnen oder ihr nahestehen, orientieren sich im Laufe ihrer Entwicklung an Lebensentwürfen, die durch diese Bewegung fundiert werden.

Die Analyse der Arbeiterautobiographien hat gezeigt, daß eine Biographisierung das Denken und Handeln bestimmt. Gegenwärtige Erlebnisse, die individuelles Leid verursachen, nötigen den einzelnen, neue Perspektiven zu suchen. Innere Widerstände motivieren den einzelnen, bei der Aufarbeitung seiner Lebensgeschichte auf vergangene Erfahrungen zurückzugehen.

Die Beschäftigung mit Lebensgeschichten kann für die Religionspädagogik durchaus von Bedeutung sein. Im Rahmen einer sich als historisch verstehenden Sozialisationsforschung wird die Möglichkeit eröffnet, aus dem Blickpunkt von Betroffenen persönliche Erfahrungen und Selbstzeugnisse auszuwerten.

Die Erforschung von Lebensgeschichten kann sensibilisieren für die Fragestellung, welche historischen, gesellschaftlichen und psychologischen Erfahrungen **vom Individuum** zu verarbeiten sind und welche Rolle dabei auch der "Religion" zukommt.

Die religionspädagogische Forschung müßte mehr als bisher die Bedeutung von Biographien für den eigenen Bereich überdenken. Darüber hinaus müßte eine systematische Aufarbeitung die Beziehung zwischen Psychoanalyse, Soziologie und Erziehungswissenschaft - besonders aber zur historischen Sozialisationsforschung - abklären.

D. Baacke ging davon aus, daß das "Narrative" in der Pädagogik wieder einen besonderen Platz bekommen soll, weil an Geschichten "Erkennen und Handeln", eben die übergeordneten Zusammenhänge, und "Konkretion und Handlungsbedürfnis ... am ehesten ... zu rekonstruieren ist".[1] "Will sie (die Pädagogik) nicht 'Erziehungswissenschaft' von sozialem Handeln abspalten, darf sie wissenschaftlichen Erkenntnisprozeß und sozial-pädagogisches Handeln nicht trennen. Der Soziologie geht es primär darum, Gesetzmäßigkeiten zu erkennen. Damit allein ist aber dem Pädagogen nicht geholfen. Er braucht selbst Erfahrungen in Geschichten mit Menschen, um Geschichte zu verstehen ...."[2]

W. Trillhaas setzt sich mit der Frage auseinander, ob man aus der Geschichte lernen kann, wenn sich diese "am Kleinformat des eigenen Lebens wiederholt."[3] Zunächst gibt er zu bedenken, daß "diese selbstgewonnenen Erfahrungen auf dem Grunde der Subjektivität aufruhen". Indem die Autobiographie "Nähe" und "Unmittelbarkeit" zur Darstellung bringt, hat sie "einen nicht einzuholenden Vorsprung vor der großen Historie".[4]

Die historische Sozialisationsforschung hat nach U. Herrmann folgende Ziele und Aufgaben: 1. Beschreibung der Genese und Bestimmtheit von Bewußtseins-, Erlebnis- und Wandlungsstrukturen; 2. Das Verstehen des sozialen und kulturellen Wandels in seiner Vermittlung durch individuelle bzw. kollektive Identitätsbildung bzw. als Vergesellschaftungsprozesse; 3. Analyse des "subjektiven Faktors", inwieweit Selbstdeutung aus der Zeit heraus mit der geschichtlichen Überlieferung übereinstimmt; 4. Überprüfung der theoretischen Annahme von der Bedeutung bestimmter erzieherischer Einflußnahmen auf den Aufbau der Persönlichkeit.[5]

Die Darstellung verschiedener Zugänge zur "Biographie" hat deutlich gemacht:

1) Es ist nicht möglich, eine Biographie in ihrer Gesamtheit zu rekonstruieren.
2) Weil das menschliche Leben komplex ist, müssen unterschiedliche Zugänge und Theorien helfen, die Biographie zu entschlüsseln.
3) Biographische Forschung kann Intentionen und Sinnzusammenhänge von Selbstäußerungen deutend rekonstruieren.
4) Die Anlayse der Selbstreflexion des Biographen kann den methodischen Ausgangspunkt bilden.
5) Die verschiedenen Zeithorizonte der Biographie können Aufschluß darüber geben, in welcher Weise vergangene Erfahrungen und Zukunftsaspekte mit Elementen aus der Gegenwart vom erzählenden "Ich" synthetisiert werden.
6) Der Lebenslauf-Ansatz kann an Hand von "Schnittpunkten" wie z. B. Schuleintritt, Konfirmation, Beginn einer Ausbildung, Heirat usw. zeigen, wie diese biographisch verarbeitet werden.
7) Es sollte deutlich werden, welche Zusammenhänge zwischen persönlicher und gruppenspezifischer Identität bestehen.
8) Der historische Rahmen muß aufgezeigt werden, in dem kulturell und gesellschaftlich Entwicklung von Subjektivität ermöglicht und/oder behindert wird.

Wichtig für unsere Überlegungen ist das Verhältnis der meisten Menschen zur Religion in der Industriegesellschaft.

D. Stoodt hat den Terminus "neutralisierte Religion" in die Diskussion eingeführt.[6] "Die mit 'Neutralisierung' gekennzeichnete Krise des Christentums ist keine Krise der Glaubensinhalte, sondern eine Krise der christlichen Subjekte und Institutionen, sofern diese nämlich an Vermittlungsproblemen scheitern."[7]

H. Stock führt aus: "Theologie als Wissenschaft kann ihre Aufgabe nur im Blick auf die Vermittlung 'anthropologischer, gesellschaftlicher und theologischer Fragestellungen, von Methoden und Inhalten, von Erfahrung und Offenbarung ...' betreiben. ... Es müßte aber eindeutig werden, daß die Grundbegriffe, die das Selbstverständnis und das Lehrgefüge bestimmen, nur noch erarbeitet und interpretiert werden können, wenn sie in statu nascendi kooperativ, kommunikativ, interdisziplinär gewonnen werden. Die Tradition der Theologie hat in diesem Zusammenhang nach wie vor ihre Funktion, nicht aber normativ, sondern sie gibt Motive an die Hand, vermittelt Fragestellungen, Erfahrungsgehalte und Interpretationen in die Situation hinein, die durch die gegenwärtige Problematik bestimmt ist. Erst in solchem dialogischen Prozeß kann sich zeigen, was das theologisch Elementare nun eigentlich wirklich ist. ..."[8]

Auch P. Biehl sieht die methodischen Aufgaben der Theologie in einem größeren Zusammenhang: "Die Aussagen der Theologie müssen bereits (in einer interdisziplinären Kooperation) auf Wirklichkeit bezogen sein."[9]

T. Rendtorffs Postulat der "Bildung eines Lebensplanes" und die sich daraus ergebende "christliche Lebensführungspraxis" zeigen neue Perspektiven für die religionspädagogische Arbeit auf und sollen deshalb zur Darstellung kommen.

T. Rendtorff fordert für die christliche Lebensführung die "Bildung eines Lebensplanes". Dabei denkt er an eine eschatologische Orientierung des christlichen Glaubens: "Es geht um die ethische Relevanz einer die Weltzeit transzendierenden Zukunftserwartung und Zukunftshoffnung. ... Die christliche Lebensführungspraxis soll sich als Präsenz der Zukunft in der Gegenwart gestalten."[10]

T. Rendtorff zufolge bedeutet "ethische Orientierung das eigene Leben im Aufbau eines Lebensplanes zu führen."[11] Er führt aus: "In einer alten, aber immer wieder neuen religiösen Metaphorik wird von der Lebensführung als dem *Weg des Lebens*, dem Lebensweg gesprochen. Die eigene Lebensführung ist nicht die Summe von lauter Einzelentscheidungen, sondern die Gestaltung des Lebens auf individuelle Weise. ... Der Lebensweg ist nicht der Weg des einsamen Wanderers, sondern ein Weg, auf dem sich das eigene Leben in seiner Beziehung zum Leben überhaupt erweitert und darum unter die Frage nach seinem Nutzen in der ethischen Ökonomie des Lebens tritt."[12]

Weiter heißt es: "In allen ethischen *Prinzipienentscheidungen*, in der *Bildung eines Lebensplanes* als Beitrag zum Aufbau des gemeinsamen Lebens, in der *Übernahme sozialer Rollen* impliziert die vita Christiana immer wieder die Unterscheidung zwischen der eigenen Lebensführung und dem Handeln Gottes. Der christliche Glaube rückt den handelnden Menschen nicht in die Position Gottes. Er bestimmt den Menschen vielmehr in seiner persönlichen und sozialen, historischen wie politischen Individualität neu in der Beziehung zu Gott."[13]

In sein Konzept baut T. Rendtorff die Rollentheorie ein: "Der lebensführungspraktische Appell, der in der Rolle impliziert ist, besteht darin, daß jeder zu einer individuellen Integration verschiedener, auch heterogener Rollen vorstoßen muß. Dann wird der *Rollenkonflikt* zum Thema. ... Im gelungenen Falle, im Falle der Bewältigung der Konflikte, kann das zu einer Steigerung des moralischen Selbstbewußtseins führen, das Können im Umgang mit verschiedenen Rollen wird dann als Steigerung von Lebensfähigkeit erfahren."[14]

Die Ausführungen T. Rendtorffs zeigen folgenden Grundgedanken: "*Eine Ethik impliziert immer ein Leben für andere*. Die Rollentheorie stellt Erklärungselemente bereit, die die Struktur dieser sozialen Lebensform auf nichtappellative Weise beschreiben lassen."[15] Dieser Grundgedanke wird an einer anderen Stelle modifiziert, indem er auf die soziale Dimension bei der "Bildung eines Lebensplanes" hinweist: "... weil niemand sein Leben allein führen kann bzw. die Verfolgung des eigenen Lebensplanes ohne Rücksicht auf andere nur auf Kosten anderer möglich wäre, ist es besser, auf die Lebenspläne anderer Rücksicht zu nehmen. Denn damit ist die Chance, daß langfristig alle ein besseres Wohlergehen erzielen, höher. Die Kompatibilität von Lebensplänen das heißt ihre gegenseitige Verträglichkeit, hat deswegen eine höhere moralische Rationalität."[16]

In welcher Weise Psychologie, Geschichte und Theologie zusammenhängen, zeigt J. Scharfenberg. Er greift die psychohistorische Betrachtungsweise E. H. Eriksons ("Der junge Mann Luther") auf und zeigt, wie in Konflikten Symbole auf Tiefe verweisen. J. Scharfenberg stellt fest: "Es würde dies aber heißen, daß z.B. Luthers Redeweise vom verborgenen Gott prinzipiell in Tiefen vorstoßen könnte, die den winzigen Bereich, den die psychologische Forschung bisher namhaft machen konnte, weit übersteigen. *Der theologische Ertrag dürfte dann im wesentlichen in einer Erweiterung der Identitätsproblematik auf eine christologische Beziehungswirklichkeit hin bestehen, die nicht auf die grundlegende Familienkonstellation reduziert, sondern das eschatologische, zukunfteröffnende Potential in Luthers Theologie offenzuhalten versteht..*"[17] Auch H. Luther weist darauf hin, daß Erikson in seiner Theorie menschliches Leben nicht in seiner metaphysischen Dimension zu fassen vermag. Der Tod verweist demnach auf das Fragmentarische der menschlichen Existenz. "Das Fragmentarische charakterisiert nun die Identität des Einzelnen in beiden oben bereits genannten Aspekten: Sie ist sowohl ein Fragment aus Vergangenheit als auch ein Fragment aus Zukunft."[18]

G. Otto möchte die Dynamik und Dialektik in der Geschichte in die religionspädagogische Forschung und Theoriebildung einbeziehen: "Wir fragen nach einer *Theorie*, in der die zur Debatte stehende 'Sache' in ihrem umfassenden Kontext (gesellschaftlich, geschichtlich) diskutiert wird. Weil Theorie über Gegenstandsbeschreibung und Bedürfniserhebung hinausgeht, enthält sie immer zugleich Kritik ... und Entwurf. Denn der Gegenstand wird in der Theorie in der Dimension der Veränderbarkeit, also in Geschichte verwoben, ja als seine Geschichte angesehen. Damit ist auch jegliche Isolierung eines Gegenstandes aufgehoben, denn er muß im Konnex mit anderen Gegenständen, Bereichen der Gesellschaft, eben in der Geschichte gesehen werden."[19]

In diesem Zusammenhang scheint es wichtig, darauf hinzuweisen, daß die Rezeption des Begiffs "Alltag" durch die Religionspädagogik neu durchdacht werden muß. Auf der einen Seite ist ein Bemühen um das Verständnis der realen Lebenssituation von Menschen in Vergangenheit und Gegenwart festzustellen, das darf aber nicht dazu führen, "Alltagsbewußtsein" nicht kritisch zu hinterfragen und die transzendentalen Möglichkeiten außer acht zu lassen.

V. Drehsen weist auf den Zusammenhang von gesellschaftlich produzierten Identitätskrisen - die durch die Industriegesellschaft hervorgerufenen - und dem notwendigen sinnverarbeitenden Rekonstruktionserfordernis durch das Subjekt hin: "Vergangenheit und Zukunft werden in einer solchen Weise mit der Gegenwart verspannt, daß sie in deren Deutung als Transzendierungsprozesse eingehen und damit die Individualität der Lebensgeschichte über auferzwungene Frakturen, Brüche und Zäsuren hinweg zu bewahren vermögen."[20] Hier hat seiner Meinung nach das Seelsorgehandeln der Kirche anzusetzen. "Integrale Amtshandlungspraxis bedeutet also in diesem Zusammenhang dasjenige Seelsorgehandeln, das die Kontinuität biographischer Selbsterfahrung zum Inhalt hat."[21]

Daß "Kontinuität biographischer Selbsterfahrung" im christlichen Sprachgebrauch nicht falsch verstanden werden kann als Idealisierung oder Harmonisierung, zeigt folgendes Zitat: "Das elementare Strukturmoment einer christlichen Lebensgeschichte rechnet mit Schuld, mit der Verflochtenheit in die Lebensgeschichte anderer, mit Vergebung und Neuanfang. Sie ist weniger durch Entwicklung als durch Brüche gekennzeichnet."[22]

Auch J. Lott möchte in der kirchlichen Erwachsenenbildung Erfahrungen im Kontext der Lebensgeschichte bearbeitet wissen. "Die Diskussion des individuellen Lebenslaufs ist folglich kein methodischer Trick, um irgendwelche vorab festgelegten Inhalte an 'den Mann/die Frau zu bringen', auch kein 'produktiver Umweg' zu irgend einer Form 'höheren Bewußtseins', sondern lebensgeschichtliche Reflexion konfrontiert realistische faktische Erfahrungen und vorfindliche Verhältnisse mit vergangenen, aber nicht toten Wünschen und Ansprüchen und macht den allmählichen Prozeß der 'Enteignung' von Wünschen und Hoffnungen durch die lebensgeschichtlich sich durchsetzende Realität deutlich. Die Frage 'Was bin ich?' wird ausgeweitet auf die Frage: 'Was bin ich geworden? Wie bin ich es geworden? Warum hat sich mein Leben so entwickelt, wie es sich entwickelt hat? Welche Rolle hat dabei Religion gespielt? Wie wird es weitergehen? Welche Änderungen werden möglich sein? Welche Visionen und Hilfestellungen vermag die christliche Tradition zur Verfügung zu stellen?' So können über die Arbeit mit biographischen Erzählungen die eigenen Erfahrungen und Vorstellungen zurückverfolgt werden in die tradierten Vorstellungen, Normen und Erfahrungen früherer Generationen."[23]

Der Ansatz der "narrativen Theologie" versteht sich als "Hüter" des überlieferten biblischen Geschichtsbestandes und versucht dies wissenschaftstheoretisch abzusichern.[24]

Durch die Aufarbeitung von Biographien in der Religionspädagogik kann das Verhältnis der Betroffenen zur Religion als ein historisch sich entwickelndes erfaßt werden, und aus dieser Analyse könnte die Religionspädagogik wichtige Schlußfolgerungen ziehen. Die Forschung sollte sich mehr mit dem "Alltag" der Menschen beschäftigen, mit seinen Chancen, Möglichkeiten, Gefährdungen und Grenzen.

Die Arbeiterautobiographen könnte man im weiteren Sinn als "Philosophen" verstehen, insofern sie Grundfragen der menschlichen Existenz stellen: Wer war ich, wer bin ich geworden, was soll ich tun? Diese Fragestellungen werden auf dem Hintergrund der gesellschaftlichen Umbrüche und der damit einhergehenden persönlichen Krisen gestellt. Insofern unterscheidet sich ihre Fragestellung von der wissenschaftlich-methodischen Arbeit philosophischer und theologischer Forschung. Die eigene Erfahrung ist der Ausgangspunkt der Überlegungen. Sie wird reflektiert auf dem Hintergrund der Säkularisierung, ja sie ist gerade die Bedingung, die die Reflexionen ermöglicht. Die durch die gesellschaftlichen Prozesse ausgelösten Krisen des Individuums bergen Risiken und Chancen in sich und damit Freiheit und Zwänge. Der "Motor" der Industriegesellschaft ist die technische Entwicklung mit ihrem Potential an Innovationen. Daraus folgt, daß sich der Einzelne stets auf neue Situationen einstellen und diese mit "Sinn" versehen muß. Unsere Arbeit hat gezeigt, daß die neuen Formen der Arbeit in der Industriegesellschaft psychologische und soziologische Konsequenzen für das Subjekt haben.

Der Faktor "Zeit" tritt in den Vordergrund. Die biographische Reflexion versucht, vergangene Erfahrungen mit gegenwärtigen Anforderungen und Zukunftsabsichten in Einklang zu bringen. Diese Kontinuität soll in einer sich rasch entwickelnden Industriegesellschaft die Lebensgeschichte absichern.

Das eigentliche Thema der Arbeiterautobiographie ist das "Humanum", wie Freiheit und Gerechtigkeit für den Menschen im Industriezeitalter gedacht und verwirklicht werden können. Die Frage wird aber nicht metaphysisch gestellt, das ist das Neue, sondern säkular. Die klassische philosophische und theologische Frage wird neu formuliert und neu interpretiert. Diese säkulare Sichtweise kann man gleichwohl als "transzendierendes Fragen" verstehen. Historisch sollte man bedenken, daß die Frage nach der Gerechtigkeit von der institutionellen Kirche im 19. Jahrhundet nicht im Sinne der neuen Schicht gestellt und auch keine ernsthaften Ansätze zur Lösung angeboten wurden. Auf diesem Hintergrund ist es verständlich, daß sich viele Arbeiter in der Kirche nicht mehr verstanden fühlten und in der Arbeiterbewegung neuen Halt und Orientierung fanden.

Die Analyse autobiographischer Reflexion hat deutlich gemacht, welche Wirkungen eine sittlich-religiöse Erziehung hervorrief. Subjektivität kann sich demnach durch Leidenserfahrungen und durch Auseinandersetzung mit inneren und äußeren Widerständen bilden. Religiöse Sozialisation sollte daraufhin befragt werden, welches Verständnis von Wirklichkeit vorausgesetzt und welches religiöse Verhalten intendiert wird und ob beides dem historischen Stand entsprochen hat und entspricht. Religion ist in ihren Wirkungen und Folgen zu untersuchen. Dabei spielt die Frage eine entscheidende Rolle, was Religion für die Lebenspraxis von einzelnen und Gruppen in Gegenwart, Vergangenheit und Zukunft zu leisten vermag.

Religiöse Einstellungen und Verhalten und Selbstkonzepte, die beides übernehmen, modifizieren oder sich von ihnen abgrenzen, stehen mit historisch-gesellschaftlichen und individuellen Entwicklungen in einem Wechselverhältnis.

Die Aufarbeitung der eigenen religiösen Erziehung und Vorstellungswelt - in Kindheit und Jugend vermittelt - ist notwendig, weil alltägliche Erfahrungen den Blick verstellen können für das, was Religion positiv leisten könnte.

Denn der Mensch in der Industriegesellschaft ist mehr denn je darauf angewiesen, seine Situation zu deuten, Sinn hervorzubringen, Handlungsstrategien zu entwerfen und sein psychisches Gleichgewicht auszubalancieren.

Einmal gemachte Erfahrungen werden in die Deutung einbezogen. Die Erfahrungen früherer religiöser Deutungen - in Kindheit und Jugend - scheinen für viele Menschen keine konkrete Hilfe in aktuellen Situationen anzubieten.

Bei der Verarbeitung eigener Situationen und Krisen spielt der Aspekt Zukunft/Orientierung eine bedeutende Rolle. Auch hier scheint, daß herkömmliche religiöse Deutungen nicht in die Lebenspläne, Wünsche, Hoffnungen und Erwartungen vieler Menschen hineinpassen.

Aus dem dargestellten Sachverhalt ergibt sich für die religionspädagogische Forschung, sich verstärkt an der "Subjektivität" von einzelnen und Zielgruppen zu orientieren. Dabei ist es wichtig, sich mit den subjektiven Deutungen der Betroffenen auseinander zu setzen.

Die durch die Industrialisierung verstärkt zunehmende Entfremdung des einzelnen macht den Wunsch nach authentischem Leben und Formen, die dies zum Ausdruck bringen, deutlich, wie wir es bei der Deskription und Analyse der Arbeiterautobiographien gesehen haben. Für ein hermeneutisches Verständnis in der religionspädagogischen Forschung bedeutet dies, die Geschichtlichkeit des Alltagslebens und deren Deutungen durch das Subjekt im Auge zu behalten. Wie versteht sich das Individuum, die Welt und die anderen im kommunikativen alltagsweltlichen Kontext? Der Zugang zum Subjekt ist gerade durch die Selbstdarstellung in der Biographie in besonderer Weise gegeben: dessen Wahrnehmungen, Deutungen und Lebenspläne kommen hier besonders zur Darstellung.

Anmerkungen

(Die vollständigen bibliographischen Angaben befinden sich im Literaturverzeichnis)

KAPITEL 1:

1 M. Eliade, Die Sehnsucht nach dem Ursprung, a.a.O., S. 22

2 C. W. Mills, Kritik der soziologischen Denkweise, a.a.O., S. 44

3 O. Negt, Soziologische Phantasie und exemplarisches Lernen, a.a.O., S. 28

4 U. Herrmann, Probleme und Aspekte historischer Ansätze in der Sozialisationsforschung, a.a.O., S. 233

KAPITEL 2:

1 A. Popp, Jugendgeschichte einer Arbeiterin, a.a.O., S. 19

2 A. Ger, Erweckt, Berlin 1911 und Der Gotteslästerer, Berlin 1917

3 U. Münchow, Frühe deutsche Arbeiterautobiographien, a.a.O., S. 46

4 A. Koch, Arbeitermemoiren als sozialwissenschaftliche Erkenntnisquelle, a.a.O.

5 W. Emmerich, Proletarische Lebensläufe 1, a.a.O., S. 14 ff

6 H. P. Bahrdt, Autobiographische Methoden, Lebensverlaufforschung und Soziologie, a.a.O., S. 82

7 H. J. Steinberg, Lesegewohnheiten deutscher Arbeiter, a.a.O., S. 276 f

8 ebd., S. 278

9 J. Loreck, Wie man früher Sozialdemokrat wurde, a.a.O., S. 148

KAPITEL 3:

1 vgl. hierzu R. Koselleck, Preußen zwischen Reform und Revolution, a.a.O., S. 163 ff

2 F. W. Henning, Die Industrialisierung in Deutschland 1800-1914, a.a.O., S. 45

3 W. Conze, Vom "Pöbel" zum "Proletariat", a.a.O., S. 113

4 F. W. Henning, a.a.O., S. 151

5 ebd., S. 156

6 ebd., S. 194

7   K. E. Born, Der soziale und wirtschaftliche Strukturwandel Deutschlands am Ende des 19. Jahrhunderts, a.a.O., S. 273

8   ebd., S. 273

9   F. Balser, Sozial-Demokratie 1848/49 bis 1863, a.a.O., S. 162 bzw. 165

10 K. E. Born, a.a.O., S. 274

11 A. Klönne, Die deutsche Arbeiterbewegung, a.a.O., S. 44

12 F. W. Henning, a.a.O., S. 271

13 H. Grebing, Geschichte der deutschen Arbeiterbewegung, a.a.O., S. 92

14 G. A. Ritter/J. Kocka, Deutsche Sozialgeschichte, a.a.O., S. 244 ff

15 Rotteck-Welckersches Staatslexikon, a.a.O., Bd. 11, S. 388 f

16 A. Klönne, a.a.O., S. 98

KAPITEL 4:

1   A. Kraus, Gemeindeleben und Industrialisierung, a.a.O., S. 274 f

2   ebd., S. 278

3   vgl. E. R. Huber, Deutsche Verfassungsgeschichte seit 1789, a.a.O.

4   Die drei Preußischen Regulative vom 1., 2. und 3. October 1854 über Einrichtung des evangelischen Seminar-, Präparanden- und Elementarschul-Unterrichts. Im amtlichen Auftrage zusammengestellt und zum Drucke befördert von F. Stiehl, Geheimem Ober-Regierungs- und vortragender Rath in dem Königlichen Ministerium der geistlichen Unterrichts- und Medicinal-Angelegenheiten, 6. Aufl., Berlin 1858, S. 14, zitiert nach F. Nyssen, Das Sozialisationskonzept der Stiehlschen Regulative und sein historischer Hintergrund, a.a.O., S. 301

5   ebd., S. 313

6   Zentralblatt für die gesamte Unterrichts-Verwaltung in Preußen, Jg. 1872, S. 589 f., zitiert nach P. C. Bloth, Religion in den Schulen Preußens, a.a.O., S. 129

7   ebd., S. 130

8   Wilhelm II., Erlaß vom 13. Oktober 1890, zitiert nach D. Krause-Vilmar (Copyright), Sozialgeschichte der Erziehung, a.a.O., S. 161 f

9   E. Dittrich/J. Dittrich-Jacobi, Die Autobiographie als Quelle zur Sozialgeschichte der Erziehung, a.a.O.

KAPITEL 5:

1 K. Rutschky, Erziehungszeugen, a.a.O., S. 501

2 R. Wellek/A. Warren, Theorie der Literatur, a.a.O., S. 73 f

3 E. Dittrich/J. Dittrich-Jacobi, Die Autobiographie als Quelle zur Sozialgeschichte der Erziehung, a.a.O., S. 99

4 R. Pascal, Autobiographie, a.a.O., S. 80

5 W. Emmerich, Proletarische Lebensläufe 1, a.a.O., S. 16

6 Th. Klaiber, Die deutsche Selbstbiographie, a.a.O., S. 26

7 ebd., S. 105

8 ebd., S. 116

9 ebd., S. 107

10 W. Emmerich, Proletarische Lebensläufe 1, a.a.O., S. 17 f

11 J. W. Goethe, Aus meinem Leben. Dichtung und Wahrheit, a.a.O., Bd. 26, S. 7

12 E. Dittrich/J. Dittrich-Jacobi, Die Autobiographie als Quelle zur Sozialgeschichte der Erziehung, a.a.O., S. 103 f

13 G. Misch, Geschichte der Autobiographie, a.a.O., I, 1, S. 5 f

14 ders., Vorwort zur zweiten Auflage, a.a.O., S. 13 f

15 ebd., S. 9 f

16 H. P. Bahrdt, Erzählte Lebensgeschichten von Arbeitern, a.a.O., S. 27

17 F. Engels an Eduard Bernstein, a.a.O., S. 545

18 W. Emmerich, Proletarische Lebensläufe 1, a.a.O., S. 19

19 ebd., S. 18

20 U. Münchow, Frühe deutsche Arbeiterautobiographien, a.a.O., S. 12 ff

21 P. Frerichs, Bürgerliche Autobiographie und proletarische Selbstdarstellung, a.a.O., S. 110

22 W. Emmerich, Proletarische Lebensläufe 1, a.a.O., S. 14

23 ders., Proletarische Lebensläufe 2, a.a.O. S. 30 ff

24 ders., Proletarische Lebensläufe 2, a.a.O., S. 25

25 ebd., S. 25

26 P. Frerichs, Bürgerliche Autobiographie und proletarische Selbstdarstellung, a.a.O., S. 241

27 G. Bollenbeck, Zur Theorie und Geschichte der frühen Arbeiterlebenserinnerungen, a.a.O., S. 7

28 B. Brecht, Übergang vom bürgerlichen zum sozialistischen Realismus, a.a.O., S. 377 f

29 P. Sloterdijk, Literatur und Lebenserfahrung, a.a.O., S. 25

30 H. G. Gadamer, Wahrheit und Methode, a.a.O., S. 228

31 ebd., S. XXV bzw. S. 287

32 Ph. Forget, Aus der Seele geschrie(b)en, a.a.O., S. 140

33 G. Bittner, Zur psychoanalytischen Dimension biographischer Erzählungen, a.a.O. S. 122

34 D. Baacke, Biographie: soziale Handlung, Textstruktur und Geschichten über Identität, a.a.O., S. 18

35 R. Vollbrecht, Die biographische Methode, a.a.O., S. 101

36 ebd., S. 101

37 M. Frank, Die Grenzen der Beherrschbarkeit der Sprache, a.a.O., S. 202

38 J. Strelka, Methodologie der Literaturwissenschaft, a.a.O., S. 234

39 Th. Schulze, Autobiographie und Lebensgeschichte, a.a.O., S. 53

40 S. Paul, Die Entwicklung der biographischen Methode in der Soziologie, a.a.O., S. 27

41 G. Schiek, Theoretisch-methodisches Resümee selbstreflexiver Pädagogik, a.a.O., S. 15

42 H. P. Bahrdt, Autobiographische Methoden, Lebensverlaufforschung und Soziologie, a.a.O., S. 83

43 W. Dilthey, Gesammelte Schriften VII, a.a.O., S. 278

44 M. Riedel, Einleitung, a.a.O., S. 71

45 F. Schiller, Vorbericht zur Allgemeinen Sammlung historischer Memoires vom 12. Jh. bis auf die neuesten Zeiten, zitiert nach Th. Klaiber, Die deutsche Selbstbiographie, a.a.O., S. 334

46 G. Niggl, Geschichte der deutschen Autobiographie im 18. Jahrhundert, a.a.O., S. 58

47 J. W. Goethe, Aus meinem Leben. Dichtung und Wahrheit, a.a.O., Bd. 28, S. 358

48 P. Frerichs, Bürgerliche Autobiographie und proletarische Selbstdarstellung, a.a.O., S. 16

49 Th. Klaiber, Die deutsche Selbstbiographie, a.a.O., S. 348 f

50   ebd., S. 335

51   ebd., S. 341

52   P. Frerichs, Bürgerliche Autobiographie und proletarische Selbstdarstellung, a.a.O., S. 257 f

53   U. Münchow, Frühe deutsche Arbeiterautobiographien, a.a.O., S. 65

54   I. Hardach-Pinke/G. Hardach, Deutsche Kindheiten, a.a.O., S. 53

55   L. Steinbach, Lebenslauf, Sozialisation und "erinnerte Geschichte", a.a.O., S. 432 f

56   L. Niethammer, Lebenserfahrung und kollektives Gedächtnis, a.a.O., S. 9

57   A. Lüdtke, Das genaue Nachzeichnen von Mythen des Alltags schärft den Blick, a.a.O., S. 14

KAPITEL 6:

1   J. Kaltschmid, Biographie und Pädagogik, a.a.O., S. 128 f

2   W. Fuchs, Biographische Forschung, a.a.O., S. 11

3   S. Freud, Studien über Hysterie, a.a.O., S. 312

4   vgl. A. Lorenzer/B. Görlich, Lebensgeschichte und Persönlichkeitsentwicklung, a.a.O., S. 84

5   P. Brückner, Psychologie und Geschichte, a.a.O., S. 50

6   E. Fromm, Über Methode und Aufgabe einer analytischen Sozialpsychologie, a.a.O., S. 36 f

7   P. Brückner, Psychologie und Geschichte, a.a.O., S. 46

8   E. H. Volkart, Einführung: Soziales Verhalten und Definition der Situation, a.a.O., S. 19

9   W. I. Thomas, Die Methodologie der Verhaltensstudie Das Kind in Amerika, a.a.O., S. 114

10   L. Hack, Subjektivität im Alltagsleben, a.a.O., S. 33 f

11   H. Blumer, An Appraisal of Thomas and Znanieckis The Polish Peasant, a.a.O.

12   B. G. Glaser/A. L. Strauss, The Discovery of Grounded Theory, a.a.O.

13   J. Szczepanski, Die biographische Methode, a.a.O., S. 565 ff

14   M. Osterland (Hsg.), Arbeitssituation, Lebenslage und Konfliktpotential, a.a.O., S. 167 ff bzw. 9 ff

15 J. Matthes u. a. (Hsg.), Biographie in handlungswissenschaftlicher Perspektive, a.a.O., S. 19

16 M. Kohli/G. Robert, Einleitung. In: Dies. (Hsg.), Biographie und soziale Wirklichkeit, S. 4

17 ebd., S. 5

18 M. Kohli, Wie es zur "biographischen Methode" kam, a.a.O., S. 291 f

19 W. Fischer/M.Kohli, Biographieforschung, a.a.O., S. 26

20 ebd., S. 39

21 H. P. Bahrdt, Autobiographische Methoden, a.a.O., S. 78 f

22 F. Schütze, Prozeßstrukturen des Lebenslaufs, a.a.O., S. 132

23 ebd., S. 133 f

24 ders., Zur Hervorlockung und Analyse von Erzählungen thematisch relevanter Geschichten im Rahmen soziologischer Feldforschung, a.a.O.

25 ders., Prozeßstrukturen des Lebenslaufs, a.a.O., S. 130 f

26 ebd., S. 145 f

27 W. Fuchs, Biographische Forschung, a.a.O., S. 35

28 H. Bude, Deutsche Karrieren, a.a.O.

29 ders., Rekonstruktion von Lebenskonstruktionen, a.a.O., S. 10 f

30 ebd., S. 12

31 ebd., S. 12

32 ebd., S. 20

33 W. Fuchs, Biographische Forschung, a.a.O., S. 90

34 A. Lorenzer, Symbol, Interaktion und Praxis, a.a.O., S. 16

35 ebd., S. 10

36 ders., Zum Verhältnis von objektiver und subjektiver Struktur, a.a.O., S. 201

37 ders., Zur Begründung einer materialistischen Sozialisationstheorie, a.a.O., S. 16 f

38 ders., Die Wahrheit der psychoanalytischen Erkenntnis, a.a.O., S. 130

39 ders., Zur Begründung einer materialistischen Sozialisationstheorie, a.a.O., S. 13

40 ders., Sprachzerstörung und Rekonstruktion, a.a.O., S. 138 ff

41 F. Kröll/J. Matthes/M. Stosberg, Zehn Thesen zur Einbeziehung biographisch orientierter Konzepte in die soziologische Forschung, a.a.O., S. 25

42 A. Lorenzer, Zur Begründung einer materialistischen Sozialisationstheorie, a.a.O., S. 15

43 ders., Die Analyse der subjektiven Struktur von Lebensläufen und das gesellschaftliche Objektive, a.a.O., S. 34

44 W. Gerhardt, Psychoanalyse und Sozialisationstheorie, a.a.O., S. 16

45 H. G. Pöhlmann, Hans und sein Glück auf der tätowierten Brust, a.a.O., S. 126

46 W. Edelmann, Entwicklungspsychologie. Ein einführendes Arbeitsbuch, a.a.O., S. 148

47 ebd., S. 36

48 H. Thomae, Entwicklungspsychologie, a.a.O., S, 10

49 Ch. Bühler u.a., Der menschliche Lebenslauf, a.a.O., S. 94 ff

50 M. Kohli, Lebenslauftheoretische Ansätze, a.a.O., S. 303

51 vgl. L. Kohlberg, Zur kognitiven Entwicklung des Kindes, a.a.O., sowie J. Piaget, Einführung in die genetische Erkenntnistheorie, a.a.O.

52 M. Kohli, Lebenslauftheoretische Ansätze, a.a.O., S. 311

53 H. Thomae, Zur Geschichte der Anwendung biographischer Methoden in der Psychologie, a.a.O., S. 13 ff

54 U. Lehr/H. Thomae, Eine Längsschnittuntersuchung bei 30-50jährigen Angestellten, a.a.O., S. 100 ff

55 H. Thomae, Psychologische Biographik, a.a.O., S. 112

56 ders., Das Individuum und seine Welt, a.a.O., S. VII

57 U. Lehr, Erträgnisse biographischer Forschung in der Entwicklungspsychologie, a.a.O., S, 244

58 ebd., S. 222

59 G. Jüttemann, Das Allgemeine am Individuellen, a.a.O., S, 93

60 ebd., S. 94

61 H. Thomae, Zur Geschichte der Anwendung biographischer Methoden in der Psychologie, a.a.O., S. 14

62 T. B. Seiler, Engagiertes Plädoyer für ein erweitertes Empirieverständnis in der Psychologie, a.a.O., S. 55

63 ebd., S. 55 f

64 A. Kruse, Biographische Methode und Exploration, a.a.O., S. 133

65 ebd., S. 119

66 ebd., S. 126

67 ebd., S. 128

68 ebd., S. 132

69 J. Henningsen, Autobiographie und Erziehungswissenschaft, a.a.O., S. 451

70 ebd., S. 453

71 vgl. ebd., S. 454 ff

72 D. Baacke/Th. Schulze "Vorwort der Herausgeber" zu: dies.: Aus Geschichten lernen, a.a.O., S. 8

73 ebd., S. 7

74 D. Baacke: Biographie: soziale Handlung, Textstruktur und Geschichten über Identität, a.a.O., S. 5 ff

75 K. H. Günther, Pädagogische Kasuistik in der Lehrerausbildung, a.a.O., S. 167

76 D. Baacke, Ausschnitt und Ganzes, a.a.O., S. 12

77 ebd., S. 21

78 ebd., S. 31

79 ebd., S. 25

80 ebd., S. 26

81 ebd., S. 27

82 D. Baacke/Th. Schulze "Vorwort der Herausgeber" zu: dies.: Aus Geschichten lernen, a.a.O., S. 9

83 D. Baacke, Biographie: soziale Handlung, Textstruktur und Geschichten über Identität, a.a.O., S. 25

84 ebd., S. 25

85 ebd., S. 26

86 ebd., S. 26

87 ders., Autobiographische Texte als Beitrag zur Ich-Konstruktion, a.a.O., S. 350 ff

88 Th. Schulze, Autobiographie und Lebensgeschichte, a.a.O., S. 68 f

89 ebd., S. 73

90 ebd., S. 74 f

91 ebd., S. 79 f

92 ders., Lebenslauf und Lebensgeschichte, a.a.O., S. 29

93 ebd., S. 36

94 ebd., S. 33

95 ebd., S. 42

96 ebd., S. 43

97 ebd., S. 46

98 ders., Autobiographie und Lebensgeschichte, a.a.O., S. 54 ff

99 J. Oelkers, Subjektivität, Autobiographie und Erziehung, a.a.O., S. 326 ff

100 ders., Die Ästhetisierung des Subjekts als Grundproblem moderner Pädagogik, a.a.O., S. 250

101 ebd., S. 281

102 ebd., S. 273

103 ebd., S. 278

104 ebd. S. 282

105 K. Prange, Lebensgeschichte und pädagogische Reflexion, a.a.O. S. 360

106 U. Herrmann, Biographische Konstruktion und das gelebte Leben, a.a.O. S. 303

107 ebd., S. 304 f

108 ebd., S. 306 f

109 ebd., S. 308

110 ebd., S. 318

111 ebd., S. 319

112 J. Kaltschmid, Biographie und Pädagogik, a.a.O., S. 116 f

KAPITEL 7:

1 F. Kluge, Etymologisches Wörterbuch, a.a.O., S. 180 sowie Duden Etymologie, a.a.O., S. 141

2 H. P. Bahrdt, Erzählte Lebensgeschichten von Arbeitern, a.a.O., S. 10

3 W. Windelband, Lehrbuch der Geschichte der Philosophie, a.a.O., S. 468

4   G. W. F. Hegel, Phänomenologie des Geistes, a.a.O., S. 78

5   O. Negt/A. Kluge, Öffentlichkeit und Erfahrung, a.a.O., S. 24

6   K. Marx, Die deutsche Ideologie, a.a.O., S. 348

7   ebd., S. 349

8   C. Lévi-Strauss, Mythos und Bedeutung, a.a.O., S, 265

9   P. Krausser, Kritik der endlichen Vernunft, a.a.O., S. 209

10 W. Dilthey, Gesammelte Schriften, Einleitung, Bd. 1, a.a.O., S. 3 f

11 E. W. Orth, Die doppelte Erfahrung. Wilhelm Dilthey und die Geisteswissenschaften, a.a.O.

12 A. Gorz, Der schwierige Sozialismus, a.a.O., S. 206 f

13 W. A. Schelling, Erinnern und Erzählen, a.a.O., S. 417

14 H. Siemers, Methodologische Reflexionen, a.a.O., S. 195 f

15 D. Baacke, Bedingungen und Kriterien der Kommunikation, a.a.O., S. 110 f

16 W. Schulenberg, in: A. v. Cube u.a., Kompensation oder Emanzipation? a.a.O., S. 67

17 J. P. Sartre, Ist der Existentialismus ein Humanismus? a.a.O., S. 11

18 H. Marcuse, Kultur und Gesellschaft 2, a.a.O., S. 56 f

19 ebd., S. 63

20 vgl. P. Berger/Th. Luckmann, Die gesellschaftliche Konstruktion der Wirklichkeit, a.a.O., S. 55 f

21 ebd., S. 24

22 W. Emmerich, Proletarische Lebensläufe 2, a.a.O., S. 32

23 O. Negt, Soziologische Phantasie und exemplarisches Lernen, a.a.O., S. 45 f

24 P. Berger/Th. Luckmann, Die gesellschaftliche Konstruktion der Wirklichkeit, a.a.O., S. 46

25 ebd., S. 30 f

26 ebd., S. 39

27 ebd., S. 40

28 E. Husserl, Phänomenologische Psychologie, Husserliania, Bd. IX, a.a.O., S. 409 f

29 R. Grathoff, Alltag und Lebenswelt als Gegenstand der phänomenologischen Sozialtheorie, a.a.O., S. 69

30 M. Jaworski, Die religiöse Erfahrung vom phänomenologischen Standpunkt aus gesehen, a.a.O., S. 24

31 P. Berger/Th. Luckmann, Die gesellschaftliche Konstruktion der Wirklichkeit, a.a.O., S. 22, Anm. 2

32 W. Grathoff, Alltag und Lebenswelt als Gegenstand der phänomenologischen Sozialtheorie, a.a.O., S. 78

33 vgl. A. Schütz, Collected Papers, Bd. 1: The Problem of Social Reality, a.a.O., S. 11

34 W. Fischer, Sinnkonstruktion. Die Legitimation der Religion in der sozialen Lebenswelt, a.a.O., S. 206 f

35 H. Lefébvre, Kritik des Alltagslebens, a.a.O., Bd. 1, S. 137 ff

36 ebd., Bd. 2, S. 52 f

37 P. Berger/Th. Luckmann, Die gesellschaftliche Konstruktion der Wirklichkeit, a.a.O., S. 21

38 ebd., s. 7

39 L. Hack, Subjektivität im Alltagsleben, a.a.O., S. 97

40 ebd., S. 92

41 ebd., S. 69

42 ebd., S. 169, Anm. 130

43 ebd., S. 140

44 ebd., S. 107

45 Th. Leithäuser/B. Volmerg, Die Entwicklung einer empirischen Forschungsperspektive aus der Theorie des Alltagsbewußtseins, a.a.O., S. 29 f

46 ebd., S. 30

47 ebd., S. 29

48 G. Czell, Religion und kirchliche Sozialisation in der Alltagswelt, a.a.O., S. 36

49 H. Lefèbvre, Kritik des Alltagslebens, Bd. 2, a.a.O., S. 75 f

50 L. Hack, Subjektivität im Alltagsleben, a.a.O., S. 9

51 H. Lefèbvre, Das Alltagsleben in der modernen Welt, a.a.O., S. 56 ff

52 I.-M. Greverus, Kultur und Alltagswelt, a.a.O., S. 97

53 L. Hack, Subjektivität im Alltagsleben, a.a.O., S. 139

54 H. Popitz, u.a. Das Gesellschaftsbild des Arbeiters, a.a.O., S. 201

55 ebd., S. 84

56 W. Thomssen, Deutungsmuster, a.a.O., S. 360

57 W. Schneider, Narration - Biographie - Deutungsakte, a.a.O., S. 121

58 vgl. IG Metall für die Bundesrepublik Deutschland (Hsg.), **Seminar für Funktionsträger**, a.a.O., sowie IG Druck und Papier, Bildungskonzeption, a.a.O.

59 O. Negt, Soziologische Phantasie und exemplarisches Lernen, a.a.O., S. 44

60 A. Lorenzer, Das Konzil der Buchhalter, a.a.O., S. 130

61 W. Thomssen, Deutungsmuster, a.a.O., S. 360

62 O. Negt, Soziologische Phantasie und exemplarisches Lernen, a.a.O., S. 63

63 ebd., S. 65

64 ebd., S. 71

65 Th. W. Adorno, Zum Verhältnis von Soziologie und Psychologie, a.a.O., S. 28

66 O. Negt, Soziologische Phantasie und exemplarisches Lernen, a.a.O., S. 80

67 E. Dittrich/J. Dittrich-Jacobi, Die Autobiographie als Quelle zur Sozialgeschichte der Erziehung, a.a.O., S. 105

68 H.P. Bahrdt, Erzählte Lebensgeschichten von Arbeitern, a.a.O., S. 36

69 ebd., S. 25

70 vgl. H. J. Steinberg, Lesegewohnheiten deutscher Arbeiter, a.a.O.

71 A. Lorenzer, Das Konzil der Buchhalter, a.a.O., S. 109

72 ebd., S. 93 f

73 L. Hack, Subjektivität im Alltagsleben, a.a.O., S. 190 f

74 vgl., E. Dittrich/J. Dittrich-Jacobi, Die Autobiographie als Quelle zur Sozialgeschichte der Erziehung, a.a.O., S. 112 f

75 W. Schneider, Narration-Biographie-Deutungsakte, a.a.O., S. 120

76 P. Frerichs, Bürgerliche Autobiographie und proletarische Selbstdarstellung, a.a.O., S. 425

77 W. Emmerich, Proletarische Lebensläufe 2, a.a.O., S. 32

78 L. Lorenz, Arbeiterfamilie und Klassenbewußtsein, a.a.O., S. 11

79 vgl. E. Dittrich/J. Dittrich-Jacobi, Die Autobiographie als Quelle zur Sozialgeschichte der Erziehung, a.a.O., S. 105 f

80 W. Emmerich, Proletarische Lebensläufe 1, a.a.O., S. 38 f

81 ebd., S. 22 f

82 ebd., S. 12 f

83 A. Popp, Jugendgeschichte einer Arbeiterin, zit. nach Neuauflage, hsg. von H. J. Schütz, a.a.O., S. 21

84 P. Frerichs, Bürgerliche Autobiographie und proletarische Selbstdarstellung, a.a.O., S. 259

85 ebd., S. 257

86 W. Emmerich, Proletarische Lebensläufe 1, a.a.O., S. 18

87 ebd., S. 23

88 W. Emmerich, Proletarische Lebensläufe 2, a.a.O., S. 32

89 ebd., S. 33

90 E. Dittrich/J. Dittrich-Jacobi, Die Autobiographie als Quelle zur Sozialgeschichte der Erziehung, a.a.O., S. 105

91 U. Münchow, Frühe deutsche Arbeiterautobiographien, a.a.O., S. 175

KAPITEL 8:

1 O. G. Brim/St. Wheeler, Erwachsenen-Sozialisation, a.a.O.

2 vgl. H. Hartmann, Die Sozialisation von Erwachsenen als soziales und soziologisches Problem, a.a.O., 126 ff

3 F. Kröll/J. Matthes/M. Stosberg, Zehn Thesen zur Einbeziehung biographisch orientierter Konzepte in die soziologische Forschung, a.a.O., S. 17

4 W. Edelmann, Entwicklungspsychologie, a.a.O., S. 173

5 F. Weinert, Die Familie als Sozialisationsbedingung, a.a.O., S. 364 f

6 R. Preul, Sozialisation und religiöse Entwicklung, a.a.O., S. 182

7 L. A. Vaskovics, Religionssoziologische Aspekte der Sozialisation wertorientierter Verhaltensformen, a.a.O.

8 D. Stoodt, Von der religiösen Erziehung zur religiösen Sozialisation, a.a.O., S. 17 f

9 W.-D. Bukow, Religiöse Sozialisation, a.a.O., S. 193 f

10 P. Brückner, Psychologie und Geschichte, a.a.O., S. 150

11 ebd., S. 59

12 L. Hack, Subjektivität im Alltagsleben, a.a.O., S. 102

13 ebd., S. 140

14 H.-G. Trescher, Sozialisation und beschädigte Subjektivität, a.a.O., S. 205

15 Grauer, G.: Leitbilder und Erziehungspraktiken. In: Familienerziehung, Sozialschicht und Schulerfolg, Weinheim/Basel 1972, S. 38 f, zitiert nach W. Edelmann, Entwicklungspsychologie, a.a.O., S. 156

16 ebd., S. 173

17 F. Neidhardt, Schichtbedingte Elterneinflüsse, a.a.O., S. 9

18 J. Habermas, Pädagogischer "Optimismus" vor Gericht einer pessimistischen Anthropologie, a.a.O., S. 362 f

19 W. Edelmann, Entwicklungspsychologie, a.a.O., S. 157

20 G. Grauer, Leitbilder und Erziehungspraktiken, a.a.O., S. 40

21 W. Edelmann, Entwicklungspsychologie, a.a.O., S. 160

22 A. Mitscherlich, Auf dem Weg zur vaterlosen Gesellschaft, a.a.O., S. 241 f

23 H. Kreutz, Soziale Bedingungen der Sozialisation Jugendlicher in industriellen Gesellschaften, a.a.O., S. 165

24 O. Negt/A. Kluge, Öffentlichkeit und Erfahrung, a.a.O., S. 50, Anm. 35

25 H. Kreutz, Soziale Bedingungen der Sozialisation Jugendlicher in industriellen Gesellschaften, a.a.O., S. 165 f

26 ebd., S. 166

27 P. Brückner, Psychologie und Geschichte, a.a.O., S. 77 f

28 O. Rühle, Illustrierte Kultur- und Sittengeschichte des Proletariats 2, a.a.O., S. 36 f

29 F. H. Tenbruck, Moderne Jugend als soziale Gruppe, a.a.O., S. 88

30 R. Döbert/G. Nunner-Winkler, Adoleszenskrise und Identitätsentwicklung, a.a.O., S. 19

31 ebd., S. 19

32 A. Lorenzer, Symbol, Interaktion und Praxis, a.a.O., S. 55

33 L. Hack, Subjektivität im Alltagsleben, a.a.O., S. 164 f, Anm. 93

34 U. Jeggle, Lebensgeschichte und Herkunft, a.a.O., S. 13

35 P. Berger/Th. Luckmann; Die gesellschaftliche Konstruktion der Wirklichkeit, a.a.O., S. 25

36 W. Emmerich, Proletarische Lebensläufe 1, a.a.O., S. 13

37 L. Sève, Marxismus und Theorie der Persönlichkeit, a.a.O., S. 102

38 ebd., S. 112

39 K. Marx, Grundrisse der Kritik der politischen Ökonomie, a.a.O., S. 176

40 L. Sève, Marxismus und Theorie der Persönlichkeit, a.a.O., S. 285

41 ebd., S. 380

42 P. Frerichs, Bürgerliche Autobiographie und proletarische Selbstdarstellung, a.a.O., S. 107

43 H.-G. Trescher, Sozialisation und beschädigte Subjektivität, a.a.O., S. 206

44 ebd., S. 209 f

45 vgl. A. Krovoza, Zum Sozialisationsgehalt der kapitalistischen Produktionsweise, a.a.O., S. 75 f

46 H.-G. Trescher, Sozialisation und beschädigte Subjektivität, a.a.O., S. 212

47 A. Krovoza, Zum Sozialisationsgehalt der kapitalistischen Produktionsweise, a.a.O., S. 73

48 Päd. Arbeitsstelle des Deutschen Volkshochschulverbandes (Hsg.), Sozialisationsprozeß in Kindheit und Jugend, a.a.O., S. 15 f

49 P. Brückner, Psychologie und Geschichte, a.a.O., S. 82

50 O. Negt/A. Kluge, Öffentlichkeit und Erfahrung, a.a.O., S. 63

51 E. Dittrich/J. Dittrich-Jacobi, Die Autobiographie als Quelle zur Sozialgeschichte der Erziehung. a.a.O., S. 109

52 H. Kreutz, Soziale Bedingungen der Sozialisation Jugendlicher in industriellen Gesellschaften, a.a.O., S. 162

53 P. Parin, Der Widerspruch im Subjekt, a.a.O., S. 109

54 R. Döbert/G. Nunner-Winkler, Adoleszenskrise und Identitätsentwicklung, a.a.O., S. 16

55 ebd., S. 16

KAPITEL 9:

1 S. Bernfeld zit. nach H. Sandkühler, Psychoanalyse und Marxismus, Dokumentation einer Kontroverse, a.a.O., S. 52 f

2 E. H. Erikson, Identität und Lebenszyklus, a.a.O., S. 59

3 M. Klessmann, Identität und Glaube, a.a.O., S. 47

4 E. H. Erikson, Jugend und Krise, a.a.O., S. 15

5   ders., Kindheit und Gesellschaft, a.a.O., S. 263

6   ders., Jugend und Krise, a.a.O., S. 13

7   ebd., S. 13

8   ebd., S. 19

9   Th. Schulze, Autobiographie und Lebensgeschichte, a.a.O., S. 90

10 ebd., S. 90

11 M. Klessmann, Identität und Glaube, a.a.O., S. 44

12 J. A. Schülein, Sinnprobleme in Industriegesellschaften am Beispiel der Jugendsekten, a.a. O., S. 24

13 E. H. Erikson, Jugend und Krise, a.a.O., S. 21

14 L. Hack, Subjektivität im Alltagsleben, a.a.O., S. 106 f

15 P. Parin, Der Widerspruch im Subjekt, a.a.O., S. 54

16 R. Oerter/L. Montada, Entwicklungspsychologie, a.a.O., S. 264

17 ebd., S. 265

18 P. Parin, Der Widerspruch im Subjekt, a.a.O., S. 174

19 Ch. Bürger, Tradition und Subjektivität, a.a.O., S. 77

20 J. Habermas, Können komplexe Gesellschaften eine vernünftige Identität ausbilden? a.a.O., S. 93 f

21 M. Kohli, Lebenslauftheoretische Ansätze, a.a.O., S. 311

22 P. Berger//Th. Luckmann, Die gesellschaftliche Konstruktion der Wirklichkeit, a.a.O., S. 69

23 O. Negt/A. Kluge, Öffentlichkeit und Erfahrung, a.a.O., S. 111

24 P. Frerichs, Bürgerliche Autobiographie und proletarische Selbstdarstellung. a.a.O., S. 106

25 M. Kohli, Die Institutionalisierung des Lebenslaufs, a.a.O., S. 21

26 W. Emmerich, Proletarische Lebensläufe 2, a.a.O., S. 32

27 U. Jeggle, Lebensgeschichte und Herkunft, a.a.O., S. 14

28 W. Emmerich, Proletarische Lebensläufe 1, a.a.O., S. 13

29 U. Jeggle, Lebensgeschichte und Herkunft, a.a.O., S. 14

30 ebd., S. 14

31 ebd., S. 26

32 ebd., S. 25

33 S. Freud, Ansprache an die Mitglieder des Vereins B'nai B'rit (1926), a.a.O., S. 51 f

KAPITEL 10:

1 H. Marcuse, Kultur und Gesellschaft 2, a.a.O., S. 49 f

2 D. Geulen, Die historische Entwicklung sozialisationstheoretischer Paradigmen, a.a.O., S. 23 f

3 P. Brückner, Psychologie und Geschichte, a.a.O., S. 125

4 ebd., S. 126

5 J. G. Fichte, Brief an Baggesen 1795, a.a.O., S. 313

6 D. Geulen, Die historische Entwicklung sozialisations-theoretischer Paradigmen, a.a.O., S. 24

7 J. A. Schülein, Subjektivität, in: Handbuch psychologischer Grundbegriffe, a.a.O., S. 1064

8 G. W. F. Hegel, Vorlesungen über die Philosophie der Religion, a.a.O., S. 241

9 K. H. Anton, Absolute Subjektivität - Das Christentum in der Religionsphilosophie Hegels, a.a.O., S. 72

10 ebd., S. 75 f

11 ebd., S. 79 f

12 Th. W. Adorno, Drei Studien zu Hegel, a.a.O., S, 17 f

13 H. G. Heimbrock, Existenz und Wahrheitsfindung, a.a.O., S. 85

14 S. Kierkegaard, Abschließende unwissenschaftliche Nachschrift, 2. Teil, a.a.O., S. 160 Zit. nach H.G. Heimbrock, Existenz und Wahrheitsfindung, a.a.O. S. 85

15 H. G. Heimbrock, Existenz und Wahrheitsfindung, a.a.O., S. 88

16 S. Kierkegaard, Philosophische Brosamen, Bd. 3, a.a.O., S. 128 Zit. nach H.G. Heimbrock, Existenz und Wahrheitsfindung, a.a.O. S. 88

17 H. G. Heimbrock, Existenz und Wahrheitsfindung, a.a.O., S. 89 f

18 S. Kierkegaard, Abschließende unwissenschaftliche Nachschrift, a.a.O., S. 208 Zit. nach H.G. Heimbrock, Existenz und Wahrheitsfindung, a.a.O. S. 86

19 ders., Philosophische Brosamen, Bd. 3, S. 261 Zit. nach H.G. Heimbrock, Existenz und Wahrheitsfindung, a.a.O. S. 88

20 O. Negt/A. Kluge, Öffentlichkeit und Erfahrung, a.a.O., S. 410 f

21 G. Lukács, Geschichte und Klassenbewußtsein, a.a.O., S. 298 f

22 K. Marx, Die deutsche Ideologie, a.a.O., S. 349

23 C. Lévi-Strauss, Mythos und Bedeutung, a.a.O., S. 36

24 M. Kohli, Lebenslauftheoretische Ansätze, a.a.O., S. 313

25 L. Krappmann, Soziologische Dimensionen der Identität, a.a.O., S. 70

26 G. H. Mead, Geist, Identität und Gesellschaft, a.a.O., S. 218

27 ebd., S. 218

28 ebd., S. 230

29 M. Kohli, Lebenslauftheoretische Ansätze, a.a.O., S. 312

30 M. Brumlik, Der symbolische Interaktionnismus und seine pädagogische Bedeutung, a.a.O., S. 98

31 vgl. W. Gerhardt, Psychoanalyse und Sozialisationstheorie, a.a.O., S. 12

32 J. Habermas, Erkenntnis und Interesse, a.a.O., S. 60 f

33 L. Hack, Subjektivität im Alltagsleben, a.a.O., S. 124

34 A. Lorenzer, Das Konzil der Buchhalter, a.a.O., S. 163

35 H.-G. Trescher, Sozialisation und beschädigte Subjektivität, a.a.O. S. 181

36 A. Lorenzer, Das Konzil der Buchhalter, a.a.O., S. 91

37 H.-G. Trescher, Sozialisation und beschädigte Subjektivität, a.a.O., S. 173

38 L. Hack, Subjektivität im Alltagsleben, a.a.O., S. 127

39 U. Herrmann, Probleme und Aspekte historischer Ansätze in der Sozialisationsforschung, a.a.O., S. 228 f

40 ebd., S. 229

41 ebd., S. 230

42 N. Elias, Über den Prozeß der Zivilisation, Einleitung, a.a.O., S. XVIII f

43 M. Kohli, Lebenslauftheoretische Ansätze, a.a.O., S. 309

44 C. Lévi-Strauss, Mythos und Bedeutung, a.a.O., S. 254

45 ebd., S. 259

46 H. Lübbe, Geschichtsbegriff und Geschichtsinteresse, a.a.O., S. 81

47 O. Ewert, Erziehungsstile in ihrer Abhängigkeit von soziokulturellen Normen, a.a.O., S. 74

48 A. W. Gouldner, Die westliche Soziologie in der Krise, a.a.O., S. 80 f

49 E. Fromm, Arbeiter und Angestellte am Vorabend des Dritten Reiches, a.a.O., S. 15

50 vgl. P. Brückner, Psychologie und Geschichte, a.a.O., S. 61

51 M. Horkheimer, Autorität und Familie, a.a.O.

52 M.Jay, Dialektische Phantasie, a.a.O., S. 155

53 M. Horkheimer, Geschichte und Psychologie, a.a.O., S. 20 f

54 P. Brückner, Psychologie und Geschichte, a.a.O., S. 14

55 W. Reich, Die Massenpsychologie des Faschismus, S. 36, zit. nach P. Brückner, Psychologie und Geschichte, a.a.O., S. 38

56 P. Brückner, Psychologie und Geschichte, a.a.O., S. 13 f

57 M. Horkheimer, Die gegenwärtige Lage der Sozialphilosophie und die Aufgabe eines Instituts für Sozialforschung, a.a.O., S. 43

58 H.-G. Trescher, Sozialisation und beschädigte Subjektivität, a.a.O., S. 198 f

59 P. Brückner, Geschichte und Psychologie, a.a.O., S. 43

60 L. Sève, Marxismus und Theorie der Persönlichkeit, a.a.O., S. 393

61 K. Marx, Grundrisse der Kritik der politischen Ökonomie, a.a.O., S. 176

62 L. Sève, Marxismus und Theorie der Persönlichkeit, a.a.O., S. 102

63 ebd., S. 101

64 ebd., S. 365

65 ebd., S. 364 f

66 ebd., s. 366

67 O. Rammstedt, Subjektivität und Sozialwissenschaften, a.a.O., S. 42

68 ebd., S. 41

69 ebd., S. 46

70 ebd., S. 50 f

71 W. Emmerich, Proletarische Lebensläufe 1, a.a.O., S. 18

72 O. Rammstedt, Subjektivität und Sozialwissenschaften, a.a.O., S. 68

73 M. Horkheimer/Th. W. Adorno, Dialektik der Aufklärung, a.a.O., S. 42

74 O. Rammstedt, Subjektivität und Sozialwissenschaften, a.a.O., S. 71

75 H. P. Bahrdt, Erzählte Lebensgeschichten von Arbeitern, a.a.O. S. 32

76 ebd., S. 31

77 ebd., S. 31

78 ebd., S. 32

79 J. A. Schülein, Sinnprobleme in Industriegesellschaften am Beispiel der Jugendsekten, a.a.O. S. 24

80 E. Dittrich/J. Dittrich-Jacobi, Die Autobiographie als Quelle zur Sozialgeschichte der Erziehung, a.a.O., S. 108 f

81 H. P. Bahrdt, Erzählte Lebensgeschichten von Arbeitern, a.a.O., S. 25

82 O. Rammstedt, Subjektivität und Sozialwissenschaften, a.a.O., S. 52

83 L. Hack, Subjektivität im Alltagsleben, a.a.O., S. 22

84 J. P. Sartre, zitiert nach H. P. Bahrdt, Erzählte Lebensgeschichte von Arbeitern, a.a.O., S. 37

85 A. Gorz, Der schwierige Sozialismus, a.a.O., S. 213 f

86 G. Bollenbeck, Zur Theorie und Geschichte der frühen Arbeiterlebenserinnerungen, a.a.O., S. 64

87 J. W. Goethe, Maximen und Reflexionen über Litaratur und Ethik: Aus Wilhelm Meisters Wanderjahren, a.a.O., Bd. 42, 2. Abtlg., S. 177

88 M. Weber, Die Lage der Landarbeiter im ostelbischen Deutschland, a.a.O.

89 H. Kreutz, Soziologie der Jugend, a.a.O., S. 92 f

90 M. Kohli, Lebenslauftheoretische Ansätze, a.a.O., S. 307

91 ebd., S. 307

KAPITEL 11:

1 H. Gollwitzer, Was ist Religion? a.a.O., S. 20

2 ebd., S. 18 f

3 vgl. hierzu P. Berger/Th. Luckmann, Die gesellschaftliche Konstruktion der Wirklichkeit, a.a.O., S. 36 ff

4 D. Goldschmidt, Standort und Methode der Religions-Soziologie, In: Soziologie und moderne Gesellschaft (Verhandlungen des 14. deutschen Soziologentages), Stuttgart 1959, S. 142 f, zit. nach H. Gollwitzer, Was ist Religion? a.a.O., S. 31 f

5 L. Feuerbach, Vorlesungen über das Wesen der Religion, a.a.O., S. 31 f

6 K. Marx, Die deutsche Ideologie, a.a.O., S. 339 ff

7 ebd., S. 368

8 K. Marx, Zur Kritik der politischen Ökonomie, a.a.O., S. 8 f

9   K. Marx, Die deutsche Ideologie, a.a.O., S. 341

10 K. Marx, Das Kapital, Bd. 1, a.a.O., S. 93

11 K. Marx, Der Kommunismus des "Rheinischen Beobachters", a.a.O., S. 200

12 C. Lévi-Strauss, Mythos und Bedeutung, a.a.O., S. 279

13 E. Durkheim, Die elementaren Formen des religiösen Lebens, a.a.O., S. 571

14 ebd., S. 568

15 ebd., S. 597

16 P. Brückner, Psychologie und Geschichte, a.a.O., S. 150

17 K. Barth, Das Wort Gottes und die Theologie, a.a.O.

18 R. Bultmann, Glaube und Verstehen, a.a.O., S. 30

19 J. Moltmann, Theologie der Hoffnung, a.a.O., S. 56

20 ebd., S. 59

21 M. Weber, Die protestantische Ethik, a.a.O., S. 39

22 ebd., S. 40 ff

23 ebd., S. 35 ff

24 M. Weber, Wirtschaft und Gesellschaft (1964), a.a.O., S. 396

25 A. Lorenzer, Das Konzil der Buchhalter, a.a.O., S. 99

26 Vgl. U. Aumüller, Industrieschule und ursprüngliche Akkumulation in Deutschland, a.a.O., S. 9 ff, sowie S. Godefroid u. a., Bürgerliche Ideologie und Bildungspolitik, a.a.O., S. 81 ff

27 S. Godefroid u. a., Bürgerliche Ideologie und Bildungspolitik, a.a.O., S. 81 ff

28 M. Weber, Die protestantische Ethik, a.a.O., S. 45

29 G. Czell, Religion und kirchliche Sozialisation in der Alltagswelt, a.a.O., S. 32

30 ebd., S. 32

31 ebd., S. 33

32 P. Berger/Th. Luckmann, Die gesellschaftliche Konstruktion der Wirklichkeit, a.a.O., S. 26

33 G. Czell, Religion und kirchliche Sozialisation in der Alltagswelt, a.a.O., S. 29

34 ebd., S. 29

35 P. L. Berger, Zur Dialektik von Religon und Gesellschaft, a.a.O., sowie Th. Luckmann, Lebenswelt und Gesellschaft, a.a.O.

36 G. Czell, Religion und kirchliche Sozialisation in der Alltagswelt, a.a.O., S. 30

37 Ch. Bürger, Tradition und Subjektivität, a.a.O., S. 87

38 H. Faber, Gott in vaterloser Gesellschaft, a.a.O., S. 28

39 ebd., S. 28

40 Ch. Bürger, Tradition und Subjektivität, a.a.O., S. 83

41 K. W. Dahm, Religion, Analyse aus der Sicht eines Soziologen, a.a.O., S. 29 ff

42 H. Aschwanden, Symbol des Lebens. Bewußtseinsanalyse eines afrikanischen Volkes, a.a.O., S. 269

43 U. Jeggle, Lebensgeschichte und Herkunft, a.a.O., S. 16

44 ebd., S. 15

45 ebds., S. 16

46 M. Thielpappe, Die Bergpredigt als Friedensprogramm, a.a.O.

47 H. Faber, Gott in vaterloser Gesellschaft, a.a.O., S. 31 f

48 C. Daniel, Theorien der Subjektivität, a.a.O., S. 25

49 O. Rammstedt, Subjektivität und Sozialwissenschaften, a.a.O., S. 66

50 M. Horkheimer/Th. W. Adorno, Dialektik der Aufklärung, a.a.O., S. 9

51 H. Marcuse, Triebstruktur und Gesellschaft, a.a.O., S. 75

52 A. Lorenzer, Das Konzil der Buchhalter, a.a.O., S. 132

53 ebd., S. 137 f

54 H. U. Gumbrecht, Lebensläufe, Literatur, Alltagswelten, a.a.O., S. 231 f

55 J. Bumke, Ministerialität und Ritterdichtung, a.a.O., sowie G. Kaiser, Textauslegung und gesellschaftliche Selbstdeutung, a.a.O., und E. Köhler, Ideal und Wirklichkeit in der höfischen Epik, a.a.O.

56 H. U. Gumbrecht, Lebensläufe, Literatur, Alltagswelten, a.a.O., S. 240

57 ebd., S. 235 f

58 ebd., S. 237

59 ebd., S. 237

60 ebd., S. 231 f

61 ebd., S. 232

62 ebd., S. 244

63 ebd., S. 234

64 F. Koppe, Sprache und Bedürfnis, a.a.O., sowie W. Iser, Der Akt des Lesens, a.a.O.

65 H. U. Gumbrecht, Lebensläufe, Literatur, Alltagswelten, a.a.O., S. 233 f

66 ebd., S. 234

67 Th. Klaiber, Die deutsche Selbstbiographie, a.a.O., S. 2

68 ebd., S. 5

69 H. U. Gumbrecht, Lebensläufe, Literatur, Alltagswelten, a.a.O., S. 242

70 ebd., S. 242

71 ebd., S. 247

72 H. R. Picard, Autobiographie im zeitgenössischen Frankreich, a.a.O., S. 233

73 ebd., S. 234

74 ebd., S. 235

75 ebd., S.238 f

76 E. Dittrich/J. Dittrich-Jacobi, Die Autobiographie als Quelle zur Sozialgeschichte der Erziehung, a.a.O., S. 110

77 ebd., S. 111

78 ebd., S. 112

79 G. Bleibtreu-Ehrenberg, Mannbarkeitsriten, a.a.O., S. 63

80 C. W. Müller, Versuch 1, a.a.O., S. 93

81 H. Kentler, Versuch 2, a.a.O., S. 46

82 M. Affolderbach (Hsg.), Grundsatztexte zur evangelischen Jugendarbeit, a.a.O., S. 112

83 C. Lévi-Strauss, Mythos und Bedeutung, a.a.O., S. 85

84 ebd., S. 85 f

85 ebd., S. 120

86 ebd., S. 97 f

87 vgl. M. van Esbroeck, Hermeneutik, Strukturalismus und Exegese, a.a.O., S. 27 ff

88 M. van Esbroeck, Hermeneutik, Strukturalismus und Exegese, a.a.O., S. 30

89 S. K. Langer, Philosophie auf neuem Wege, a.a.O.

90 A. Lorenzer, Das Konzil der Buchhalter, a.a.O., S. 30

91 ebd., S. 34 f

92 ebd., S. 46

93 ebd., S. 216

94 ebd., S. 217

95 M. Weber, Wirtschaft und Gesellschaft (1956), a.a.O., S. 4 ff

96 A. Schütz, Der sinnhafte Aufbau der sozialen Welt, a.a.O., S. 54

97 J. A. Schülein, Sinnprobleme in Industriegesellschaften am Beispiel der Jugendsekten, a.a.O., S. 14

98 J. Habermas/N. Luhmann, Theorie der Gesellschaft, a.a.O., S. 114 ff

99 J. A. Schülein, Sinnprobleme in Industriegesellschaften am Beispiel der Jugendsekten, a.a.O., S. 18

100 ebd., S. 16

101 P. Berger/Th. Luckmann, Die gesellschaftliche Konstruktion der Wirklichkeit, a.a.O., S. 107

102 A. Lorenzer, Das Konzil der Buchhalter, a.a.O., S. 138 ff

103 A. Parsons, Besitzt der Ödipus-Komplex universelle Gültigkeit? S. 218 f, zit. nach A. Lorenzer, Das Konzil der Buchhalter, a.a.O., S. 147

104 A. Lorenzer, Das Konzil der Buchhalter, a.a.O., S. 147

105 ebd., S. 151

106 E. Alexander, Was vertreibt Frauen aus der Kirche? a.a.O.

107 A. Lorenzer, Das Konzil der Buchhalter, a.a.O., S. 284

KAPITEL 12:

1 D. Baacke, Ausschnitt und Ganzes, a.a.O., S. 46

2 ebd., S. 49

3 W. Trillhaas, Die eigene Geschichte erzählen, a.a.O., S. 717

4 ebd., S. 717 f

5 U. Herrmann, Probleme und Aspekte historischer Ansätze in der Sozialisationsforschung, a.a.O., S. 238 ff

6 D. Stoodt, Religiöse Sozialisation und emanzipiertes Ich, a.a.O., S. 220 f

7 E. Müller, Auf dem Wege zur Rekonstruktion - Subjektfindung und Symbol, a.a.O., S. 131 ff

8 H. Stock, Elementarisierung theologischer Inhalte und Methoden im Blick auf die Aufgabe einer theologisch zu verantwortenden Lehrplanrevision und Curriculumentwicklung in den wichtigsten religionspädagogischen Praxisfeldern, a.a.O., S. 19 ff

9 P. Biehl, Zur Funktion der Theologie in einem themenorientierten Religionsunterricht, a.a.O., S. 64 ff

10 T. Rendtorff, Ethik, a.a.O., S. 118

11 ebd., S. 102

12 ebd., S. 102

13 ebd., S. 121

14 ebd., S. 107 f

15 ebd. S. 105

16 ebd., S. 103

17 J. Scharfenberg, Luther in psychohistorischer Sicht, a.a.O., S. 26

18 H. Luther, Identität und Fragment, a.a.O., S. 324

19 G. Otto, Praktische Theologie als kritische Theorie religiös vermittelter Praxis, a.a.O., S. 109

20 V. Drehsen, Die "Heiligung" von Lebensgeschichten, a.a.O., S. 125

21 ebd., S. 133

22 H. P. Siller, Biographische Elemente im kirchlichen Handeln, a.a.O., S. 194

23 J. Lott, Erinnerte Lebensgeschichten, a.a.O., S. 48 f

24 H. Halbfas, Erfahrung und Sprache, a. a.O., S. 170 ff

LITERATURVERZEICHNIS

A. Autobiographien

1) Die von P. Göhre herausgegebenen Autobiographien

Bromme, M. Th. W.: Lebensgeschichte eines modernen Fabrikarbeiters, Leipzig/Jena 1905
Fischer, C.: Aus einem Arbeiterleben. Skizzen, Jena und Leipzig 1905
Holek, W.: Lebensgang eines deutsch-tschechischen Handarbeiters, Jena 1909
Rehbein, F.: Das Leben eines Landarbeiters, unveränderter Nachdruck der Erstauflage von 1911 (Jena), hsg. von K. W. Schafhausen, Darmstadt/Neuwied 1973

2) Deutsch-böhmische Autobiograpien

Ger, A. (Gerisch, K. A.): Erzgebirgisches Volk, Erinnerungen, Berlin 1918
Habermann, G.: Aus meinem Leben. Erinnerungen aus den Jahren 1876-1896, Wien 1919
Hanusch, F.: Lazarus. Die Geschichte einer Jugend, Wien 1912
Hanusch, F.: Aus meinen Wanderjahren. Erinnerungen eines Walzbruders, Reichenberg o. J. (1907)
Hofbauer, J./Strauss, E.: Josef Seliger. Ein Lebensbild, Teglitz-Schönau 1930
Schiller, J. (gen. Schiller-Seff): Gesammelte Werke, 2. Lieferung, Reichenberg 1928

3) Autobiographien der sozialdemokratischen Parteifunktionäre

Bebel, A.: Aus meinem Leben, 3 Teile, Stuttgart/Berlin 1910-1914
Noske, G.: Erlebtes aus Aufstieg und Niedergang einer Demokratie, Stuttgart 1947
Scheu, A.: Umsturzkeime. Erlebnisse eines Kämpfers, 3 Bde., Wien 1923
Severing, C.: Mein Lebensweg, Köln 1950

4) Evangelische Autobiographien

Baader, O.: Ein steiniger Weg. Lebenserinnerungen, Stuttgart/Berlin 1921
Bergg, F.: Ein Proletarierleben, hsg. von N. Welker, Frankfurt/M. 1913
Bock, W.: Im Dienste der Freiheit. Freud und Leid aus sechs Jahrhunderten Kampf und Aufstieg, Berlin 1927

Bringolf, W.: Mein Leben. Weg und Umweg eines Schweizer Sozialdemokraten, Berlin/München/Wien o. O., o. J.
Bruhns, J.: "Es kling im Sturm ein altes Lied!" Aus der Jugendzeit der Sozialdemokratie, Stuttgart/Berlin 1921
Bürgel, B. H.: Vom Arbeiter zum Astronomen. Die Lebensgeschichte eines Arbeiters, Berlin 1909
Fischer, F. L.: Arbeiterschicksale, hsg. von F. Naumann, Berlin 1906
Grünberg, M.: Episoden. Sechs Jahrzehnte Kampf um den Sozialismus, Berlin/DDR 1969
Hoelz, M.: Vom "weißen Kreuz" zur roten Fahne. Jugend-, Kampf- und Zuchthauserlebnisse, Berlin 1929, Reprint: Frankfurt/M. 1969
Krille, O.: Unter dem Joch. Geschichte einer Jugend, Erstausg. Berlin 1914, Berlin/DDR 1975
May, E.: Werkstattaussiedlung. Untersuchungen über den Lebenslauf des Industriearbeiters, Berlin 1922 (Hsg.: E. Rosenstock)
Richter, O.: Lebensfreuden eines Arbeiterkindes, Dresden 1919
Wilhelmsdörfer, K.: Tagebuch eines Proletariers, Hamburg 1908
Winnig, A.: Frührot. Ein Buch von Heimat und Jugend, Stuttgart/Berlin 1929

5) Katholische Autobiographien

Belli, J.: Die rote Feldpost unterm Sozialistengesetz, hsg. von H. J. Schütz, Stuttgart/Berlin 1912
Bertsch, H.: Bilderbogen aus meinem Leben, Stuttgart 1906
Graf, O. M.: "Wir sind Gefangene". Ein Bekenntnis aus diesem Jahrzehnt, München 1927
Kneschke, K.: Vom Leben erzogen. Jugendjahre eines Arbeiters, Berlin 1960
Marchwitza, H.: Meine Jugend, Berlin 1947
Meyer, G.: Die Lebenstragödie eines Tagelöhners, Berlin 1909
Osterroth, N.: Vom Beter zum Kämpfer, Berlin 1920
Popp, A.: Jugendgeschichte einer Arbeiterin, München 1909, Neuauflage hsg. v. H. J. Schütz, Bonn/Bad Godesberg 1977
Reimes, W.: Durch die Drahtverhaue des Lebens. Aus dem Werdegang eines klassenbewußten Arbeiters, Dresden 1920

B. Sonstige Literatur

Adorno, Th. W.: Zum Verhältnis von Soziologie und Psychologie. In: Ders. u.a.: Sociologica, Aufsätze, Max Horkheimer zum 60. Geburtstag gewidmet, Frankfurt/M. 1955, S. 11 ff
Adorno, Th. W.: Drei Studien zu Hegel, 1. Aufl., Frankfurt/M. 1974
Affolderbach , M. (Hsg.): Grundsatztexte zur evangelischen Jugendarbeit, 2. erweiterte Aufl., Gelnhausen 1982
Alexander, E.: Was vertreibt Frauen aus der Kirche? Rundfunkvertrag, SWF II, 26. Juni 1983
Anton, K. H.: Absolute Subjektivität - Das Christentum in der Religionsphilosophie Hegels. In: A. Weyer (Hsg.): Subjektivität und Gesellschaft München/Mainz 1980, S. 67 ff
Arndt, M. (Hsg.): Religiöse Sozialisation, Stuttgart/Berlin/Köln/Mainz 1975
Aschwanden, H.: Symbol des Lebens. Bewußtseinsanalyse eines afrikanischen Volkes, Zürich 1976
Aumüller, U.: Industrieschule und ursprüngliche Akkumulation in Deutschland. Die Qualifizierung der Arbeitskraft im Übergang von der feudalen in die kapitalistische Produktionsweise. In: K. Hartmann/F. Nyssen/H. Waldeyer (Hsg.): Schule und Staat im 18. und 19. Jahrhundert, Frankfurt/M. 1974, S. 9 ff

Baacke, D.: Bedingungen und Kriterien der Kommunikation. In: Elementarisierung theologischer Inhalte und Methoden 1, hsg. vom Comenius-Institut, Münster/W. 1975, S. 94 ff
Baacke, D./Schulze, Th. (Hsg.): Aus Geschichten lernen. Zur Einübung pädagogischen Verstehens, München 1979
Baacke, D.: Ausschnitt und Ganzes. In: Ders./Schulze, Th. (Hsg.): Aus Geschichten lernen. Zur Einübung pädagogischen Verstehens, München 1979, S. 11 ff
Baacke, D.: Biographie: soziale Handlung, Textstruktur und Geschichten über Identität. In: Ders./Schulze, Th. (Hsg.): Pädagogische Biographieforschung. Orientierungen, Probleme, Beispiele, Weinheim/Basel 1985, S. 3
Baacke, D.: Autobiographische Texte als Beitrag zur Ich-Konstruktion. In: Neue Sammlung, 26, 1986, S. 350 ff
Bahrdt, H. P.: Erzählte Lebensgeschichten von Arbeitern. In: M. Osterland (Hsg.): Arbeitssituation, Lebenslage und Konfliktpotential (Festschrift für Max E. Graf zu Solms-Roedelheim), Frankfurt/M. 1975, S. 9 ff
Bahrdt, H. P.: Autobiographische Methoden. Lebenslaufforschung und Soziologie. In: Voges, W. (Hsg.): Methoden der Biographie- und Lebenslaufforschung, Opladen 1987, S. 77 ff
Balser, F.: Sozial-Demokratie 1848/49 bis 1863. Die erste deutsche Arbeiterorganisation "Allgemeine deutsche Arbeiterverbrüderung" nach der Revolu-

tion. In: H. U. Wehler (Hsg.): Moderne deutsche Sozialgeschichte, Köln/Berlin 1970, S. 159 ff
Barth, K.: Das Wort Gottes und die Theologie. Gesammelte Vorträge, München 1924
Berger, P. L./Luckmann, Th.: Die gesellschaftliche Konstruktion der Wirklichkeit. Eine Theorie der Wissenssoziologie, Frankfurt/M. 1969
Berger, P. L.: Zur Dialektik von Religion und Gesellschaft, Frankfurt/M. 1973
Biehl. P.: Zur Funktion der Theologie in einem themenorientierten Religionsunterricht. In: H. B. Kaufmann (Hsg.): Streit um den problemorientierten Unterricht in Schule und Kirche, Frankfurt/M. 1973, S. 64 ff
Bittner, G.: Zur psychoanalytischen Dimension biographischer Erzählungen. In: D. Baacke/Th. Schulze (Hsg.): Aus Geschichten lernen. Zur Einübung pädagogischen Verstehens, München 1979, S. 120 ff
Bleibtreu-Ehrenberg, G.: Mannbarkeitsriten. Zur institutionellen Päderastie bei Papuas und Melanesiern, Frankfurt/M./Berlin/Wien 1980
Bloth, P. C.: Religion in den Schulen Preußens, Heidelberg 1968
Blumer, H.: An Appraisal of Thomas and Znanieckis The Polish Peasant in Europe and America, Social Science Research Council, New York 1939
Bollenbeck, G.: Zur Theorie und Geschichte der frühen Arbeiterlebenserinnerungen, Kronberg/Ts. 1976
Born, K. E.: Der soziale und wirtschaftliche Strukturwandel Deutschlands am Ende des 19. Jahrhunderts. In: H. U. Wehler (Hsg.): Moderne deutsche Sozialgeschichte, Köln/Berlin 1970, S. 271 ff
Brecht, B.: Übergang vom bürgerlichen zum sozialistischen Realismus. In: Ders.: Gesammelte Werke, Bd. 19: Schriften zur Literatur und Kunst 2, Frankfurt/M. 1967, S. 376 ff
Brim, O. G./Wheeler, St.: Erwachsenen-Sozialisation. Sozialisation nach Abschluß der Kindheit, Stuttgart 1974
Brückner, P.: Psychologie und Geschichte. Vorlesungen im "Club Voltaire" 1980/81, Berlin 1982
Brumlik, M.: Der symbolische Interaktionismus und seine pädagogische Bedeutung. Versuch einer systematischen Rekonstruktion, Frankfurt/M. 1973
Bude, H.: Rekonstruktion von Lebenskonstruktionen - eine Antwort auf die Frage, was die Biographieforschung bringt. In: M. Kohli/G. Robert (Hsg.): Biographie und soziale Wirklichkeit, Stuttgart 1984, S. 7 ff
Bude, H.: Deutsche Karrieren. Lebenskonstruktionen sozialer Aufsteiger aus der Flakhelfer-Generation, Frankfurt/M. 1987
Bühler, Ch./Harvey, H./Kube, E.: Der menschliche Lebenslauf als psychologisches Problem, 2., völlig veränderte Aufl., Göttingen 1959 (1. Aufl. 1932)
Bukow, W.-D.: Religiöse Sozialisation. In: Biehl, P. u.a. (Hsg.): Jahrbuch der Religionspädagogik, Bd. 2, Neukirchen 1985 S. 41 ff
Bultmann, R.: Glaube und Verstehen, Gesammelte Aufsätze, Bd. III, Tübingen 1960

Bumke, J.: Ministerialität und Ritterdichtung, München 1976
Bürger, Ch.: Tradition und Subjektivität, 1. Aufl., Frankfurt/M. 1980

Claußen, B./Wasmund, K. (Hsg.): Handbuch der politischen Sozialisation, Braunschweig 1982
Conze, W.: Vom "Pöbel" zum "Proletariat". Sozialgeschichtliche Voraussetzungen für den Sozialismus in Deutschland. In: H. U. Wehler (Hsg.): Moderne deutsche Sozialgeschichte, Köln/Berlin 1970, S. 111 ff
Cramer, K./Fulda, H. F./Horstmann, R. P./Pothast, H.: Theorie der Subjektivität, Frankfurt/M. 1987
Cube, A. v. (Hsg.): Kompensation oder Emanzipation? Ein Dortmunder Forumsgespräch über die Funktion der Erwachsenenbildung, Braunschweig 1974
Czell, G.: Religion und kirchliche Sozialisation in der Alltagswelt. In: M. Arndt (Hsg.): Religiöse Sozialisation, Stuttgart/Berlin/Köln/Mainz 1975, S. 26 ff

Dahm, K.W./Luhmann, N./Stoodt, D.: Religion - System und Sozialisation, Darmstadt/Neuwied 1972
Dahm, K. W.: Religion. Analyse aus der Sicht eines Soziologen. In: Religion, erarbeitet von K. Heintz und R. Kaldewey, Konzepte 1, Materialien für den Religionsunterricht in der Sekundarstufe 2, Frankfurt/M./München 1978, S. 29 ff
Daniel, C.: Theorien der Subjektivität. Einführung in die Soziologie des Individuums, Frankfurt/M./New York 1981
Dilthey, W.: Gesammelte Schriften VII, 2. Aufl., Stuttgart 1958
Dilthey, W.: Gesammelte Schriften I, 4. unveränderte Auflage, Stuttgart/Göttingen 1959
Dittrich, E./Dittrich-Jacobi, J.: Die Autobiographie als Quelle zur Sozialgeschichte der Erziehung. In: D. Baacke/Th. Schulze (Hsg.): Aus Geschichten lernen, München 1979, S. 99 ff
Döbert, R./Nunner-Winkler, G.: Adoleszenzkrise und Identitätsbildung, 2. Aufl., Frankfurt/M. 1979
Drehsen, V.: Die "Heiligung" von Lebensgeschichten. Eine Thesenreihe zum thematischen und funktionalen Praxisbezug der Praktischen Theologie. Am Beispiel kirchlicher Amtshandlungen. In: Pastoraltheologische Informationen, 9, 1981, 2, S. 101 ff
Duden: Etymologie. Herkunftswörterbuch der deutschen Sprache, bearbeitet von Günther Drosdowski u. a., Der Duden in 10 Bänden; Bd. 7, Mannheim/Wien/Zürich 1963
Durkheim, E.: Die elementaren Formen des religiösen Lebens, 1. Aufl., Frankfurt/M. 1975

Edelmann, W.: Entwicklungspsychologie. Ein einführendes Arbeitsbuch, München 1980

Eisenstadt, S.N.: Von Generation zu Generation. Altersgruppen und Sozialstruktur, München 1966

Eliade, M.: Die Sehnsucht nach dem Ursprung. Von den Quellen der Humanität, Frankfurt/M. 1981

Elias, N.: Über den Prozeß der Zivilisation. Soziogenetische und psychogenetische Untersuchungen, 1. Bd.: Wandlungen des Verhaltens in den weltlichen Oberschichten des Abendlandes, 5. Aufl., Frankfurt/M. 1978

Elster, L./Weber, A. (Hsg.): Handwörterbuch der Staatswissenschaften, vierte, gänzlich umgearbeitete Auflage, Jena 1923-1929

Emmerich, W.: Proletarische Lebensläufe. Autobiographische Dokumente zur Entstehung der Zweiten Kultur in Deutschland, Bd. 1: Anfänge bis 1914, Bd. 2: 1914 bis 1945, Hamburg 1974

Engels, F.: [Brief] an Eduard Bernstein, London 9. Okt. 1886, In: Karl Marx-Friedrich Engels - Werke Bd. 36, Berlin 1967, S. 544 ff

Erikson, E. H.: Kindheit und Gesellschaft, Zürich/Stuttgart 1957

Erikson, E. H.: Jugend und Krise, Stuttgart 1970

Erikson, E. H.: Identität und Lebenszyklus, Frankfurt/M. 1979

Erikson, E. H.: Lebensgeschichte und historischer Augenblick, 1. Aufl., Frankfurt/M. 1982

Esbroeck, M. van: Hermeneutik, Strukturalismus und Exegese, München 1968

Ewert, O.: Erziehungsstile in ihrer Abhängigkeit von soziokulturellen Normen. In: Th. Herrmann (Hsg.): Psychologie der Erziehungsstile, Göttingen 1965, S. 61 ff

Faber, H.: Gott in vaterloser Gesellschaft. Analysen und Perspektiven zur Unkirchlichkeit, 1. Aufl., München 1972

Feuerbach, L.: Vorlesungen über das Wesen der Religion. In: Ders.: Sämtliche Werke, Bd. 8, Leipzig 1851, S. 31 ff

Fichte, J. G.: Brief an Baggesen 1795. In: C. Träger (Hsg.): Die Französische Revolution im Spiegel der deutschen Literatur, Frankfurt 1975, S. 313 ff

Fischer, W.: Sinnkonstitution. Die Legitimation der Religion in der sozialen Lebenswelt. In: W. D. Marsch (Hsg.): Plädoyers in Sachen Religion. Christliche Religion zwischen Bestreitung und Verteidigung, Gütersloh 1973, S. 192 ff

Fischer, W./Kohli, M.: Biographieforschung. In: W. Voges (Hsg.): Methoden der Biographie- und Lebenslaufforschung, Opladen 1987, S. 25 ff

Forget, Ph.: Aus der Seele geschrie(b)en? Zur Problematik des 'Schreibens' (écriture) in Goethes 'Werther'. In: Ph. Forget (Hsg.): Text und Interpretation, München 1984, S. 130 ff

Frank, M.: Die Grenzen der Beherrschbarkeit der Sprache. Das Gespräch als Ort der Differenz zwischen Neostrukturalismus und Hermeneutik. In: Ph. Forget (Hsg.): Text und Interpretation, München 1984, S. 181 ff
Frerichs, P.: Bürgerliche Autobiographie und proletarische Selbstdarstellung, Frankfurt/M. 1980
Freud, S.: Studien über Hysterie. Frühe Arbeiten zur Neurosenlehre (1892-1899), Leipzig 1925
Freud, S.: Ansprache an die Mitglieder des Vereins B'nai B'rit 1926, Gesammelte Werke, Bd. XVII, London 1941, S. 51 ff
Fromm, E.: Über Methode und Aufgabe einer analytischen Sozialpsychologie. Bemerkungen über Psychoanalyse und historischen Materialismus. In: Zeitschrift für Sozialforschung, 1, 1932, S. 28 ff
Fromm, E.: Arbeiter und Angestellte am Vorabend des Dritten Reiches. Eine sozialpsychologische Untersuchung. Bearbeitet und herausgegeben von W. Bonß, München 1983
Fuchs, W.: Biographische Forschung, Opladen 1984

Gadamer, H. G.: Wahrheit und Methode. Grundzüge einer philosophischen Hermeneutik, 2. Aufl., Tübingen 1965
Gerber, U./Knoll, J./Lange-Garritsen, H./Pöhlmann, H. G./Römelt, S.: Was ist der Mensch? Gütersloh 1979
Gerhardt, W.: Psychoanalyse und Sozialisationstheorie. Probleme einer kritischen Theorie des Subjekts, Frankfurt/M./New York 1977
Geulen, D..: Die historische Entwicklung sozialisationstheoretischer Paradigmen. In: K. Hurrelmann/D. Ulich (Hsg.): Handbuch für Sozialisationsforschung, Weinheim/Basel 1980, S. 15 ff
Glaser, B. G./Strauss, A. L.: The Discovery of Grounded Theory, Strategies for Qualitative Research, London 1968
Godefroid, S./Kölling, Ch./Tristram-Düsterbeck, D.: Bürgerliche Ideologie und Bildungspolitik. Das Bildungswesen in Preußen vom Ausgang des 18. Jahrhunderts bis zur bürgerlichen Revolution 1848/49. Eine historisch-materialistische Analyse seiner Entstehungsbedingungen, 1. Aufl., Gießen/Lollar 1974
Goethe, J. W.: Aus meinem Leben. Dichtung und Wahrheit. In: Goethes Werke Bd. 26-28, Weimar 1889-1890
Goethe, J. W.: Maximen und Reflexionen über Literatur und Ethik: Aus Wilhelm Meisters Wanderjahren. In: Goethes Werke Bd. 42, 2. Abtlg., Weimar 1907, S. 167 ff
Gollwitzer, H.: Was ist Religion? Fragen zwischen Theologie, Soziologie und Pädagogik, München 1980
Gorz, A.: Der schwierige Sozialismus, Frankfurt/M. 1967
Gouldner, A. W.: Die westliche Soziologie in der Krise, Reinbek 1974

Grathoff, R.: Alltag und Lebenswelt als Gegenstand der phänomenologischen Sozialtheorie. In: Kölner Zeitschrift für Soziologie und Sozialpsychologie, Sonderheft 20: Materialien zur Soziologie des Alltags, 1978, S. 67 ff

Grauer, G.: Leitbilder und Erziehungspraktiken. In: Familienerziehung, Sozialschicht und Schulerfolg. Mit Beiträgen von Basil Bernstein u.a., hsg. v.d. b:e Redaktion, Weinheim/Basel 1972, S. 37 ff

Grebing, H.: Geschichte der deutschen Arbeiterbewegung, 10. Aufl., München 1980

Greverus, I.-M.: Kultur und Alltagswelt. Eine Einführung in Fragen der Kulturanthropologie, München 1978

Günther, K. H.: Pädagogische Kasuistik in der Lehrerausbildung. Vorbemerkungen zum Diskussionsstand. In: Zeitschrift für Pädagogik, 15. Beiheft, 1978, S. 165 ff

Gumbrecht, H. U.: Lebensläufe, Literatur, Alltagswelten. In: J. Matthes/A. Pfeifenberger/U. Stosberg (Hsg.): Biographie in handlungswissenschaftlicher Perspektive, Nürnberg 1981, S. 231 ff

Habermas, J.: Pädagogischer "Optimismus" vor Gericht einer pessimistischen Anthropologie. In: Neue Sammlung 1, 1961, S. 251 ff

Habermas, J.: Erkenntnis und Interesse, Frankfurt/M. 1971

Habermas, J./Luhmann, N. (Hsg.): Theorie der Gesellschaft oder Sozialtechnologie, Frankfurt/M. 1971

Habermas, J.: Können komplexe Gesellschaften eine vernünftige Identität ausbilden? In: J. Habermas: Zur Rekonstruktion des historischen Materialismus, Frankfurt/M. 1976, S. 92 ff

Hack, L.: Subjektivität im Alltagsleben. Zur Konstitution sozialer Relevanzstrukturen, Frankfurt/M./New York 1977

Halbfas, H.: Erfahrung und Sprache. Plädoyer für eine narrative Unterrichtskultur. In: H. Halbfas u. a. (Hsg.): Sprache, Umgang und Erziehung, Stuttgart 1975, S. 170 ff

Hardach-Pinke, I./Hardach, G. (Hrsg.): Deutsche Kindheiten. Autobiographische Zeugnisse 1700-1900, Kronberg/Ts. 1978

Hartmann, H.: Die Sozialisation von Erwachsenen als soziales und soziologisches Problem. In: O. G. Brim/St. Wheeler: Erwachsenensozialisation, Stuttgart 1974, S. 126 ff

Hegel, G. W. F.: Phänomenologie des Geistes, 2. Bd., 4. Aufl., Stuttgart-Bad Cannstadt 1964

Hegel, G. W. F.: Vorlesungen über die Philosophie der Religion, Teil 2, Hamburg 1985

Heimbrock, H. G.: Existenz und Wahrheitsfindung. Kierkegaards Konzept der radikalen Subjektivität. In: A. Weyer (Hsg.): Subjektivität und Gesellschaft, München/Mainz 1980, S. 81 ff

Henning, F. W.: Die Industrialisierung in Deutschland 1800 bis 1914, Paderborn 1973

Henningsen, J.: Autobiographie und Erziehungswissenschaft. Eine methodologische Erörterung. In: Neue Sammlung, 2, 1962, S. 450 ff
Herrmann, U.: Probleme und Aspekte historischer Ansätze in der Sozialisationsforschung. In: K. Hurrelmann/D. Ulich (Hsg.): Handbuch der Sozialisationsforschung, Weinheim/Basel 1980, S. 227 ff
Herrmann, U.: Biographische Konstruktionen und das gelebte Leben. Prolegomena zu einer Biographie- und Lebenslaufforschung in pädagogischer Absicht. In: Zeitschrift für Pädagogik, 1987, S. 303 ff
Herrmann, Th u. a.: Handbuch psychologischer Grundbegriffe, München 1977
Horkheimer, M./Adorno, Th. W.: Dialektik der Aufklärung. Philosophische Fragmente, Frankfurt/M. 1969
Horkheimer, M. u.a.: Geschichte und Psychologie. In: M. Horkheimer: Kritische Theorie. Eine Dokumentation, Frankfurt/M. 1968, Bd. 1, S. 9 ff
Horkheimer, M: Studien über Autorität und Familie, Paris 1936
Horkheimer, M.: Autorität und Familie in der Gegenwart. In: Erkenntnis und Verantwortung. Festschrift für Theodor Litt, Düsseldorf 1960, S. 152 ff
Horkheimer, M.: Die gegenwärtige Lage der Sozialphilosophie und die Aufgaben eines Instituts für Sozialforschung. In: M. Horkheimer: Sozialphilosophische Studien, hsg. von W. Brede, Frankfurt/M. 1972, S. 33 ff
Huber, E. R.: Deutsche Verfassungsgeschichte seit 1789, Bd. I: Reform und Restauration 1789-1830, Stuttgart 1957
Hurrelmann, K./Ulich, D. (Hsg.): Handbuch der Sozialisationsforschung, Weinheim 1980
Husserl, E.: Phänomenologische Psychologie, Husserliana, Bd. IX, Den Haag 1962

IG Druck und Papier, Hauptvorstand (Hsg.): Bildungskonzeption der Industriegewerkschaft Druck und Papier, Heft 32, Schriftenreihe der IG Druck und Papier (Hauptvorstand)
IG Metall für die Bundesrepublik Deutschland (Hsg.): Seminar für Funktionsträger (§ 37, Abs. 7 Betriebsverfassungsgesetz, Bildungsurlaub), August 1979
Iser, W.: Der Akt des Lesens. Theorie ästhetischer Wirkung, München 1976
Jay, M.: Dialektische Phantasie. Die Geschichte der Frankfurter Schule und des Instituts für Sozialforschung, Frankfurt/M. 1981
Jaworski, M.: Die religiöse Erfahrung vom phänomenologischen Standpunkt aus gesehen. In: Archiv für Religionspsychologie, hsg. von W. Keilbach/K. Krenn, 15. Bd., Göttingen 1982, S. 18 ff
Jeggle, U.: Lebensgeschichte und Herkunft. In: F. Maurer (Hsg.): Lebensgeschichte und Identität, Frankfurt/M. 1981, S. 11 ff
Jüttemann, G.: Das Allgemeine am Individuellen als Fragestellung der Allgemeinen Psychologie. In: G. Jüttemann und H. Thomae (Hsg.): Biographie und Psychologie, Berlin/Heidelberg/New York 1987, S. 73 ff

Kaiser, G.: Textauslegung und gesellschaftliche Selbstdeutung, Frankfurt/M. 1973
Kaltschmid, J.: Biographie und Pädagogik. Stationen und Aspekte einer biographischen Erziehungs- und Bildungstheorie. In: A. Kruse, U. Lehr, F. Oswald, Chr. Rott (Hsg.): Gerontologie - Wissenschaftliche Erkenntnisse und Folgerungen für die Praxis. Beiträge zur II. Gerontologischen Woche, Heidelberg, 18. 6. - 23. 6. 1987, München 1988, S. 101 ff
Kaufmann, H. B.: Streit um den problemorientierten Unterricht in Schule und Kirche, Frankfurt/M. 1973
Kentler, H.: Versuch 2. In: C. W. Müller/H. Kentler/K. Mollenhauer/H. Giesecke: Was ist Jugendarbeit? Vier Versuche einer Theorie, München 1965, S. 37 ff
Klaiber, Th.: Die deutsche Selbstbiographie. Beschreibungen des eigenen Lebens. Memoiren, Tagebücher, Stuttgart 1921
Klessmann, M.: Identität und Glaube. Zum Verhältnis von psychischer Struktur und Glaube, München/Mainz 1980
Klönne, A.: Die deutsche Arbeiterbewegung. Geschichte, Ziele, Wirkungen, Düsseldorf/Köln 1980
Kluge, F.: Etymologisches Wörterbuch der deutschen Sprache, 18. Aufl., bearbeitet von Walther Mitzka, Berlin 1960
Koch, A.: Arbeitermemoiren als sozialwissenschaftliche Erkenntnisquelle, Archiv für Sozialwissenschaft und Sozialpolitik, 61, 1929, S. 128 ff
Köhler, E.: Ideal und Wirklichkeit in der höfischen Epik, Beihefte zur Zeitschrift für romanische Philologie, 97, Tübingen 1970
Kohlberg, L.: Zur kognitiven Entwicklung des Kindes. 3 Aufsätze, Frankfurt/M. 1974
Kohli, M.: Lebenslauftheoretische Ansätze. In: K. Hurrelmann/D. Ulich (Hsg.) Handbuch der Sozialisationsforschung, Weinheim/Basel 1980, S. 299 ff
Kohli, M.: Wie es zur "biographischen Methode" kam und was daraus geworden ist. Ein Kapitel aus der Geschichte der Sozialforschung. In: Zeitschrift für Soziologie, 10, 1981, S. 273 ff
Kohli, M.: Die Institutionalisierung des Lebenslaufs. Historische Befunde und theoretische Argumente. In: Kölner Zeitschrift für Soziologie und Sozialpsychologie, 37, 1985, S. 1 ff
Kohli, M./Robert, G. (Hsg.): Biographie und soziale Wirklichkeit, Stuttgart 1984
Koppe, F.: Sprache und Bedürfnis, Stuttgart 1976
Koselleck, R.: Preußen zwischen Reform und Revolution. Allgemeines Landrecht, Verwaltung und soziale Bewegungen von 1791-1848, 2. Aufl., Stuttgart 1975
Krappmann, L.: Soziologische Dimensionen der Identität. Strukturelle Bedingungen für die Teilnahme an Interaktionsprozessen, 6. unveränderte Aufl., Stuttgart 1982

Kraus, A.: Gemeindeleben und Industrialisierung. Das Beispiel des evangelischen Kirchenkreises Bochum. In: J. Reulecke/W. Weber (Hsg.): Fabrik, Familie, Feierabend, Wuppertal 1978, S. 273 ff
Krause-Vilmar, D. (Copyright): Sozialgeschichte der Erziehung. Arbeitsheft: Die preußische Volksschule 1870-1914. Texte, Daten, Literatur, zusammengestellt von einer Arbeitsgruppe am Fachbereich der Philipps-Universität Marburg, Marburg 1975
Krausser, P.: Kritik der endlichen Vernunft. Wilhelm Diltheys Revolution der allgemeinen Wissenschafts- und Handlungstheorie, Frankfurt/M. 1968
Kreutz, H.: Soziologie der Jugend. (Grundfragen der Soziologie, hsg. von D. Claessens, Bd. 9), München 1974
Kreutz, H.: Soziale Bedingungen der Sozialisation Jugendlicher in industriellen Gesellschaften. In: K. Hurrelmann (Hsg.): Sozialisation und Lebenslauf, Hamburg 1976, S. 151 ff
Krings, H./Baumgartner, H. M./Wild, Ch.: Handbuch philosophischer Grundbegriffe, München 1973-74
Kröll, F./Matthes, J./Stosberg, M.: Zehn Thesen zur Einbeziehung biographisch orientierter Konzepte in die soziologische Forschung. In: J. Matthes/ A. Pfeifenberger/M. Stosberg (Hsg.): Biographie in handlungswissenschaftlicher Perspektive, Nürnberg 1981, S. 15 ff
Krovoza, A.: Zum Sozialisationsgehalt der kapitalistischen Produktionsweise. In: Th. Leithäuser u. a. (Hsg.): Produktion, Arbeit, Sozialisation, Frankfurt/M. 1976, S. 69 ff
Kruse, A.: Biographische Methode und Exploration. In: G. Jüttemann/H. Thomae (Hsg.): Biographie und Psychologie, Berlin/Heidelberg/New York 1987, S. 119 ff
Kunst, H./Herzog, R./Schneemelcher, W. (Hsg.): Evangelisches Staatslexikon, 2. Aufl., Stuttgart/Berlin 1975

Langer, S. K.: Philosophie auf neuem Wege. Das Symbol im Denken, im Ritus und in der Kunst, 2. unveränderte Aufl., Lizenzausg. mit Genehmigung des S. Fischer Verlags der deutschen gleichnamigen Ausg. von 1965, Mittenwald 1979
Lefèbvre, H.: Das Alltagsleben in der modernen Welt, Frankfurt/M. 1972
Lefèbvre, H.: Kritik des Alltagslebens, Bd. 1 + 2, München 1975
Lehr, U./Thomae, H.: Eine Längsschnittuntersuchung bei 30-50jährigen Angestellten. In: Vita Humana, 1, 1958, S. 100 ff
Lehr, U.: Erträgnisse biographischer Forschung in der Entwicklungspsychologie. In: G. Jüttemann/H. Thomae (Hsg.): Biographie und Psychologie, Berlin/Heidelberg/New York 1987, S. 217 ff
Leithäuser, Th./Volmerg, B.: Die Entwicklung einer empirischen Forschungsperspektive aus der Theorie des Alltagsbewußtseins. In: Th. Leithäuser u. a. (Hsg.): Entwurf einer Empirie des Alltagsbewußtseins, 1. Aufl., Frankfurt/M. 1977, S. 11 ff

Lenzen, D. (Hsg.): Enzyklopädie Erziehungswissenschaft, Handbuch und Lexikon der Erziehung in 11 Bänden und einem Registerband, Stuttgart 1983
Lévi-Strauss, C.: Mythos und Bedeutung. Fünf Radiovorträge. Gespräche mit Claude Lévi-Strauss, hsg. v. A. Reif, Frankfurt/M. 1980
Loreck, J.: Wie man früher Sozialdemokrat wurde, 2. Aufl., Bonn 1978
Lorenz, L.: Arbeiterfamilie und Klassenbewußtsein. Zum Zusammenhang von der Klassenlage der Familie, der familiären Sozialisation der Kinder und dem Klassenbewußtsein der Arbeiter, 1. Aufl., Gießen 1972
Lorenzer, A.: Symbol, Interaktion und Praxis. In: Psychoanalyse als Sozialwissenschaft, mit Beiträgen von A. Lorenzer/H. Dahmer/K. Horn/K. Brede/ E. Schwanenberg, 2. Aufl., Frankfurt/M. 1971, S. 9 ff
Lorenzer, A.: Die Wahrheit der psychoanalytischen Erkenntnis. Ein historisch-materialistischer Entwurf, Frankfurt/M. 1974
Lorenzer, A.: Sprachzerstörung und Rekonstruktion. Vorarbeiten zu einer Metatheorie der Psychoanalyse, Frankfurt/M. 1976
Lorenzer, A.: Die Analyse der subjektiven Struktur von Lebensläufen und das gesellschaftliche Objektive. In: D. Baacke/Th. Schulze (Hsg.): Aus Geschichten lernen. Zur Einübung pädagogischen Verstehens, München 1979, S. 129 ff
Lorenzer, A.: Zur Begründung einer materialistischen Sozialisationstheorie, Frankfurt/M. 1981
Lorenzer, A.: Das Konzil der Buchhalter. Die Zerstörung der Sinnlichkeit. Eine Religionskritik, Frankfurt/M. 1981
Lorenzer, A./Görlich, B.: Lebensgeschichte und Persönlichkeitsentwicklung im Spannungsfeld von Sinnlichkeit und Bewußtsein. In: F. Maurer (Hsg.): Lebensgeschichte und Identität, Frankfurt/M. 1981, S. 84 ff
Lorenzer, A.: Zum Verhältnis von objektiver und subjektiver Struktur. In: Ders.: Sprachspiel und Interaktionsformen. Vorträge und Aufsätze zur Psychoanalyse, Sprache und Praxis, Frankfurt/M. 1977, S. 195 ff
Lott, J.: Erinnerte Lebensgeschichten - Zur Thematisierung von Erfahrungen mit Religion in der kirchlichen Erwachsenenbildung. In: Theologica Practica, 21, 1986, S. 33 ff
Luckmann, Th.: Lebenswelt und Gesellschaft. Grundstrukturen und geschichtliche Wandlungen, Paderborn/München/Wien/Zürich 1980
Lübbe, H.: Geschichtsbegriff und Geschichtsinteresse. Analytik und Pragmatik der Historie, Basel 1977
Lüdtke, A.: Das genaue Nachzeichnen von Mythen des Alltags schärft den Blick. Ein Plädoyer für die Alltagsgeschichte und historische Entdeckungsreisen ins eigene Volk. In: Frankfurter Rundschau, Nr. 52, Mittwoch, 2. März 1988, S. 14
Lukács, G.: Geschichte und Klassenbewußtsein. Studien über marxistische Dialektik, Darmstadt/Neuwied 1968

Luther, H.: Identität und Fragment - Praktisch-theologische Überlegungen zur Unabschließbarkeit von Bildungsprozessen. In: Theologica Practica, 20, 1985, S. 317 ff

Marcuse, H.: Triebstruktur und Gesellschaft, Frankfurt/M. 1965
Marcuse, H.: Kultur und Gesellschaft 2, Frankfurt/M. 1966
Marx, K.: Grundrisse der Kritik der politischen Ökonomie (Rohentwurf) 1857-1859. Anhang 1850-1859, Frankfurt/M. 1953
Marx, K.: Der Kommunismus des "Rheinischen Beobachters". In: Marx-Engels-Werke, Bd. 4, Berlin 1969, S. 191 ff
Marx, K: Zur Kritik der politischen Ökonomie. Vorwort Januar 1859. In: Marx-Engels-Werke, Bd. 13, Berlin 1961, S. 3 ff
Marx, K.: Das Kapital, Bd. 1. In: Marx-Engels-Werke, Bd. 23, Berlin 1962
Marx, K.: Die deutsche Ideologie. In: Ders.: Die Frühschriften, hsg. von S. Landshut, Stuttgart 1971, S. 339 ff
Matthes, J./Pfeifenberger A./Stosberg, M. (Hsg.): Biographie in handlungswissenschaftlicher Perspektive. Kolloquium am Sozialwissenschaftlichen Forschungszentrum der Universität Erlangen-Nürnberg 1981
Maurer, F. (Hsg.): Lebensgeschichte und Identität. Beiträge zu einer biographischen Anthropologie, Frankfurt/M. 1981
Mead, G. H.: Geist, Identität und Gesellschaft, Frankfurt/M. 1973
Mills, C. W.: Kritik der soziologischen Denkweise, Darmstadt/Neuwied 1973
Misch, G.: Geschichte der Autobiographie, 3. stark vermehrte Aufl., Frankfurt/M. 1949
Mitscherlich, A.: Auf dem Weg zur vaterlosen Gesellschaft. Ideen zur Sozialpsychologie, München 1965
Moltmann, J.: Theologie der Hoffnung. Untersuchungen zur Begründung und zu den Konsequenzen einer christlichen Eschatologie, München 1965
Müller, C. W.: Versuch 1. In: C. W. Müller/H. Kentler/K. Mollenhauer/H. Giesecke: Was ist Jugendarbeit? Vier Versuche einer Theorie, München 1965, S. 11 ff
Müller, E.: Auf dem Wege zur Rekonstruktion - Subjektfindung und Symbol. In: A. Weyer (Hsg.): Subjektivität und Gesellschaft, München/Mainz 1980, S. 130 ff
Münchow, U.: Frühe deutsche Arbeiterautobiographien, Berlin 1973
Muensterberger, W. (Hsg.): Der Mensch und seine Kultur. Psychoanalytische Ethnologie nach "Totem und Tabu", München 1969

Negt, O.: Soziologische Phantasie und exemplarisches Lernen, 3. Aufl. der überarbeiteten Neuausgabe 1975, Frankfurt/M. 1981
Negt, O./Kluge, A.: Öffentlichkeit und Erfahrung. Zur Organisationsanalyse von bürgerlicher und proletarischer Öffentlichkeit, 6. Aufl., Frankfurt/M. 1978

Neidhardt, F.: Schichtbedingte Elterneinflüsse im Erziehungs- und Bildungsprozeß der heranwachsenden Generation. Ein Beitrag zum ersten Familienbericht der Bundesregierung, hsg. vom Bundesministerium für Familie und Jugend, Bad Godesberg 1967
Niethammer, L. (Hsg.): Lebenserfahrung und kollektives Gedächtnis. Die Praxis der "Oral History", Frankfurt/M. 1980
Niggl, G.: Geschichte der deutschen Autobiographie im 18. Jahrhundert. Theoretische Grundlegung und literarische Entfaltung, Stuttgart 1977
Nyssen, F.: Das Sozialisationskonzept der Stiehlschen Regulative und sein historischer Hintergrund. Zur historisch-materialistischen Analyse der Schulpolitik in den fünfziger und sechziger Jahren des 19. Jahrhunderts. In: K. Hartmann u.a. (Hsg.): Schule und Staat im 18. und 19. Jahrhundert, Frankfurt/M. 1974, S. 292 ff

Oelkers, J.: Subjektivität, Autobiographie und Erziehung. In: Zeitschrift für Pädagogik, 33, 1987, S. 325 ff
Oelkers, J.: Die Ästhetisierung des Subjekts als Grundproblem moderner Pädagogik. In: J. Petersen (Hsg.): Unterricht: Sprache zwischen den Generationen, Kiel 1985, S. 249 ff
Oerter, R. / Montada, L.: Entwicklungspsychologie. Ein Lehrbuch, München/Wien/Baltimore 1982
Orth, E. W.: Die doppelte Erfahrung. Wilhelm Dilthey und die Geisteswissenschaften. In: Frankfurter Allgemeine Zeitung, 11. April 1983
Osterland, M. (Hsg.): Arbeitssituation, Lebenslage und Konfliktpotential. Festschrift für Max E. Graf zu Solms-Roedelheim, Frankfurt/M. 1975
Otto, G.: Praktische Theologie als kritische Theorie religiös vermittelter Praxis. In: Theologia practica, 9, 1974, S. 105 ff

Pädagogische Arbeitsstelle des deutschen Volkshochschulverbandes (Hsg.): Sozialisationsprozeß in Kindheit und Jugend, sesmat Studienmaterial, 2. Aufl., Bonn/Frankfurt/M. 1977
Parin, P.: Der Widerspruch im Subjekt. Ethno-psychoanalytische Studien, Frankfurt/M. 1978
Parsons, A.: Besitzt der Ödipus-Komplex universelle Gültigkeit? Eine kritische Stellungnahme zur Jones-Malinowski-Kontroverse, sowie die Darstellung eines süditalienischen Kernkomplexes. In: W. Muensterberger (Hsg.): Der Mensch und seine Kultur, München 1974, S. 206
Pascal, R.: Autobiographie. In: Das Fischer-Lexikon Literatur II, 1. Teil, hsg. von W.-H. Friedrich/W. Killy, Frankfurt/M. 1968
Paul, S.: Die Entwicklung der biographischen Methode in der Soziologie. In: G. Jüttemann/H. Thomae (Hsg.): Biographie und Psychologie, Berlin/Heidelberg/New York 1987, S. 26 ff
Piaget, J.: Einführung in die genetische Erkenntnistheorie, Frankfurt/M. 1973

Picard, H. R.: Autobiographie im zeitgenössischen Frankreich. Existentielle Reflexion und literarische Gestaltung, München 1978
Pöhlmann, H. G.: Hans und sein Glück auf der tätowierten Brust. In: U. Gerber u. a.: Was ist der Mensch? Gütersloh 1979, S. 126
Pöls, W. (Hsg.): Deutsche Sozialgeschichte 1815-1870. Dokumente und Skizzen, München 1973
Popitz, H./Bahrdt, H. P./Jüres, E. A./Kesting, H.: Das Gesellschaftsbild des Arbeiters. Soziologische Untersuchungen in der Hüttenindustrie, Tübingen 1957
Prange, K.: Lebensgeschichte und pädagogische Reflexion. In: Zeitschrift für Pädagogik, 33, 1987, S. 345 ff
Preul, R.: Sozialisation und religiöse Entwicklung. In: Evangelischer Erzieher, 25, 1973, S. 180 ff

Rammstedt, O.: Subjektivität und Sozialwissenschaften. In: J. A. Schülein/O. Rammstedt/K. Horn u. a.: Politische Psychologie, Frankfurt/M. 1981, S. 39 ff
Reich, W.: Die Massenpsychologie des Faschismus, Köln/Berlin 1971
Rendtorff, T.: Ethik. Grundelemente, Methodologie und Konkretionen einer ethischen Theologie, Bd. 1, Stuttgart/Berlin/Köln/Mainz 1980
Reulecke, J./Weber, W. (Hsg.): Fabrik, Familie, Feierabend. Beiträge zur Sozialgeschichte des Alltags im Industriezeitalter, Wuppertal 1978
Riedel, M.: Einleitung. In: Wilhelm Dilthey: Der Aufbau der geschichtlichen Welt in den Geisteswissenschaften, Frankfurt/M. 1981, S. 9 ff
Ritter, G. A./Kocka, J.: Deutsche Sozialgeschichte. Dokumente und Skizzen, Bd. II, 1870-1914, München 1974
Rotteck-Welckersches Staatslexikon, 3. Auflage, Leipzig 1864
Rüden, P. von (Hsg.): Dokumente und Materialien zur Kulturgeschichte der deutschen Arbeiterbewegung, 1848-1918, Frankfurt/M./Wien/Zürich 1974
Rühle, O.: Illustrierte Kultur- und Sittengeschichte des Proletariats, 2. Bd., Gießen 1977
Rutschky, K.: Erziehungszeugen. Autobiographien als Quelle für eine Geschichte der Erziehung. In: Zeitschrift für Pädagogik, 29, 1983, S. 499 ff

Sack, E.: Unsere Schulen im Dienste gegen die Freiheit, Braunschweig 1874
Sandkühler, H.: Psychoanalyse und Marxismus. Dokumentation einer Kontroverse, 2. Aufl., Frankfurt/M. 1971
Sartre, J. P.: Ist der Existentialismus ein Humanismus? In: Ders.: Drei Essays, Berlin 1961, S. 7 ff
Scharfenberg, J.: Luther in psychohistorischer Sicht. In: Wege zum Menschen, 37, 1985, S. 15 ff
Schelling, W. A.: Erinnern und Erzählen. Psychotherapeutische und autobiographische Deutungen der Lebensgeschichte. In: Wege zum Menschen, 35, 1983, S. 416 ff

Schiek, G.: Theoretisch-methodisches Resümee selbstreflexiver Pädagogik. In: Pädagogische Beiträge, 10. 1987, S. 14 ff

Schneider, W.: Narration - Biographie - Deutungsakte. Zur pädagogischen Bedeutung biographisch orientierter Forschung. In: Archiv für Wissenschaft und Praxis der sozialen Arbeit, 1985, S. 114 ff

Schülein, J. A./Rammstedt, O./Horn, K. u. a.: Politische Psychologie. Entwürfe zu einer historisch-materialistischen Theorie des Subjekts, Frankfurt/M. 1981

Schülein, J. A.: Sinnprobleme in Industriegesellschaften am Beispiel der Jugendsekten. In: J. A. Schülein/O. Rammstedt/K. Horn u. a.: Politische Psychologie, Frankfurt/M. 1981, S. 13 ff

Schülein, J. A.: Subjektivität. In: G. Rexilius/S. Grubitzsch (Hsg.): Handbuch psychologischer Grundbegriffe. Mensch und Gesellschaft in der Psychologie, Reinbek 1981

Schütz, A.: Collected Papers, Den Haag, Bd. 1: The Problem of Social Reality, 1964, Bd. 2: Studies in Social Theory, 1967

Schütz, A.: Der sinnhafte Aufbau der sozialen Welt. Eine Einleitung in die verstehende Soziologie, 1. Aufl., Frankfurt/M. 1974

Schütze, F.: Prozeßstrukturen des Lebenslaufs. In: J. Matthes/A. Pfeifenberger/M. Stosberg (Hsg.): Biographie in handlungswissenschaftlicher Perspektive, Nürnberg 1981, S. 67 ff

Schütze, F.: Zur Hervorlockung und Analyse von Erzählungen thematisch relevanter Geschichten im Rahmen soziologischer Feldforschung. In: Arbeitsgemeinschaft Bielefelder Soziologen (Hsg.): Kommunikative Sozialforschung, München 1976, S. 159 ff

Schulze, Th.: Autobiographie und Lebensgeschichte In: D. Baacke/Th. Schulze (Hsg.): Aus Geschichten lernen. Zur Einübung pädagogischen Verstehens, München 1979, S. 51 ff

Schulze, Th.: Lebenslauf und Lebensgeschichte. Zwei unterschiedliche Sichtweisen und Gestaltungsprinzipien biographischer Prozesse. In: D. Baacke/Th. Schulze (Hsg.): Pädagogische Biographieforschung, Weinheim/Basel 1985, S. 2 ff

Seiler, T. B.: Engagiertes Plädoyer für ein erweitertes Empirieverständnis in der Psychologie. In: G. Jüttemann / H. Thomae (Hsg.): Biographie und Psychologie, Berlin/Heidelberg/New York 1987, S. 51 ff

Sève, L.: Marxismus und Theorie der Persönlichkeit, 3. Aufl., Frankfurt/M. 1977

Siemers, H.: Methodologische Reflexion auf die Funktion der Erfahrung. In: Elementarisierung theologischer Inhalte und Methoden 1, hsg. vom Comenius-Institut, Münster/W. 1975, S. 182 ff

Siller, H. P.: Biographische Elemente im kirchlichen Handeln. In: O. Fuchs, (Hsg.): Theologie und Handeln, Düsseldorf 1984, S. 187 ff

Sloterdijk, P.: Literatur und Lebenserfahrung. Autobiographien der Zwanziger Jahre, München 1978

Steinbach, L.: Lebenslauf, Sozialisation und "erinnerte Geschichte". In: L. Niethammer (Hsg.): Lebenserfahrung und kollektives Gedächtnis. Die Praxis der "Oral History", Frankfurt/M. 1985, S. 291 ff

Steinberg, H. J.: Lesegewohnheiten deutscher Arbeiter. In: P. von Rüden (Hsg.): Dokumente und Materialien zur Kulturgeschichte der deutschen Arbeiterbewegung, 1848-1918, Frankfurt./Wien/Zürich 1974, S. 261 ff

Stock, H.: Elementarisierung theologischer Inhalte und Methoden im Blick auf die Aufgabe einer theologisch zu verantwortenden Lehrplanrevision und Curriculumentwicklung in den wichtigsten religionspädagogischen Praxisfeldern, hsg. vom Comenius-Institut, Bd. 1, Münster/W. 1975

Stoodt, D.: Religiöse Sozialisation und emanzipiertes Ich. In: K. W. Dahm/N. Luhmann/D. Stoodt: Religion, System und Sozialisation, Darmstadt/Neuwied 1972, S. 189 ff

Stoodt, D.: Von der religiösen Erziehung zur religiösen Sozialisation. In: M. Arndt (Hsg.): Religiöse Sozialisation, Stuttgart/Berlin/Köln/Mainz 1975, S. 11 ff

Strelka, J.: Methodologie der Literaturwissenschaft, Tübingen 1978

Szczepanski, J.: "Die biographische Methode". In: R. König (Hsg.): Handbuch der empirischen Sozialforschung, Bd. 1, Stuttgart 1967, S. 560 ff

Tenbruck, F. H.: Moderne Jugend als soziale Gruppe. In: L. von Friedeburg (Hsg.): Jugend in der modernen Gesellschaft, Köln/Berlin 1969, S. 87 ff

Thielpappe, M.: Die Bergpredigt als Friedensprogramm, Rhein-Neckar-Zeitung, Weihnachtsausgabe, Heidelberg 1982

Thomae, H.: Das Individuum und seine Welt, Göttingen 1968

Thomae, H.: Entwicklungspsychologie. In: Handbuch der Psychologie, Bd. 3, 2. unveränderte Aufl., Göttingen 1959

Thomae, H.: Zur Geschichte der Anwendung biographischer Methoden in der Psychologie. In: G. Jüttemann/H. Thomae (Hsg.): Biographie und Psychologie, Berlin/Heidelberg/New York 1987, S. 3 ff

Thomae, H.: Psychologische Biographik als Synthese idiographischer und nomothetischer Forschung. In: G. Jüttemann/H. Thomae (Hsg.): Biographie und Psychologie, Berlin/Heidelberg/New York 1987, S. 108 ff

Thomas, W. I.: Die Methodologie der Verhaltensstudie "Das Kind in Amerika". In: Person und Sozialverhalten, hsg. von E. H. Volkart, Neuwied/Berlin 1965, S. 100 ff

Thomssen, W.: Deutungsmuster. Eine Kategorie der Analyse von gewerkschaftlichem Bewußtsein. In: A. Weymann (Hsg.): Handbuch für die Soziologie der Weiterbildung, Darmstadt/Neuwied 1980, S. 358 ff

Trescher, H.-G.: Sozialisation und beschädigte Subjektivität, Frankfurt/M. 1979

Trillhaas, W.: Die eigene Geschichte erzählen. Über Sinn und Unsinn von Autobiographien, Evangelische Kommentare, 11, 1978, S. 715 ff

Vaskovics, L. A.: Religionssoziologische Aspekte der Sozialisation wertorientierter Verhaltensformen. In: Internationales Jahrbuch für Religionssoziologie, Bd. 3, Köln/Opladen 1967, S. 115 ff
Voges, W. (Hsg.): Methoden der Biographie- und Lebenslaufforschung, Opladen 1987
Vollbrecht, R.: Die biographische Methode in der erziehungswissenschaftlichen Forschung. In: Zeitschrift für internationale erziehungs- und sozialwissenschaftliche Forschung, 1986, S. 87 ff
Volkart, E. H.: Einführung: Soziales Verhalten und Definition der Situation. In: W. I. Thomas: Person und Sozialverhalten hsg. von E. H. Volkart Neuwied/Berlin 1965, S. 11 ff

Weber, M.: Die Lage der Landarbeiter im ostelbischen Deutschland (1892), hsg. v. Martin Riesebrodt. In: Max Weber: Gesamtausgabe Bd. 3, Tübingen 1984
Weber, M.: Wirtschaft und Gesellschaft, Tübingen 1956
Weber, M.: Die protestantische Ethik, München/Hamburg 1965
Wehler, H. U. (Hsg.): Moderne deutsche Sozialgeschichte, Köln/Berlin 1970
Weinert, F.: Die Familie als Sozialisationsbedingung. In: F. Weinert/C. F. Graumann/C. F. Heckhausen/H. Hofer (Hsg.): Funkkolleg Pädagogische Psychologie, Bd. 1, Frankfurt/M. 1974, S. 355 ff
Wellek, R./Warren, A.: Theorie der Literatur, Neuauflage, Königstein/Ts. 1985
Weyer, A. (Hsg.): Subjektivität und Gesellschaft. Brennpunkte protestantischer Theologie, München/Mainz 1980
Windelband, W.: Lehrbuch der Geschichte der Philosophie, hsg. von H. Heimsoeth, 15. durchgesehene und ergänzte Aufl., Tübingen 1957

ERFAHRUNG UND THEOLOGIE
Schriften zur praktischen Theologie

Herausgegeben von Wilhelm Gräb, Norbert Greinacher, Ferdinand Klostermann †, Norbert Mette, Dietrich Rössler

Mit dem Titel "Erfahrung und Theologie" soll zum Ausdruck gebracht werden, daß in dieser Reihe Schriften aufgenommen werden sollen, die reflektieren über die Vermittlung von christlichem Glauben und menschlichen Erfahrungen. Der Begriff "Praktische Theologie" im Untertitel wird hier im weitesten Sinne verwendet. Gegenstand der Reflexion sollen alle Handlungsbereiche kirchlicher Praxis sein. Für Hinweise auf Projekte, die für diese Schriftenreihe in Betracht kommen, sind wir sehr dankbar.

Priv.-Doz. Dr. Wilhelm Gräb, Hauptstr. 11, D-3412 Nörten-Hardenberg
Prof. Dr. Norbert Greinacher, Ahornweg 4, D-7400 Tübingen
Prof. Dr. Norbert Mette, Liebigweg 11a, D-4400 Münster
Prof. Dr. Dietrich Rössler, Engelfriedshalde 39, D-7400 Tübingen

Band 1 Norbert Greinacher/Ferdinand Klostermann: Vor einem neuen politischen Katholizismus? 1978.

Band 2 Josef Breuss: Theorie des Evangeliums und pastorale Praxis. Schriftanalyse als Bekenntnisanalyse aufgrund von Texten aus dem Markusevangelium. 1979.

Band 3 Klaus Otte: Durch Gemeinde zur Predigt. Zur Verhältnisbestimmung von Theologie und Predigt bei Alexander Schweizer und Alois Emanuel Biedermann. 1979.

Band 4 Hans-Günter Heimbrock: Vom Heil der Seele. Studien zum Verhältnis von Religion und Psychologie bei Baruch Spinoza. Zugleich ein Beitrag zur Vorgeschichte der modernen Religionspsychologie. 1981.

Band 5 Reinhard Schmidt-Rost: Verkündigung in evangelischen Zeitschriften. Elemente eines publizistisch-homiletischen Prozesses. 1982.

Band 6 Luis Zambrano: Entstehung und theologisches Verständnis der "Kirche des Volkes" (Iglesia Popular) in Lateinamerika. 1982.

Band 7 Johannes Loh: Gott der Vater. Ein Beitrag zum Gespräch mit der Psychologie über den praktisch-theologischen Sinn der Vater-Symbolik. 1983.

Band 8 Dieter Funke: Verkündigung zwischen Tradition und Interaktion. Praktisch-theologische Studien zur Themenzentrierten Interaktion (TZI) nach Ruth C. Cohn. Mit einem Vorwort von Hermann Steinkamp. 1984.

Band 9 Carlo Storch: Katholische Religion und gesellschaftliche Orientierungskrise. 1984.

Band 10 Karl-Fritz Daiber/Ingrid Lukatis (Hrsg.): Die Praxisrelevanz von Theologie und Sozialwissenschaften. Ein Symposion mit Beiträgen von Helge Hognestad, Wenzel Lohff, Otwin Massing, Bernhard Moltmann, Hans-Martin Müller, Gerhard Rau, Mady A. Thung und Gerhard Wurzbacher. 1984.

Band 11 Jochen Ellerbrock: Adamskomplex. Alfred Adlers Psychologie als Interpretament christlicher Überlieferung. 1985.

Band 12 Dietmar Rollny: Pastoraler Dienst am straffälligen jungen Menschen. 1986.

Band 13 Wolfgang Albers: Schulen ohne Rassenschranken. Handeln nach dem Evangelium in Südafrika. 1986.

Band 14 Christopher Elberg: Öffentlichkeitsprobleme der katholischen Kirche Frankreichs. Eine Theorie kirchlicher Öffentlichkeit angewandt am Beispiel der Geschichte katholischer Sekundarschulgemeinden in Frankreich (1928-1975). 1989.

Band 15   Josef Senft: Im Prinzip von unten. Redefinition des Subsidiaritätsgrundsatzes für ein solidarisches Ethos. 1990.

Band 16   Jochen Ellerbrock: Lebensexperimente des Glaubens. Eine empirische Untersuchung zu Entwicklung und gegenwärtigem Erleben von Religiosität. Mit einem Vorwort von Walter Neidhart. 1990.

Band 17   Christiane Burbach: Argumentation in der "politischen Predigt". Untersuchungen zur Kommunikationskultur in theologischem Interesse. 1990.

Band 18   Rainer Schwarzenthal: Konflikt und Ausgrenzung in der Katholischen Kirche. Analysen zur Selektivität religiöser Institutionalisierung. 1990.

Band 19   Klaus Reuter: Lebensgeschichte und religiöse Sozialisation. Aspekte der Subjektivität in Arbeiterautobiographien aus der Zeit der Industrialisierung bis 1914. 1991.